運의 해석

春

박청화의 실전 사주명리학

청화학술원

　한 개인의 운명에 작용하여 각개(各個) 다른 삶의 모습을 만드는 것은 여러 가지 요소의 작용 속에 이루어진다. 크게 나누어 보아 천시(天時), 인위(人爲), 지리(地理) 요소로 나눌 수 있다.

　천시는 한 개인이 태어날 때 세성(歲星;목성)의 공전 좌표와 지구의 공전, 자전 그리고 시각이 부여하는 천체 인력 작용의 조합으로 볼 수 있다. 사주(四柱) 성립의 원리이기도 하다. 물론 일반론으로 그 국가의 흥망 흐름이 이루어지는 당시 흐름도 천시에 해당한다고 볼 수 있겠다.

　인위는 어떤 부모나 어떤 배우자, 가족 커뮤니티, 생활 방식, 직업 활동 등과 관계성을 갖추어가느냐가 된다. 동일 사주의 사람이 많은데 삶의 내용과 결과가 다른 이유는 사주 외에 1차적으로 '인위'의 요소가 작용한다고 볼 수 있다.

　지리는 어떤 물리적 공간, 국가, 국가 체제 속에 삶의 근거를 획득하고 활용(생활)하는가의 측면을 의미한다. 지구에서 경도(經度)가 동일한 나라가 많이 존재하는데 어떤 나라에서 태어나고 살아가는지를 살필 필요가 있다. 유럽과 아프리카의 예는 격차가 많음을 보여준다. 사회주의, 자본주의 체제도 삶의 선택을 많이 제한하는 요소로 작용하니 전제할 필요가 있다. 태어난 나라를 떠나 다른 나라에서 살아갈 경우, 그 지리적 변화 요소를 챙기면서 미래를 유추하는 것이 상식이 될 것이다.

태어나는 순간을 떠나 성장의 시기에 들어서면 천시가 바뀌는 과정, 인위 요소가 바뀌는 과정, 지리적 변동 과정을 거치면서 운의 변화 작용과 그 결과를 얻는 것이 삶의 원리가 된다.

사주 명리에서 운의 변화를 해석하는 방법은 아주 다양한 방법이 필요하다. 큰 단위로는 10년 단위의 대운, 1년의 운을 다루는 세운(歲運), 월의 변동에 따른 월운(月運), 하루하루의 일진(日辰), 시각 변화의 시진(時辰)의 변동과 조합을 고려하면서 큰 흐름과 세세한 흐름을 다루어야 하니 많은 방법이 필요하다.

간지의 변화로 운의 작용이 바뀐다는 것은 운의 해석 측면에서 일반적인 것이다. 격용론을 위주로 해석하는 사람들은 대체로 강약론과 용신, 희(喜)·기(忌)·구(仇)·한(閑) 작용을 많이 채택하여 해석하고 신살(神殺)론을 많이 쓰는 사람들은 신살의 변화와 작용을 통하여 많은 부분을 해석한다. 많은 사람들이 기타 다양한 방법으로 운의 해석을 하는 것을 볼 수 있다. 여러 가지 장단점이 있는 것으로 안다.

필자는 좀 더 현대적 기준점을 정리, 제시하기 위하여 '운의 해석'을 강술하였다. 운이 바뀔 때 기운의 강약 측면, 구조의 변동 측면, 속성의 변화 측면, 역학적 주기론에 따른 해석 측면 등을 다루어 다양한 시각이나 기준점으로 운을 해석할 수 있도록 정리하였다. 흡사, 사람의 몸을 진단할 때 엑스레이, CT, MRI, PET-CT 등 다양한 방식으로 해석할 수 있듯이 명과 운도 다양한 기준점으로 분석하여 제시할 수 있다고 생각하면 좋겠다. 예를 들어 운에서 지지 미(未)가 신(申)으로 바뀌었을 때 단순히 토(土)가 금(金)으로 바뀐 측면만 고려하지 말고 미(未)의 고유 작용과 신(申)의 고유 작용이 바뀌는 것도 고려하고 명의 인자에 어떤 작용을 일으켜 구조적 변동을 만드는지 신살 작용으로 속성을 바꾸는지 등을 함께 살펴보는 것이 좋겠다는 생각이다.

이런 점을 전제하고 '운의 해석'에서 나오는 다양한 논리들을 정리하다보면 운을 풀이하는 큰 시각도 자연 얻을 수 있으리라 생각한다.

이 강의를 들을 분들은 대부분 현업에 종사하거나 수준급 아마추어들이라 용어나 술어에 대한 설명이 없이 바로 주요 논리를 적용한 측면이 있고 논리를 보강하기 위하여 곁가지 논리를 한참 언급하는 부분도 있을 것이다. 용어나 술어에 관한 이해가

능숙하지 못한 분들은 인내심을 가지고 차근차근 읽어나가면 해결이 될 것이라 생각한다. 아쉽지만 혜량하여 주시기를 바란다.

설명이나 적용 논리에서 부족한 부분이나 의심나는 점도 많을 것인데 해당 부분에 대하여 언제든지 질정(叱正)을 아끼지 않으시길 바란다.

세상살이가 모두 운의 변화, 변동 앞에서 항해를 하는 입장이라 무수한 변수를 만나는 것이 일반인데 독자제현께서 운명적 해석을 하는데 일조(一助)가 된다면 참으로 영광스러운 일이겠다.

이 책의 출간에 도움을 주신 많은 분들께 거듭 거듭 감사의 말씀을 드린다.

2021. 11.

원저자 박 청 화 근배

목차

1권

서문	2
수업총괄 개념정리	23
1. 命과 運	26
1-1. 命과 運의 의미	
1-2. 命과 運의 상관관계	
1-3. 命의 해석, 運의 해석	
2. 運의 요소	39
2-1. 運의 陰陽	
2-2. 運의 五行	
2-3. 干支의 해석	
2-4. 神殺의 적용 및 해석	
2-5. 남녀의 해석	
2-6. 삶의 고정 요소	
2-7. 주기론적 이해	
2-8. 부모의 기운, 리더의 기운	
2-9. 국가적 운기	
3. 運의 함수적 이해	66
3-1. 다양한 함수들	
3-2. 다중 함수의 조합과 해석	
3-3. 함수적 이해와 해석	
3-4. 해석의 실제	
4. 運의 해석 종합	71
5. 케이스 연구	71

1. 命과 運
1-1. 命과 運의 의미 78
1-1-1. 命의 고정 요소 104
五行과 六親의 유무
神殺 특성
1-1-2. 命의 가변 요소 106
五行과 六親의 불완전성
편향성
神殺 특성
■ 절기론 잡는 법 특강 118
1-1-3. 格과 破格의 관계 149
成格과 破格의 형태와 의미
1-1-4. 運의 의미 165
인자, 환경, 계절
인자, 환경, 계절의 상호 관계
1-1-5. 運의 형태 (다양한 에너지 패턴) 173
물리적 변동
(생)화학적 변화
한열(寒熱), 조습(燥濕)
1-1-6. 命과 運의 복합적 작용 180
命과 運의 복잡성 / 命과 運의 상호 작용

1-2. 命과 運의 상관관계 189
1-2-1. 명내 (命內)의 고유 運 인자 190
天干의 성분
地支의 성분
六親의 성분
神殺의 성분
地藏干의 성분 및 분포
1-2-2. 명내(命內)의 고유 프로세스 198
格에 따른 길흉
喜氣에 따른 길흉
좌표에 따른 길흉
1-2-3. 命과, 내인(內因)과 외인(外因) 206
1-2-4. 運의 質的인 측면 207
1-2-5. 運의 量的 측면 209
1-2-6. 運의 속성 214
干支의 속성과 흐름
1-2-7 運의 종합 224
복합적 접근 및 해석

1-3. 命의 해석, 運의 해석 260
1-3-1. 命과 運의 비중 비교 268
1-3-2. 케이스 비교 270

2. 運의 요소
2-1. 運의 陰陽 — 298
- 2-1-1. 陰陽의 기준 — 305
  - 작은 단위 / 중간 단위 / 큰 단위
- 2-1-2. 干支의 陰陽 — 317
  - 天干의 陰陽
  - 地支의 陰陽
  - 地藏干의 陰陽 처리
- 2-1-3. 六親 적용의 陰陽 — 325
  - 亥子, 巳午의 변화
  - 財官
  - 運의 편정(偏正) 해석
- 2-1-4. 三合의 陰陽 — 337
  - 運의 三合 작용(인간)
  - 運의 三合과 남녀
  - 적용의 범위
- 2-1-5. 陰陽의 편차 — 356
  - 干支의 기운 편차와 변화량
  - 적용 범위와 사례

2권

2-2. 運의 五行
- 2-2-1. 명조내의 五行과 運의 五行 차이
  - 명조내의 五行
  - 運의 五行
  - 명조내의 五行과 運의 五行 적용 및 해석
- 2-2-2. 干支의 五行
  - 天干의 五行
  - 地支의 五行
  - 地藏干의 五行 처리
- 2-2-3. 五行의 적용
  - 亥子, 巳午의 적용
  - 辰戌丑未의 해석 적용
  - 運의 五行 적용 및 범위
- 2-2-4. 합에 의한 五行
  - 합의 성립 여부
  - 화(化) 五行의 해석
  - 적용 및 범위
- 2-2-5. 五行과 변화량
  - 五行의 기운별 편차
- 2-2-6. 케이스 연구

2-3. 干支의 해석
- 2-3-1. 명내(命內)의 干支와 運의 干支 차이
  - 명내(命內)의 干支 運의 干支
  - 명내(命內)의 干支와 運의 干支 적용 및 해석
- 2-3-2. 運의 干支
  - 天干의 해석 적용
  - 地支의 해석 적용

2-3-3. 運의 干支 실제
　　　　天干 地支의 해석적용 실제
　　　　地藏干의 干支해석 적용 실제 / 運의 干支 적용 및 범위
2-3-4. 合과 冲에 의한 干支적용과 해석
　　　　合의 해석 / 冲의 해석
　　　　合化의 해석
　　　　적용 및 범위
2-3-5. 干支의 특성 정리
　　　　干支의 특성 적용 범위와 사례
2-3-6. 케이스 연구

2-4. 神殺의 적용 및 해석
2-4-1. 神殺의 종류 - 運의 해석에 필요한 神殺 중심
2-4-2. 天干끼리의 神殺
　　　　天干끼리의 적용과 해석
　　　　三奇의 성립과 해석 / 해석의 실례
2-4-3. 天干과 地支의 관계 神殺
　　　　空亡의 적용 및 해석
　　　　수강생 질문과 답변
　　　　12운성의 적용 및 해석
　　　　貴人의 적용과 해석
　　　　각종 天干 地支의 적용
2-4-4. 地支와 地支의 관계 神殺
　　　　合과 冲의 적용 및 해석
　　　　12 神殺의 적용 및 해석

2-5. 남녀의 해석

2-5-1. 인간 運의 고정요소
신체발달의 運
정신변화의 運
기후변화와 발달의 運
인간의 운명

2-5-2. 남녀 運의 고정요소
남자 運의 고정요소 / 여자 運의 고정요소
남녀간의 편차

2-5-3. 남녀 運의 干支 적용
干支의 적용과 남녀편차
三合의 적용과 남녀 편차
해석의 실례

2-5-4. 남녀 運의 神殺 적용
合과 冲의 적용과 남녀편차
12神殺의 적용과 남녀편차
각종 神殺의 적용과 남녀편차

3권

2-6. 삶의 고정요소
2-6-1. 생로병사
생로병사의 기운
생로병사와 干支
2-6-2. 인간 운명의 고정요소
환경(국가, 사회)적 요소
六親 요소 / 부모, 배우자, 자식
해석의 실례
2-6-3. 나이의 고정요소
나이 적용과 干支
나이 적용의 주기
2-6-4. 생애 주기와 干支
시기에 따른 六親 해석 차이
시기에 따른 신살 해석 차이
생애 주기 해석
2-6-5. 케이스 연구

2-7. 주기론적 이해
2-7-1. 주기의 성립
陰陽, 五行, 干支, 曆法의 성립과 주기
2-7-2. 다양한 주기들 (60의 약수 중심)
60의 속성 / 1x60, 2x30, 2.5x24, 3x20,
　　　　　　4x15, 5x12x, 6x10
60의 확장 / 60, 120, 180, 360
2-7-3. 주기의 기준에 관한 제 문제
주기의 기준
주기의 종류
주기의 적용 및 범위

2-7-4. 주기 설정을 위한 방법론
    자연과 천체 운동
    개인적인 운명 중심
    신체의 발달
    관계의 주기 (사건의 주기)
2-7-5. 각 주기의 적용 범위
    운동과 길흉
2-7-6. 각 주기의 적용 실례

■별첨 : 立春, 立秋의 설정에 관한 논의와 제 문제
1. 立春, 立秋의 기준 설정에 관한 논의
-명내(命內)의 인자와 명외(命外)의 요소(인자)
-생월 중심의 기준과 생일 중심의 기준
-생월과 생일의 조합 중심의 기준
-기타 干支의 작용에 따른 간섭과 기준

2. 立春, 立秋의 설정을 위한 기준에 관한 논의
-運行氣, 發現氣, 適用氣(作用氣), 化現氣
-열량의 변화
-열과 습의 변화
-운동 중심 기준과 화현 중심 기준

3. 立春, 立秋의 설정에 따른 해석
-立春~立秋 구간의 배분과 해석
  / 立秋~立春 구간의 배분과 해석
-구간별 배분에 따른 변화 해석

4. 설정, 적용 및 해석, 범주, 실관(實觀) 및 실제 (實題)
- 立春, 立秋 설정 기준의 제 문제

목 차 • 15

2-8. 부모의 기운, 리더의 기운

2-8-1. 부모의 기운
부친에 드러난 자녀의 기운 / 모친에 드러난 자녀의 기운

2-8-2. 리더의 기운
리더의 운세 흐름 / 리더와의 관계 / 동료와의 소통 인자

2-8-3. 직업적 특성과 해석
조직사회 중심 / 자기 사업 중심 / 해석의 실례

2-8-4. 배우자의 간섭 요소
실제 동업 / 명의상 동업 / 배우자 주도 / 동업의 경우

2-9. 국가적 운기

2-9-1. 국가적 운명의 원리
국가 고유의 흐름 / 리더의 運에 드러난 국가의 운기

2-9-2. 국가적 운명 해석의 기준
풍수적 조건 / 주기 중심의 해석

2-9-3. 리더의 운세 분석
리더 개인의 우세와 국가적 운명의 조합 / 歲德論

2-9-4. 국가의 운세와 개인의 운세
국가와 개인의 운세 조합 / 리더와 개인의 운세 조합

▣별첨 : 수요장단, 건강에 관한 논의와 기준
1. 명내(命內)의 수요장단, 건강
 -명내(命內)의 인자
 -五行 중심의 해석과 기준
 -神殺 중심의 해석과 기준
 -六親 중심의 해석과 기준
 -기타 干支의 작용에 따른 간섭과 기준
2. 運의 흐름에서 발생하는 수요장단, 건강
 -運의 인자
 -五行 중심의 기준과 작용
 -神殺 중심의 기준과 작용
 -六親 중심의 기준과 작용
 -기타 요소의 기준과 작용
3. 개인적인 명운 외의 간섭 요소
 -부모
 -배우자
 -사회적인 환경
 -기타

4권

3. 運의 함수적 이해
3-1. 다양한 함수들
3-1-1. 運의 고정요소
신체적 성장에 따른 고정 요소
성장 및 활동 환경에 따른 고정 요소
3-1-2. 대운의 변화 요소
대운에서 干支의 변화 양상
대운에서 陰陽 및 五行의 변화
대운에서 六親의 변화
대운에서 神殺의 변화
3-1-3. 세운의 변화 요소
세운에서 干支의 변화 양상
세운에서 陰陽 및 五行의 변화
세운에서 六親의 변화
세운에서 神殺의 변화
3-1-4. 주기에 따른 변화 요소
陰陽과 五行
神殺의 주기
다양한 주기의 종류
3-1-5. 환경에 따른 변화 요소
국가 환경
사회 환경
가족 환경
풍수 환경 및 기타

3-2. 다중 함수의 조합과 해석

3-2-1. 運의 해석을 위한 함수 모델들

$f(x) = f(a+b+c...)+C$

$f(x) = f(a) +f(b) +f(c) + ... +C$

$f(x1) = f(a), F(x2)=f(b), F(x3)=f(c), ... ,F(x)=C$

3-2-2. 運의 해석을 위한 함수 1, 상수 영역

신체적 성장에 따른 고정 인자

성장 및 활동 환경에 따른 고정 인자

乙, 丁, 辛, 癸

3-2-3. 運의 해석을 위한 함수 2, 변수 영역

干支의 변화 양상

陰陽 및 五行의 변화

六親의 변화

神殺의 변화

3-2-4. 運의 해석을 위한 함수 3, 주기 영역

3-2-5. 運의 해석을 위한 함수 4, 외생 변수 영역

국가 환경 / 사회 환경 / 가족 환경 / 풍수 환경

3-3. 함수적 이해와 해석

3-3-1. 함수적 이해와 해석을 위한 구조론 중심

함수의 대상 및 종류

각 운명적 인자와 적용 함수

제함수의 조합

3-3-2. 함수적 이해와 해석을 위한 속성론 중심

상관성의 이해 / 인과성의 이해

다중 프로세스

다중 원인과 결과

귀결의 분석 및 이해

3-3-3. 사탄분포(射彈分布)의 속성과 공통 요소
사탄분포의 원리
기운의 변화와 사탄분포
행위의 변화와 사탄분포
선택에 의한 왜곡 요소
명내(命內)의 인자 運의 인자

3-4. 해석의 실제
3-4-1. 해석의 우선 순위
命의 干支 배열과 대운, 세운의 干支 배열
運에 드러난 五行의 강약과 調候, 陰陽
運에 드러난 六親의 기본 흐름
神殺의 특징과 運의 神殺
命과 運의 神殺 간(間)에 일어나는 상호 작용
주기론에 의한 접근 및 해석
3-4-2. 命과 運의 모양과 현실 상황
命의 특성과 범주
運의 특성과 범주
분(分)과 현실 상황
왜곡의 정도
運의 모양과 선택, 선택에 따른 이벤트
3-4-3. 선택과 결과 사이의 인과 또는 상관성
시기의 분(分)
선택에 따른 결과, 왜곡
방향의 기준
3-4-4. 기대 욕망과 운세
욕망의 양상
욕망과 운세

3-4-5. 운세와 가치관
　　　운세 차원의 문제
　　　가치관 문제

4. 運의 해석 종합
　　4-1. 다양한 함수들의 조합
　　4-2. 일인일과(一因一果)
　　4-3. 다인일과(多因一果)
　　4-4. 일인다과(一因多果)
　　4-5. 인과성(因果性), 상관성(相關性)
　　4-6. 실제와 가치관

5. 케이스 연구
　　1번명조　甲戌생 丙寅월 壬戌일 壬寅시 남자명조
　　2번명조　戊午생 壬戌월 壬子일 癸卯시 남자명조
　　3번명조　乙未생 戊寅월 戊戌일 庚申시 남자명조
　　4번명조　庚子생 甲申월 戊戌일 庚申시 남자명조
　　5번명조　乙未생 乙酉월 甲午일 乙丑시 여자명조
　　6번명조　己未생 戊辰월 戊辰일 戊午시 남자명조
　　7번명조　戊子생 丙辰월 己巳일 시불명 남자명조
　　8번명조　乙卯생 戊子월 辛卯일 壬寅시 여자명조
　　9번명조　乙卯생 戊子월 辛卯일 壬寅시 남자명조
　　10번명조　己亥생 庚午월 辛酉일 戊戌시 남자명조

6. 총정리 1
    질문과 답변
    감명의 수순

7. 총정리 2

수업총괄 개념정리

1. 命과 運
    - 1-1. 命과 運의 의미
    - 1-2. 命과 運의 상관관계
    - 1-3. 命의 해석, 運의 해석

2. 運의 요소
    - 2-1. 運의 陰陽
    - 2-2. 運의 五行
    - 2-3. 干支의 해석
    - 2-4. 神殺의 적용 및 해석
    - 2-5. 남녀의 해석
    - 2-6. 삶의 고정 요소
    - 2-7. 주기론적 이해
    - 2-8. 부모의 기운, 리더의 기운
    - 2-9. 국가적 운기

3. 運의 함수적 이해
    - 3-1. 다양한 함수들
    - 3-2. 다중 함수의 조합과 해석
    - 3-3. 함수적 이해와 해석
    - 3-4. 해석의 실제

4. 運의 해석 종합

5. 케이스 연구

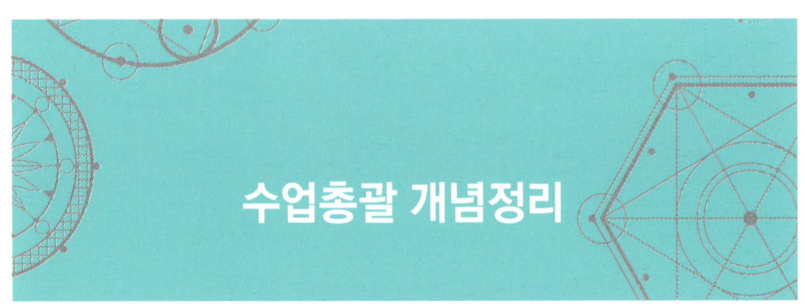

수업총괄 개념정리

오늘은 수업 진도를 바로 나갈 것은 아니고, 앞으로 내용을 어떻게 구성을 할 것인가에 대해서 수강하시는 분들이 원하는 수준과 방법 등의 주제를 통해 서로 대화를 나누어 보는 형태로 내용을 채우려고 계획하고 있습니다.

다들 역학 공부를 좀 하신 분들이십니까? 공부를 오랜 시간 하신 분도 계시고 또 이제 책을 읽기 시작해서 문자에 익숙하다는 분도 있을 것인데, 완전 초보로 처음 배우시는 분들은 없으시죠? 그러면 대략 공부를 하신 것이 년 수로 치면 어느 정도 되십니까?

왜 묻느냐 하면 초중고 수준이 있다고 치면 거기에 레벨을 어느 정도 맞추어 드려야 듣는 분들이 어렵지 않은데 너무 고급 단계에 이른 분들은 초급 내용을 들으면 지겹고 초급 없이 중급, 고급의 수준에 맞추어 수업하면 초급 실력으로 듣는 분들이 중간에 하차하실 수도 있기 때문입니다.

학생대표 – "다 춘하추동 신사주학 이상 다 공부했습니다."

그러면 대충 문자나 술어는 다 되어 있다고 보고 맞추어도 되겠습니까? 그러니까 五行, 六親 이런 것과 여러 가지 神殺 그다음에 干支 자체의 여러 가지 관계적인 요소들은 충분히 이해를 하고 있는 상태라고 보고 그 정도에서 진도를 맞추어 보도록 하겠습니다.

눈빛을 보고 속도를 좀 늦추든지 아니면 좀 더 분위기가 좋으면 빨리 진도를 뽑는 방식으로 레벨을 맞추어 보도록 하겠습니다.

사실 강의를 해 보면 제일 어려운 것이 레벨을 서로 맞추는 것입니다. 강의 중에서 알아듣는 사람이 한 20%밖에 안 된다고 하면 수업을 끌고 갈 수가 없습니다. 그렇다고 수업 분위기를 갑자기 너무 기초로 갈 수도 없는 것입니다.

예를 들어 처음에 무로 깍두기를 만든다면 칼을 댈 때 '아주 정교하게 자를 것이냐? 아니면 크게 자를 것이냐?' 하는 문제입니다. 처음 칼을 하나 대면 그것을 기준으로 무를 자르지 않습니까?

공부를 하신 분들이 많으면 제가 듬성듬성 빨리빨리 썰어 나가도 그 진도나 내용이 다 채워지니까 효율적이긴 하지만 레벨을 맞추는 것이 사실은 제일 힘이 듭니다. 수업을 하면서 중간마다 학생 여러분들의 눈빛을 보고 조절 하도록 하겠습니다.

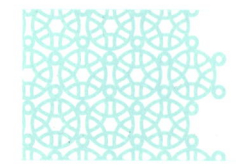

1-1. 命과 運의 의미

　運이라는 것은 이 한 파트만으로도 굉장히 다룰 것이 많이 있습니다. 그러니까 그동안 '춘하추동 신사주학'을 공부하신 분들은 주로 命 중심에서 運을 부수적으로 끼워서 보는 방식이었다면 이번 수업은 運 중심에서 命을 끌어당겨 해석을 붙이는 방식이 될 것입니다.

　運이라는 것 자체가 워낙 해석 적용할 수 있는 기준들이 많습니다. 그래서 그 많은 기준들을 하나하나 정리를 해보는 것입니다. 공부를 해보시면 알게 되겠지만 역업을 하시는 분들이 주로 잘 쓰는 논리나 기준점이 두세 가지 있습니다. 그래서 그 논리를 가지고 감명을 하는 것이 그 사람에게 하나의 틀로써 작용하는데 그러한 것이 어떤 문제점들이 있느냐 하면 이런 것과 같습니다.

[그림 1-1]

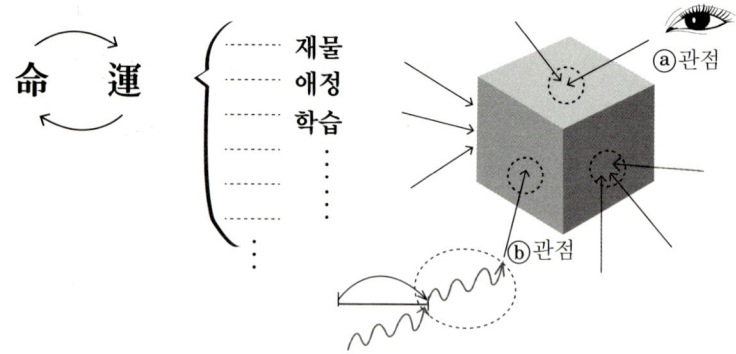

사물도 a 관점에서 바라보는 측면의 변화와 b 관점에서 바라보는 측면의 변화 등 여러 가지 관점의 해석이 있는데, 어느 쪽에서 바라보면서 변화의 측면을 읽어주느냐 하는 것이 봐주는 사람의 역량도 되지만 또 받아들이는 사람의 입장에 따라서 다를 수 있습니다.

즉 고객은 a 관점에서 답답해하는데, 봐주는 사람은 b 관점과 c 관점의 변화성만을 보고 설명을 해줌으로써 내용은 잘 맞히고 해석을 잘해 줬는데도 불구하고 그 사람이 받아들이기에 자기는 답을 얻지 못했다는 식의 느낌을 가져가는 경우가 상당히 많이 발생하기 때문입니다.

그래서 이런 부분을 한번 정리해 보는 목적은 전체의 변화성이라고 하는 것이 생겨날 수 있는 다양한 기준들을 한번 정리해 보자는 것입니다.

'지금 이 사람이 묻는 것은 이런 측면에서 묻는 것이구나!, 저런 측면에서의 변화성을 묻는 것이구나!' 하는 것은 들어보면 압니다.

예를 들면 손님은 '지금 애인이 생기느냐? 안 생기느냐?' 이것을 알고 싶어 왔는데 "당신 돈 잘 들어오네."라고 말한다면 돈이 잘 들어오는 것은 맞기는 맞는데 그것은 궁금한 것이 아니라는 것입니다.

그러니까 그 사람이 원하는 주제나 궁금한 부분 이런 내용을 귀로 들어보면서 문점의 내용에 대해 파악을 하면 "어떤 방향이나 측면에서의 접근이구나!" 하는 것을 알게 되고, 그렇다면 빨리 해석의 시각을 그 사람이 필요로 하는 쪽으로 넘어가야 한다는 것입니다. 그러므로 분석을 할 때 쓰이는 여러 가지 기준들을 변화시켜서 그 질문에 대해서 맞는 대답을 해 주어야 한다는 겁니다.

내점자들이 묻는 측면을 한눈에 읽는다는 것은 있을 수가 없는 것입니다. 그러니까 그런 측면에서 하나를 툭 건드리는 겁니다.

"예 돈은 들어오고 있는데요. 사실은 그것이 문제가 아니라 애인이 애를 먹입니다."

여기 있는 것이 나오면 저기에 맞는 도구나 기준들을 빨리 가져와서 그 기준 따라서 '이 구간에서 이렇게 움직이고 있구나. 또 이런 속성 때문에 이것을 겪고 있구나.' 하는 것을 빨리 캐치를 해야 하는 것입니다.

캐치를 한 다음에 앞으로 오게 되는 경향이나 흐름은 운세적으로 어떤 식으로 나타나게 된다는 것을 빨리빨리 넘나들면서 설명을 해줘야 하는 것입니다. 이런 부분이 현실에서 감명하는 사람들의 고충이기도 하고 역할이기도 합니다.

그런 융통성이 잘 넘나들어 지지 않으면, 점을 봐주는 자신도 만족감이 떨어지는 것이고 문점자들도 감명의 내용에 대해서 만족감이 떨어지게 되는 것입니다. 그러므로 그렇게 넘나드는 데 필요한 여러 가지 논리들을 적용하는 방식에서 큰 차이가 나는 것입니다.

대표적으로 고전 명리에서 제시하는 것이 무엇입니까? 제시하는 것이 格用的인 해설인데 格用이 틀린 논리라고 하는 것이 아닙니다. 단순하게 출세라고 하는 기준이 벼슬에 국한되어 있던 고전에서는 그 해석의 범주가 굉장히 좁은 모양으로 쓰이는 논리라는 것입니다. '춘하추동 신사주학'에서도 말했지만, 이 格用論의 결론은 거의 다 호불호입니다. 즉 좋다 아니면 나쁘다는 것으로 국한됩니다.

運이라는 것의 결론이 호불호만 있는 것이 아닙니다. 호불호가 아니라 소위 그 내용과 모양, 경향, 속성 등 여러 가지 주제로 분류해서 해석할 부분이 많이 있지만 '좋거나 나쁘다.' 그리고 '된다. 안 된다.'는 식의 표현만 쓴다는 것입니다.

과거의 책들은 전부 다 성패 또는 호불호 이런 것에 주제가 집중되어 있습니다. 그러니까 옛날 시절 출세의 기준이 되었던 벼슬의 登科 이런 것만 가지고 해석을 하는 것은 현대사회에서는 과거와 달리 기본적으로 한계성이 너무 많다는 것입니다. '좋다. 나쁘다.'만 가지고 이야기를 하면 사실 해줄 말도 별로 없습니다.

格用식으로 풀이해서 언제가 좋고 언제가 나쁘다는 식으로 해설을 해주고 나면 손님의 입장에서는 이렇게 되는 것입니다.

"그리고요?" 그러면 더 할 말 없어서 "좋다니까! 좋으니까 가세요!" 라고 밖에는 할 말이 없습니다. 그것 말고도 재물의 성취 여부, 부부간의 애정이라든지 기타의 테마는 대단히 많습니다.

그러니까 재물, 애정, 학습… 등 이런 것들을 해설하는 데 쓰이는 運의 여러 가지 기준은 또 다르게 고안을 하고 적용해줘야 한다는 것입니다. 그래서 그런 것들을 차례대로 한번 정리를 하고 써머리를 해보자는 것입니다.

즉 총체적이고 종합적인 것을 아울러서 표현해 줄 수 있는 여러 가지 수단이나 기준이 필요한데 그것을 무엇으로 삼을 것이냐 하는 문제가 있습니다. 사실 '運' 이것만 해도 그 부분에서 다룰 내용이 상당히 많습니다.

그런데 처음 수업을 듣는 분까지 고려해서 술어에 대한 개념을 정리하고 넘어가다 보면 너무 시간이 오래 걸릴 수 있으니 술어가 충분히 숙지 되어 있다고 보고 그 부분을 조금 뛰어넘어서 진도를 나가도록 하겠습니다. 또 숙지가 좀 덜된 것 같으면 중간에 조금씩 다루는 그런 방식으로 하겠습니다.

그러니까 강의 수준을 초중고로 구분한다면 중에서 고를 왔다 갔다 넘나드는 정도의 수준에 맞추어서 하고, 개념이 좀 덜된 분이 계시면 초까지 좀 내려왔다가 다시 또 끌어올리는 이런 방식으로 진행을 한번 해보기로 하겠습니다.

그래서 이렇게 다양한 측면이나 도구들을 가지고 해석을 해 나가면 사실 떠들 말이 하루종일입니다. 한 명 것을 가지고 한사람 운명을 한 시간에 정리도 못 하는 것입니다. 하루종일 떠들어도 떠들 말이 있어서 하루도 짧다는 것입니다.

그러니까 자기가 보는 측면이나 도구들이 적으면 적을수록 변화성을 읽어줄 부분이 점점 줄어들게 됩니다. 줄어드니까 할 말도 없어지게 되는 것입니다. 그러므로 다양한 도구를 한번 정리를 해보고 그다음에 그 사람에게 흐르는 변화성이라고 하는 것도 전체적으로 정리해 봅시다. 즉 한눈에 바로 다 커버하는 논리 이런 것들을 다시 한 번 정리를 해보자는 겁니다.

1-2. 命과 運의 상관관계

 오늘은 제목들만 간단하게 달아놓았는데 거기에는 格用도 없습니다. 格用 중심이 아니라 오히려 지엽으로 가져다 집어넣어 놨습니다.

[그림 1-2]

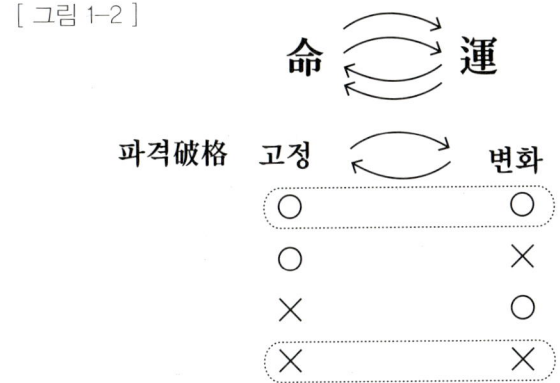

 '命과 運의 상관관계'라고 하는 것에서 대체로 '命'을 고정요소라고 하고 '運'을 변화요소로 나눈다면 고정성이 더 크게 부여되어있는 命과 변화성이 훨씬 더 크게 부여되어있는 運의 비중 차이를 命을 통해서도 파악을 할 필요가 있고 그다음에 運을 통해서도 파악할 필요가 있다는 겁니다.
 그래서 運 자체가 생긴 모양이 이런 것입니다. 그러니까 大運의 흐름이 子, 丑, 寅, 卯로 나아가는 운명과 辰, 巳, 午, 未로 나아가는 운명이 있을 때 子, 丑, 寅, 卯까지의 여러 가지 변화성

이것을 어떤 면으로 보면 일종의 열량으로 생각해도 되겠죠?

　동지부터 섣달 그다음에 정월, 이월 이 구간까지 일어나는 변화와 辰, 巳, 午, 未 사이에 일어나는 열량 변화 이런 것을 생각해 봐도 사는 내용이 좀 더 변화성이 크다 작다 하는 것을 알 수 있습니까?

　물론 子, 丑, 寅, 卯도 천체운행의 속성으로 볼 때는 크게 보면 겨울에서 봄으로 전환됨으로써 속성변화는 상당히 많이 발생합니다. 그런데 열량변화는 辰, 巳, 午, 未가 더 많습니다.

　그래서 '속성이 변하는 것이냐? 열량이 변하는 것이냐?' 하는 것을 통해 '직업이 바뀌는 것이냐?' 아니면 '돈벌이의 양이 변하는 것이냐?' 이런 것들을 정리해 볼 필요가 있다는 것입니다. 子, 丑, 寅, 卯에서는 주로 속성변화가 많이 발생합니다. 겨울에서 봄으로 바뀌었으니 올챙이가 개구리가 되었다는 것입니다.

[그림 1-1-2]

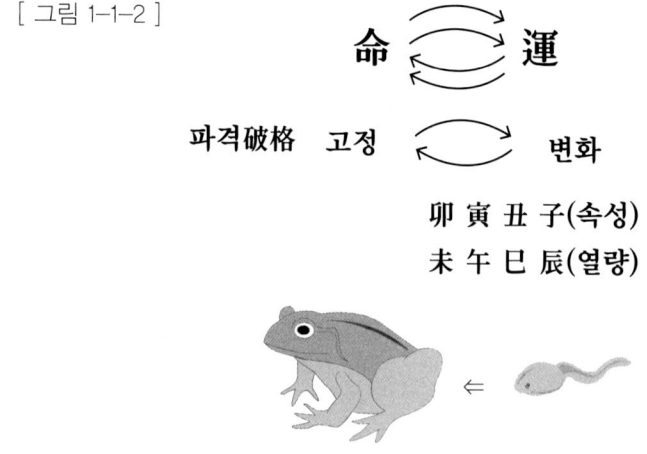

올챙이라는 성체에서부터 열량변화를 주로 겪는 것입니다. 그

러니까 열량변화를 겪는다는 말은 '많이도 처먹었네!'가 되는 것입니다. 표현이 좀 그렇습니까? 이해나 기억을 위해서 그런 용어를 쓰는 것이니까 이해해 주십시오.

열량변화가 많이 생긴다는 것은 量的인 변화가 주로 많이 생긴다는 말이고 그다음에 陰陽이 크게 바뀌거나 계절이 바뀐다는 것은 속성이 많이 바뀐다는 것입니다.

이렇게 運에 의해서 변화성이 많이 발생할 수 있는 '大運의 속성을 가지고 가느냐?' 하는 것을 따져볼 수 있고 그다음 命에서도 소위 고전적인 格의 분류 즉 고전적인 格의 분류라는 것은 말 그대로 成格(성격), 破格(파격) 이런 정도로 크게 나눌 수 있습니다.

成格이 되어 있다는 것은 외부 계절의 속성변화 아니면 열량변화 두 가지 어느 것을 만나도 자기가 가지고 있는 고유의 格, 그릇, 기질 이런 것을 잘 바꾸지 않는다는 말입니다. 그래서 그것을 '命의 측면에서 무게중심을 두고 볼 것이냐? 運에서 볼 것이냐?' 하는 것입니다.

命 속에서 破格 같은 경우 그러니까 破格이라는 것 자체가 사는 내용이 변화성에 의해서 많이 왔다 갔다 바뀔 수 있다는 것이므로 命에서도 변화성이 많이 열려있습니다. 앞에서 설명했던 열량변화 이런 것들을 봤을 때도 量的인 변화를 많이 유도하는 그런 인자를 가지고 있다면 변화성 자체에서도 많이 바뀔 수도 있을 것입니다.

그다음에 命과 運의 변화성을 ○표 ×표로 표시하면 아래와 같이 나누어집니다.

[그림 1-2]

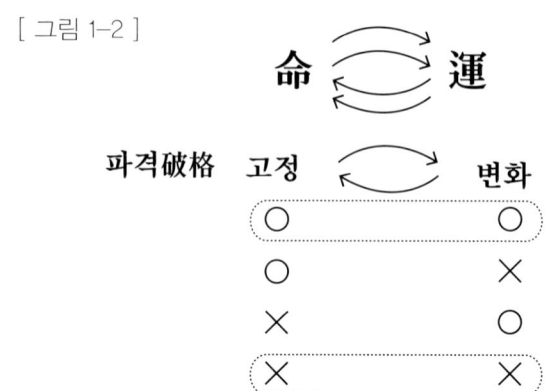

그릇에서도 변화성이 많이 열려있는 사람, 변화성이 별로 없는 사람과 그다음 運에서도 변화성이 많은 사람, 적은 사람 이렇게 조합을 해서 네 가지 정도의 패턴이 드러납니다.

그러니까 변화성이 적다는 것은 꼭 成格만 있는 것이 아닙니다. 成格은 아니라도 調候가 어느 한쪽으로 쏠려있는 사람의 경우 그 調候로부터 별로 벗어나지 않고 인생이 끝나는 사람이 있습니다.

寅月생이 逆대운으로 가면 어떻게 됩니까? 寅이라고 하는 것은 三陽 三陰입니다. 딱 陰陽이 넘어가려고 하는데 大運은 逆으로 가고 있는 겁니다. 그러니까 丑, 子, 亥, 戌, 酉, 申으로 갑니다. 그러면 逆으로 한 60년 가버리는 겁니다.

촌에서 태어나서 평생을 촌에서 살아온 이런 사람들은 사실 물을 일도 별로 없습니다. 또 직업적으로 변화가 별로 없는 공직, 교수직 이런 쪽에 있는 사람들 중에도 이런 패턴이 많습니다. 그러니까 이런 경우는 명조 안에도 亥子丑이 많을 겁니다.

[그림 1-1-4]

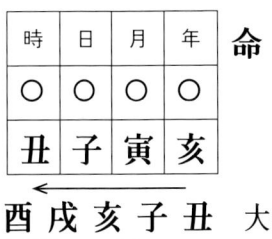

변화성적다. 調候한쪽으로 쏠려있음. 공직. 교수직이 이에 해당함.

위와 같은 명조에 남자라고 하면 어떻게 됩니까? 大運이 어디로 흘러들어 갑니까? 대운이 丑, 子, 亥, 戌, 酉, 申, 未 이렇게 흘러가 버리면 調候가 쏠려 있고 大運도 調候를 그대로 가버림으로써 사는 내용이 별로 큰 변화가 없이 살 사람이라는 것을 알 수 있습니다. 이런 사람들은 평생에 한두 번만 물어보면 됩니다.

그러니까 '干支 구성의 속성에서 변화성이 많으냐? 적으냐?' 그다음에 '大運에서 변화성이 많으냐? 적으냐?' 이런 것들을 실제로 한번 다루어 볼 필요가 있는 것입니다.

그래서 살면서 한번 다루어 봐야 될 명조 중에 파란만장한 패턴들은 아래와 같은 패턴이 됩니다.

[그림 1-1-3]

파란만장, 成格도 아니면서 변화요소 크다

파란만장 패턴들은 成格도 아니면서 신통력을 상징하는 이런 것들이 있었습니다. 이 양반은 寅, 申, 巳, 亥 다 있는 분과 연결 되네요. 얼마 전에 전 대통령도 돌아가셨지만, 寅, 申, 巳, 亥 다 있는 분 중에 대표적으로 '박정희 대통령'도 이런 구성입니다.

地支를 보는 순간에 '運에 의해서 변화가 많이 생길 수 있는 소지가 命에 있구나!' 하는 것을 알 수 있습니다. 그러면 이런 사람들은 大運이 똑같은 干支 배열로 흘러간다 하더라도 運의 변화에 따라서 폭이 크고 작음이 발생합니다.

[그림 1-1-4]

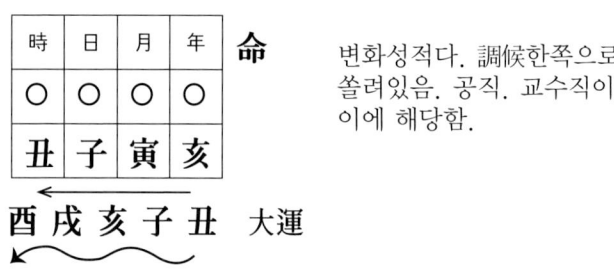

변화성적다. 調候한쪽으로 쏠려있음. 공직. 교수직이 이에 해당함.

위의 사례는 어떻습니까? 運이 완만하게 흘러가는데 '大運 왔다!' 그렇게 표현하는데 그냥 쌀 수확 좀 잘되고, 땅 팔아서 돈 들어오고 이런 것이라면 「그림1-1-3」패턴이라는 것은 벌써 여기서 '이것이 많이 변하겠구나!' 하는 것을 알 수 있습니다.

干支는 똑같지만, 戌에서 酉로 그다음에 未에서 申으로 이런 식의 運의 변화가 있을 때 '상당히 많은 변화성이 발생해 있구나!'하는 것을 알 수가 있습니다.

팔자 안에서 運의 변화를 '더 크게 적용해야 하겠다. 말아야 하겠다.'가 이미 가늠이 되는 것입니다. 그래서 이 부분이 조금만 훈련되면 여러분들도 저절로 아시게 될 것입니다.

실제 실관을 많이 하신 분들은 사주를 적는 순간에 '야~!' 합니다. 옛날에 수기로 감정지를 적는 그런 분들은 干支 다 적자 말자 寅, 申, 巳, 亥 이런 패턴이라면 "와~" 합니다.

팔자의 구성 자체에서 에너지 패턴이 강한 것이기도 하지만 변화가 많기 때문이라는 겁니다. 그래서 그런 것들이 양을 많이 차지하지는 않아도 먼저 전제적으로 생각해 볼 수 있다는 것입니다.

1-3. 命의 해석, 運의 해석

命의 해석, 運의 해석이라는 것도 몇 가지 기준이라든지 이런 것을 통해서 한번 나누어 보기로 하고 대충 아시겠죠? 앞으로 어떤 수업을 다룰 것 같다는 것을 아시겠죠?

[그림 1-1-4]

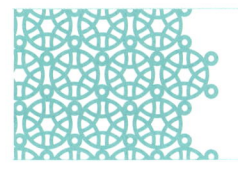

변화성적다. 調候한쪽으로 쏠려있음. 공직. 교수직이 이에 해당함.

표현이 좀 그렇습니다만 아까 앞에서 봤던 이런 명조의 경우에 大運이 丑, 子, 亥, 戌, 酉, 申, 未 이렇게 運이 흘러간다면 평생 큰 변화 없이 가겠다는 것을 알 수 있는데 거기에다가 天干까지 붙여서 보면 답이 더 빨리 보입니다.

"평생 너는 그냥 그렇게 살다 가는 거다." 하는데 절대로 그말을 하면 안됩니다.

그런데 물으러 온 사람은 농사를 언제까지 지어야 하는지 물으러 왔는데 말을 절대 "당신은 그냥 평생 농사지어라." 이렇게 하면 안 됩니다. 그것이 정답이라 할지라도 그렇게 말하면 안 되는 것입니다.

그러니까 고객은 변화성의 가능성을 열어두고 거기에 따른 답을 구하러 왔기 때문에 그때도 진지하게 눈치를 봐야 합니다.

"별로 변화 없는 생활을 할 건데 뭐하십니까?"

"농사짓습니다."

"언제부터?"

"하여튼 뭐 잠깐 도시 나갔다가 들어와서 농사짓고 있습니다."

"그러면 조금만 더 그렇게 하십시오."

"그래 언제까지요?"

"그래도 대강 한 10년은 더 해야 될 것 같습니다."

그런 식으로 변화성을 물으러 왔을 때 답을 해주는 융통성이 필요하다는 것입니다. 그래서 그런 것들을 앞부분에 좀 다루어보기로 하고 시간을 한 두세 시간 정도만 할애하면 될 것 같습니다.

2. 運의 요소

2-1. 運의 陰陽

'運의 요소' 여기에 사실은 도구가 대단히 많습니다. 뒤에 다룰 내용 중에 테마적으로 다룰 것이지만 陰陽이라고 하는 것은 命에서도 마찬가지이지만 대부분 運의 분석에서도 陰陽이 전체를 포괄하고 '결국은 陰陽밖에 없다.' 이렇게 말을 합니다.

[그림 1-3]

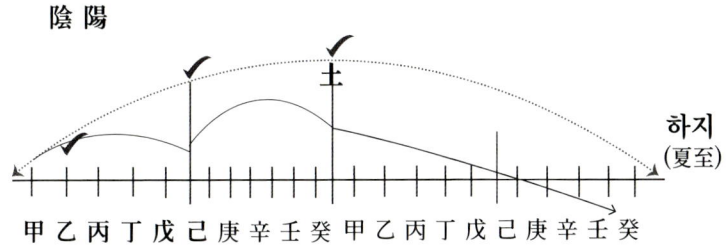

'아주 작은 단위의 陰陽을 볼 것이냐?' 아니면 '좀 더 큰 단위를 볼 것이냐?' 아니면 '이것보다 더 큰 단위의 陰陽을 볼 것이냐?' 그래서 그림처럼 '陰陽을 어떤 단위로 볼 것이냐?' 하는 것이 문제입니다.

사실 甲, 乙, 丙, 丁, 戊, 己, 庚, 辛, 壬, 癸의 구조도 크게 봐서 甲, 乙, 丙, 丁, 戊가 陽이고 己, 庚, 辛, 壬, 癸가 陰입니다. 그다음에 甲, 乙도 陽陰 이런 식으로 갑니다. 그래서 '陰陽이라고 하는 기본적인 큰 기준을 어디에다가 적용해서 볼 것이냐?' 하는 것입니다.

사실 아무렇게나 말해줘도 맞는 이유가 큰 단위의 陰陽에 걸리든, 작은 단위의 陰陽에 걸리든 어디에든 걸리게 되어 있습니다. 그런데 그 걸린 것을 알고 있는 것과 '이것 아니면 이것이다.' 해서 막 해석해 나가는 것과는 다르다는 것입니다.

[그림 1-3-2]

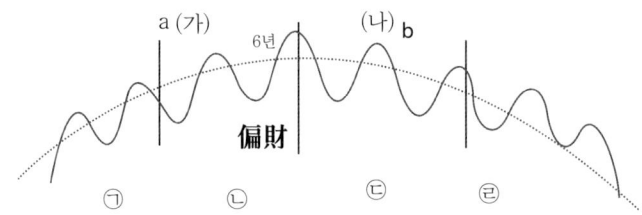

큰 단위의 기준에서 이 사람이 그림 a처럼 올라가다가 그림 b처럼 내려온다면 ㉠과 ㉡ 이 둘 사이에도 상하관계가 있을 것이고 또 ㉢과 ㉣이 둘 사이에도 상하관계가 있을 것입니다. 그리고 ㉠과 ㉡ 둘을 대비해서 '좋다, 나쁘다.'로 표현할 수도 있고 그다음에 미세하게 나눈 오름과 내림 부분에서 '좋다, 나쁘다.'로 적용해 갈 수 있습니다.

그러니까 인생 전체를 하나의 큰 생장수장(生長收藏)이라고 하는 사이클 속에 있다고 본다면 어느 단계에 온다는 것입니다. ㉢단계에 오면 크게 봐서는 내리막이고 가까이 봐서는 오르막입니다. 그러니까 괜찮아진다고 이야기해도 맞고 힘들어진다고 해도 맞다는 것입니다.

그런데 이 사람은 괜찮아진다는 이야기를 듣고 싶은 겁니다. 괜찮아진다는 것을 듣고 싶은데 알고 보면 어떻습니까? 크게 b

시점에서 큰 흐름을 보고 해설을 한 사람은 "앞으로 조금 나아지는데 그냥 접어라. 접고 때려치워라."고 이야기해 줄 수 있습니다. 그러니까 장기적 흐름을 봐서 말을 했기 때문에 틀린 말이 아닙니다.

그런데 순간과 상황에 걸려서 묻는 말이라면 ㉢의 흐름이 될 것이니까 조금만 견디면 좋아질 것이라고 봐줘도 그 사람의 변화 인자에 대해서 설명을 잘 못 한 것이 아니라는 겁니다.

그런데 더 크게 아울러서 b 전체 구간으로 본다면 ㉢구간은 내리막이니까 앞으로 좀 좋아지더라도 '무조건 줄여라!' 내지는 심하게 표현하는 분은 접으라고 이야기해 주어야 합니다. "어차피 13년 뒤에 당신은 ㉣의 구간을 지나가게 되니까 그냥 때려치우라!"고 이야기하는 것입니다. 그러면 화끈하게 봐주는 것입니다.

㉢구간에 있는 사람은 욕하면서 갑니다. 그리해서 13년 뒤쯤 되어서야 "아~ 내가 그때 그 양반이 때려치우라고 했는데 내가 여기까지 올 줄 알았나? 그 양반 어디 갔는지 한번 찾아보자!"고 합니다. 그러니까 화끈하게 봐주기는 잘 봐줬는데 13년 뒤에 손님 받는 것입니다.

물론 피곤한 분이 오면 "어떻습니까? 어때요?"하고 자꾸 질문합니다. "잘못하면 망할 수도 있다. 자주 안 오셔도 된다."고 설명은 하지만 아무튼 위의 구조를 알고 있어야 한다는 것입니다. 그래서 아무렇게나 떠들어도 대강은 맞게 되어 있는 원리가 이런 수많은 陰陽의 조합관계 때문에 그렇다는 겁니다.

여름의 하루에도 지구가 자전하니까 낮이 있고 밤이 있습니다. 예를 들어 夏至의 어느 날 물으러 와서 더워 죽겠다고 하면 조금만 있어 보면 시원해진다고 대답을 해 주는 것입니다.

夏至에 아무리 해가 길어도 저녁 7시면 해가 지니까 시원해집 니다. 그러면 일단 자기는 만족이 된 것입니다. 그런데 미안하지 만, 夏至로부터 立秋까지는 장장 45일이 남았습니다. 그래서 사 실은 더 큰 더위가 夏至 다음에도 온다는 것입니다. 절기상 小 暑, 大暑 이런 때 큰 더위가 오잖아요? 큰 더위가 오니까 이렇게 말해줘도 맞고 저렇게 말해줘도 맞습니다.

'춘하추동 신사주학' 강의할 때 제가 힌트를 몇 군데에서 드렸 었습니다. 그 부분 혹시 기억나십니까? '춘하추동 신사주학' 강 의할 때 아무렇게나 말해도 맞는 원리, 맞는 이유는 이런 陰陽운 동이 작은 단위, 중간 단위, 큰 단위로 계속 이루어져 있기 때문 입니다. 그래서 감명을 해주는 차원에서는 할 수 있다는 겁니다.

상담과 감명이 믹스가 되어있을 때는 그런 논리 속에 묻어도 되지만 학문을 연구하는 입장에서는 큰 陰陽 단위, 중간 陰陽 단 위, 작은 陰陽 단위를 구별하면서 볼 수 있어야 한다는 겁니다.

실제로 보면 감명스타일에서 큰 단위의 陰陽 변화를 좋아하는 사람도 있고 작은 陰陽 변화의 패턴을 좋아하는 사람도 있습니 다. 자신 없으면 가장 작은 陰陽 변화의 패턴을 해설해 주면 됩 니다.

그러면 손님은 계속 옵니다. 짧게 보면 년 단위로 읽어주는 것 입니다. 그러면 년 단위에서 陽년, 陰년의 형태로 6년, 6년 가고 그러면 12주기가 됩니다. 12주기 속에 12運星으로 한 바퀴 돌고 나면 財星, 官星, 食神…으로 한 바퀴가 다 돕니다.

그 주기만 잘 읽어 주더라도 사람들은 훨씬 더 자기 피부에 와 있는 것이기 때문에 그런 식으로 읽어주는 것이 어떻게 보면 제일 안전합니다. 또 사람들에게 계속 따라붙으면서 코치를 할 수 있는 수단이 되니까 그런 주기 중심으로 풀이해 주는 것도 자신만의 상담 방식이 될 수 있는 것입니다. 그래서 적어도 이런저런 차이들을 여러분이 運에서 구별하면서 가야 합니다.

陰陽을 나누는 도구들도 많습니다. 甲, 乙도 陰陽인데 또 甲과 庚도 陰陽관계입니다. 그다음에 三合에 의해서 발생하는 기운도 陰陽관계이며 이런 여러 가지 陰陽관계가 발생합니다.

그래서 '그 陰陽관계의 기준을 어떻게 하고 또 적용을 어느 범주까지 해 줄 것이냐? 이 陰陽은 어느 범주까지 해 줄 것이냐?' 이런 것들을 먼저 정리를 좀 해야 할 필요가 있겠다는 것입니다.

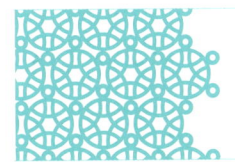

2-2. 運의 五行

五行이라고 하는 것도 陰陽관계에서 중간단계를 설정함으로써 춘하추동의 중간에 土라는 것을 설정하여 계절의 끝 부분마다 기운의 수렴을 하는 辰, 戌, 丑, 未 단계를 배속해서 陰陽을 좀 더 확장해 놓은 것에 불과한 것입니다.

결국, 五行에서 뭐가 적용됩니까? 陰陽과 五行의 조합이 결국은 六親입니다. 이 六親이라는 것이 命의 해석에도 지극히 중요하고 또 필요했었고, 運의 해석에서도 陰陽이 조합된 관계의 명칭이 六親입니다.

'춘하추동 신사주학' 편에도 제가 강조를 해놨습니다만 六親의 움직임이라고 하는 것은 六親 자체를 하나의 이벤트, 속성, 인물, 사건, 공간으로까지 연결하는 것인데 運에서도 그대로 적용되니까 적어도 절반 정도의 양적인 면을 채우는 것입니다.

우리가 글을 쓸 때 '누가? 언제? 어디서? 무엇을? 어떻게? 왜?' 이렇게 육하원칙을 적용할 때 '누가'에도 걸리고 '무엇을'에도 걸리고 '어떻게'도 걸리고 이렇게 두루두루 걸리는 것이 바로 六親입니다.

運의 해석에서 다룰 주제는 아니지만 六親의 적용이라는 측면에서 범위나 의미라고 하는 것은 命 안에서 볼 때의 六親과 그다음에 運에서 볼 때의 六親이 있습니다.

그러니까 運에서 볼 때 偏財라고 하는 것은 당연히 命에 있는 偏財처럼 사업재산, 투기재산 이런 것들로 상징되지만, 運에서 적용하는 것은 스피드가 빠르다는 의미가 되고 또한 공간적으로 스피드가 빠르다는 것은 '이곳저곳을 다닌다.'라는 의미로써 運에서 쓰는 六親법이 조금 다른 것입니다.

물론 돈도 당연히 되지만 꼭 돈만이 아니라 재물활동이기도 한데 財星이 많은 공간 또는 행동적으로 본인이 빨리 움직여서 가는 행동적 성향 그런 것들을 같이 運에서 적용해 줘야 한다는 것입니다.

물론 팔자 내에서도 偏財가 있는 사람은 고스톱을 쳐도 빠르겠습니까? 느리겠습니까? 빠르겠죠? 그런 식으로 원래 그 사람이 타고난 고유의 인자로도 해석하지만, 大運으로 치면 偏財가 작용하는 것이 짧게 5년 내지는 길게 10년까지 걸립니다.

辛일주가 乙卯 大運을 만났다면 10년씩 偏財를 완전히 위아래로 쓰면서 갑니다. 그럴 때 꼭 돈벌이라고 하는 이런 측면만이 아니라 행동의 경향성, 공간도 偏財의 속성을 따르게 됩니다.

그러니까 자기가 사는 주거를 정할 때도 偏財라고 하는 속성을 따라서 그러니까 偏財가 이곳저곳에 사람들이 많이 돌아다니는 번화한 곳도 되지만 재화의 출입이 빈번한 상가중심이 되기도 합니다.

거기에다가 토끼를 닮았다는 뜻은 무엇입니까? 토끼라고 하는 속성도 같이 넣어서 해석을 해주는 겁니다.

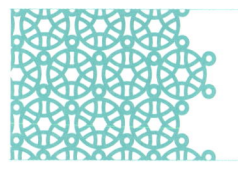

2-3 干支의 해석

다음 목차에 '2-3 干支의 해석'이 바로 나옵니다. 그래서 그것을 어떻게 해석 적용에 쓰이느냐 하면 이사를 가려고 한다고 칩시다.

물론 세운의 속성을 어느 정도 참작하겠지만, 만약 辛일주가 乙卯 大運을 만나서 이사를 물으러 왔을 때, 이 乙卯 運에는 亥卯未라는 기본적인 속성상 안정, 안착이 어렵습니다.

그러니까 "또 이사할걸!" 해놓고 시작하는 겁니다. 그러면서 "오래 있으려고?" 이렇게 물어보는 겁니다. "아니 오래 살 것입니다." 하면 "아닌데. 이사 또 할 건데." 이렇게 전제해 놓고 이사를 또 할 거니까 오래오래 머무를 모양의 주거나 사업장 형태를 갖추지 말라고 해야 합니다.

그러면 "선생은 뭘 보고 그것을 해설합니까?" 하면 그냥 그런 게 있다고 설명하는데, 사실은 원리가 그렇게 복잡한 것이 아닙니다. 그러니까 六親의 속성과 干支의 속성 때문입니다.

물론 또 여기에 神殺상으로 '將星이 붙느냐? 桃花가 붙느냐?' 이런 것들이 또 있습니다.

2-4. 神殺의 적용 및 해석

목차에 보면 '2-4 神殺의 적용 및 해설'이라고 해놨습니다. 다양한 종류의 神殺 중에서 12運星, 12神殺, 冲 등 神殺 파트도 상당히 다룰 내용이 많습니다. 정교한 상담의 대부분이 神殺 안에 있다는 것입니다.

그러니까 문점자가 집을 구하는데 "이 동네 아파트가 있고 저 동네 아파트가 있는데 어느 곳이 더 좋겠습니까?" 라고 물었을 때, 그 사람에게 어떤 기운의 태과 불급의 영향을 많이 안 주는 평균적인 상태일 때는 分따라 정해주는 것입니다.

그 分을 읽어주는 것이 소위 運의 分이라는 겁니다. 運의 分과 어긋나면 수정이 자꾸 발생한다는 것입니다. 그래서 神殺的인 측면, 干支的인 측면, 六親的인 측면 그다음에 큰 陰陽의 흐름 측면을 가지고 적용을 해서 상담을 해 준다는 것입니다.

실제 상담할 때 많은 부분이 사실 그런 것으로 채워집니다.

"좋은 거요? 안 좋은 거요?" 이런 것이 아닙니다.

"앞으로 좋다고 하니까 됐고 이사를 어디로 갈까요?" 그런 것부터 하여튼 묻는 내용 대부분이 陰陽, 五行, 干支, 神殺 이런 것들의 변화성에 의해서 발생하는데 유년을 봐 나갈 때는 刑, 冲, 破, 害 이런 것이 많이 발생합니다.

그래서 보통 冲 그다음에 隔角 이런 것들이 干支에 영향을 주는 요소가 되고 그다음에 命 내에서 변화를 유도해주는 것의 출현 그런 것이 주로 地支에서는 刑, 冲, 破, 害가 됩니다. 그다음에 天干 地支 조합에서 空亡 이런 것들이 있습니다.

예를 들어서 辛卯날 태어난 사람이 運에서 乙이 출현하면 命 안에서 동요성이 생기는 것입니다.

예를 들어서 올해가 乙未년이라고 하면 未중에 地藏干 상으로 丁, 乙, 己가 드러난 달이 있을 겁니다. 그러니까 地藏干이 드러난 달이 乙酉월, 己丑월, 丁亥월이 있을 것입니다. 運에서 어떤 기운이 강하게 드러나서 이벤트를 만드는 측면입니다.

[그림 1-4]

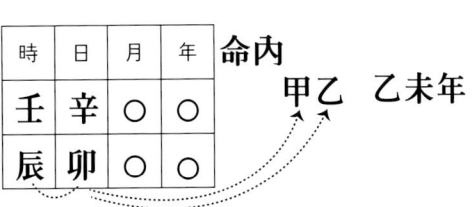

그리고 命 내에서 甲이 드러났을 때 또는 乙이 드러났을 때 卯에서 드러남으로써 運에서 자기는 크게 애드벌룬을 띄워서 이벤트를 만들어 나가는 것입니다.

그것이 命과 運이 서로 섞여 있는 관계이기도 하지만 命 내에 있는 놈이 運에서 크게 띄워진 것인지 아니면 運으로 인해 외부에서 바람이 세게 분 것인지 원인을 알 수 있다는 것입니다.

그 사람이 지금 추구하고 있거나 바라고 있는 것을 상담을 통해 들어보면 命에서 나온 것인지 아니면 運에서 나온 것인지 알 수 있다는 것입니다.

만약 時가 辰時이면 壬辰시가 됩니다. 그러면 卯와 辰에서 乙이 같이 드러난 것이므로 두 군데에서 바탕적 에너지를 가지고 있다가 드러난 乙입니다. 그러니까 乙未년에는 어떤 변화성이 내부에서 동요해서 원인을 제공했다는 것이 보입니다.

그다음에 運에서 오는 乙酉월, 丁亥월, 己丑월이라고 하는 것은 편중성 때문에 나타나는 것인데 나는 바로 걷는데 간판이 떨어져서 맞았다는 것입니다.

그다음에 '내가 지랄한다고 뛰어가다가 간판에 맞았다.' 이렇게 내에서 원인 발생이 드러난 것과 외에서 바람이 세게 불어 간판이 떨어져 맞은 것처럼 내외라는 상관관계를 놓고 이벤트가 무엇이 주동이었다는 것을 알 수 있습니다.

애정 관계에도 마찬가지입니다. 자기가 좋아서 지랄병 해 놓고 나보고

"네가 먼저 사랑해서 그렇게 한 것 아닌가?" 그렇게 말을 합니다.

運을 해석해 나갈 때 원인제공, 주동성을 어디서 더 부여받았느냐는 것인데 물론 당연히 乙未년에 乙은 자체로 드러난 것이므로 내외가 다 움직인 것입니다. 그래서 안과 밖이 다 움직여서 변화성이 발생하는 것이 됩니다.

사람들이 이야기하는 것을 가만히 들어보면 '자기가 먼저 뭔가 동요해서 왔구나!' 아니면 '運에서 동요해서 왔구나!'하는 것을 알 수 있습니다. 干支의 작용이 어떻게 변화를 일으켜서 어떤 형태로 일어나고 있다는 것을 연결할 수 있는 것입니다.

그다음에 神殺도 다룰 부분이 상당히 많을 것입니다. 神殺을 소개하고 神殺의 일반적인 의미를 다 다루면 처음 강의를 듣는 분들한테는 유용하겠지만, 개념을 다 정리하고 있는 분들은 굉장히 지겨운 수업이 될 수 있으므로 혹시나 처음 듣는 분들이 계시면 프린트물을 내 드려서 진도를 맞추려고 계획을 하고 있습니다.

"교재는 없습니까?"

이미 우리는 툴을 다 가지고 있습니다. '춘하추동 신사주학'에 거의 중요한 기운의 의미나 적용 등 기본 개념들이 다 정리되어 있습니다.

그것을 運에서 풀이할 때는 어떻게 할 것이냐는 측면으로 넘어와 있는 수업이기 때문에 "나는 運부터 배울래요." 이런 분들이 계시면 제가 머리가 아프게 되어 있습니다.

"그러면 運부터 먼저 배우고 뒤에 나는 命 배울래요." 이렇게 하면 甲, 乙, 丙, 丁부터 六親의 의미, 神殺의 의미 이런 것들까지 일반론을 다해야 합니다. 그래서 그런 부분이 꼭 필요한 분은 자기가 공부를 해야 합니다.

제가 진도를 나가기 전에 運의 해석에 많이 쓰이는 여러 가지 중요한 神殺, 논리 이런 것들에 대해서 공부를 미리 해 오셔서 채울 수밖에 없습니다.

이미 '춘하추동 신사주학'에 운명을 해석하는 여러 가지 기준이나 원리를 소개하였습니다. 주방으로 치면 주방기구는 다 소개되어 있습니다.

命은 그 사람이 주로 가지고 있는 부엌 도구들 측면이고 運은 어떤 요리를 해 나가려고 하는 것입니다. 예를 들어서 밥솥을 가지고 왔다면 밥솥과 찜을 절충해야 합니다.

그래서 運에서 온 도구와 팔자 안에 있는 도구가 절충되어가는 과정이 필요한 것입니다. 그런데 밥솥은 이미 여러분이 命을 다루는 부분에서 알고 있다는 겁니다.

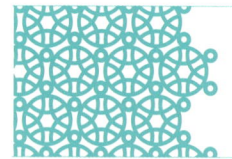

2-5. 남녀의 해석

그 외 별도로 運에서 보면 목차 중에 '2-5 남녀의 해석'이라고 하는 측면에서 적용되는 차이가 있습니다. 이것도 '춘하추동 신사주학'에서 남녀의 적용 차이가 당연히 발생한다고 설명했는데 運도 동일한 干支의 작용이라도 또는 神殺의 작용이라도 남녀가 다르게 쓴다는 것입니다. 그래서 그것도 運에서 구분해줄 필요가 있다는 것입니다.

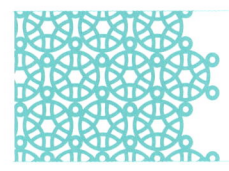

2-6. 삶의 고정 요소

그다음에 고정요소라고 하는 것은 전부를 다 비유한 표현은 아니지만 이런 것을 한번 생각해 보십시오. 그러니까 씨앗 하나가 命의 측면이 됩니다. 꽃씨가 있는데 해바라기라 합시다. 해바라기 씨앗은 命이라고 하는 요소로써 이 친구는 앞으로 뭔가 조건이 주어지면 해바라기가 된다는 것을 命 안에서 분석합니다.

그다음이 '언제?'입니다. '언제?'라는 것은 運입니다. 그래서 이 運을 적용해 나갈 때 씨앗의 다음 모양새가 고정되어 있다는 것입니다.

[그림 1-5]

씨앗 다음의 모양새는 껍질을 벗고 싹이 자란다는 것입니다. 그다음에 자라던 싹에서 뿌리가 나오면서 줄기가 자랍니다. 그다음에 일반적인 모양을 갖추다가 활짝 핀 꽃이 됩니다. 그다음에 다시 씨만 매달고 장렬하게 다시 씨앗으로 돌아갑니다.

그러니까 그 사람이 어느 大運을 만나든지 상관없이 이미 '생로병사'라는 고정적인 요소에 들어와 있다는 겁니다. 그래서 고정요소도 늘 읽어줘야 하는 것입니다.

運을 보다 보면 꽃피고 열매 맺히는 화려한 시기에 좋은 運이 왔다는 겁니다. 干支표현으로는 運이 왔는데 예를 들면 이 양반이 생로병사 주기로 치면 死에 들어온 겁니다. 그런 사람이 있습니다. 그러니까 실컷 돈 벌어 놓고 먹고살 만하니까 얼마 지나지 않아 병들어서 끝이 나는 것입니다.

어제도 한 분이 그렇게 왔었는데 본인에게 사실을 다 말을 못해주었습니다. 2013년도에 나름대로 활동을 해서 돈을 벌고 부동산도 장만하고 했습니다. '干支의 흐름으로 볼 때는 2013년 이후에 약 10년간도 좋은 흐름이 됩니다.' 그렇게 설명해놓고 '2015년에는 활동과 삶의 누적 차원에서 오는 피로감으로 질병 발생이 되기 시작한다.'고 감명지에 썼습니다.

작년부터 병이 온다고 감명지를 써놓고 그냥 잊고 넘어갔습니다. 다른 것 설명하고 난 뒤에 안 사실인데 작년에 폐암 수술을 했다고 합니다. 그러니까 干支의 흐름과 생로병사의 고정요소에서 미스매치(mismatch)가 생긴 것입니다. 몸이 흘러가는 주기와 지금 한참 돈 벌어서 폼 잡는 것의 미스매치(mismatch)가 온 것입니다.

작년에 폐암 수술을 하고 지금까지 계속 3개월, 6개월 단위로 체크를 하는데도 자기는 일에 대한 의욕이 가득 차 있는 것입니다. 그러니까 바로 옆에 있는 가족이 앞으로 어찌 될지 물었습니다.

그래서 제가 여러 가지 이야기를 해 준 것이 "지금부터 돈보다 더 소중한 것을 학습하라. 그래서 돈보다 더 소중한 것을 학습하고 사랑을 배워라." 이런 식으로 고린도전서 13장을 읽어줬습니다. 그러니까 "그게 왜 필요합니까?" 이러는 겁니다.

이 미스매치(mismatch)가 생긴 상태에서 그런 것이 많이 옵니다. 실제로 주변에 보면 한 20명 중의 한 명꼴 정도는 기본적으로 이 미스매치(mismatch)가 생깁니다.

[그림 1-6]

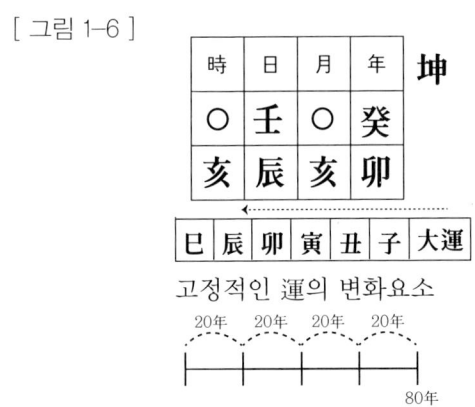

이 양반이 亥月 壬水일주였던 것으로 기억하는데 정확하지는 않지만, 위와 같은 干支 구성입니다. 나머지는 제가 뒤에 실례를 다룰 때 한번 그 샘플들을 하나씩 보여 드리겠습니다. 위의 패턴이었는데 그 여자 분이 癸卯생이었습니다.

大運이 辰이나 巳 大運쯤에 와서 재물활동이 크게 활발해지기 시작하지만, 寅, 卯, 辰 大運 이런 시기에 활동을 많이 이룩한 뒤에는 누적이 생기고 辰, 巳 大運의 경우 여인에게는 활동운은 좋지만, 陰 大運의 불편함을 주는 요소가 있습니다.

陰 大運, 陽 大運에 대해서 알고 계시죠? 여자에게 적용할 때 辰, 巳 大運에 일반적인 활동 운은 좋습니다. 보통 格用論的으로 해석하면 假傷官格으로 처리합니다. 그러니까 傷官의 세력이 좋아짐으로써 그것 자체를 用神으로 바로 삼아버려서 假傷官格으로 처리합니다.

여러분이 꼭 한번 참조하실 필요가 있는 것이 있는데 실관 할 때 사실은 많이 써먹기는 어렵지만 '박일우 선생님'의 '일진내정법(日辰來精法)'이라는 책이 있습니다. 그 책에 보면 '써먹은 글자 다음에 항상 그 글자가 기운적으로 소진된 모양이 잘 나타난다.'는 것이 있습니다.

학생 질문 - 건강도 그렇습니까?

선생님 답변 - 그렇습니다. 건강도 써먹어 버렸으니까 써먹은 것은 고물이 된다는 것입니다. 고물론이라고 하는 것인데 최근에 새로 낸 책에는 아마 '고물론'이라고는 안 붙여놨을 겁니다.

옛날에 88~89년도 경에 보수동 책방에서 노트를 한 권 구했는데 그 노트를 정리하신 분은 아마 그분 강의를 열심히 들은 분인 것 같습니다. 이 역업을 하다가 돌아가셨는지 어쨌는지 모르지만, 어찌 되었든 헌책으로 내놓은 것 중에 노트가 있었습니다.

저자 불명으로 누구 논리인지도 모르지만 그런데도 뭔가 시각이 다른 내용으로써 참으로 유용하다고 생각을 했습니다. 제 기억에는 아마 '고물론'으로 제목을 달아놨던 것 같습니다. 왜냐하면, 새로 만들다 보니까 용어상 어쩔 수 없었을 겁니다.

그러니까 어떤 표현을 했느냐면 '증오살'이라고도 표현하기도 합니다. '토끼 大運을 지나면 토끼띠와 원수가 된다.'는 식의 논리가 있습니다. 본 것 같습니까? 그 책을 보신 분 계십니까? 그 책에 보면 '증오살'이라고도 표현되어 있기도 하고 제가 본 노트에는 '고물론'이라고 되어 있었습니다. '고물이 되었다.'

傷官을 중요하게 쓰는 사람이 傷官을 쓰면서 뭔가 성취는 했지만, 고물이 되어가기 시작한다는 겁니다. 그리고 고물이 바로 되는 것이 아닙니다.

여러분이 항상 運을 해석할 때 또 중요한 키워드가 무엇이냐면 뒤에 천체운동 이런 것에 대해 설명을 많이 해 드리겠지만 '타임래그(time lag)'입니다. 그러니까 '시간 왜곡'이라는 겁니다.

찬바람 맞을 때 바로 감기 걸리는 것이 아니라 찬바람 다 맞고 그 찬바람의 해로움을 결국 받는 것인데 그러니까 大運이 시작한다 하더라도 運始와 運中과 運末이 다르다는 것입니다.

運始와 運中과 運末의 '타임래그(time lag)' 현상을 생각할 필요가 있는데, 천체운동에서 冬至를 子로 정하였지만 실제로 지상에 해가 길어져서 열기가 떨어지는 자리는 '寅에 와서'입니다. 冬至가 子의 중반에서 시작됩니다.

천체 역법상으로 보면 약 44일 정도가 됩니다. 약 44일이 지나야 寅이 되는 것처럼 타임래그(time lag)이라는 것이 작용하게 됩니다. 그러니까 運이 왔을 때 바로 작용을 하는 것이 아니라 시간 왜곡이 발생한다는 것입니다.

運도 왜 희기동소(喜忌同所)입니까? 卯가 오면 좋습니다. 자기 마음먹은 일이 진행됩니다. 그런데 卯의 끝자락에 가면 '그 기운을 써먹어 버려서 이제는 그 기운을 제대로 쓰지 못하니 내가 이 기운을 안 써먹었더라면 얼마나 좋았을까?' 이런 것과 같은 것입니다.

돈은 벌었는데 결국 이것이 장차 병의 원인이 되는 것입니다. 그러니까 결국 이놈이 좋다고 해도 맞고 별로 안 좋다고 해도 맞다는 겁니다. 그러니까 아무렇게나 말해도 되는 원리라는 것의 구조를 여러분은 아시겠습니까?

그러니까 卯의 중반부에 보러왔다면 자기가 뼈 빠지게 卯운을 써먹고 있는 것입니다. 열심히 뭘 하고 있습니다. 그래서 좋다 해도 맞고 안 좋다 해도 맞습니다.

"안 좋은데……."

"선생님, 좋은데요."

"두고 봐봐."

결국, 두고 보면 맞게 되어 있습니다. 그러니까 卯의 기운을 써먹고 난 뒤에 온 辰은 소위 陰의 기운이 상당히 두텁게 층이 져 있는 것입니다.

인체에 작용하는 데는 뭐가 걸리겠습니까? '타임래그(time lag)'이 걸립니다. 시간 왜곡이 걸리는데 辰 大運에 성취하는 모양이 나오기는 하지만 반드시 몸에 부담을 준다고 했습니다.

작년 甲午년에 오는 것이 뭡니까? 유년에서 甲 그리고 팔자 卯에서 甲이 올라왔습니다. 그래서 작년에 무엇인가 중요한 변화성이 놓여있는 작용력이 있음과 동시에 또 午년에서 食神이 死地에 들어갑니다.

그래도 조기에 발견해서 폐를 조금만 잘라내었습니다. 그러나 乙未년이 어떤 運입니까? 食神이 入庫해 있으니 이때 관리를 잘 안 하면 그 에너지의 누적은 그대로 작용하고 있다는 겁니다. 그래서 "까불지 말라"고 했는데도 "뭐? 내가 좀 나가는데….",하는 겁니다.

그런 것이 바로 미스매치(mismatch)입니다. 이럴 때 많이 온다는 것입니다. 그러니까 干支의 운동은 해바라기가 꽃 피우는 이런 단계이고 그다음에 고정적으로 자기는 생로병사라고 하는 고정적인 주기성 속에서 死의 그림자가 드리워져 있다는 것입니다. 그래서 그것을 동시에 해석해 줄 필요가 있다는 겁니다.

'춘하추동 신사주학' 편에도 소개했을 겁니다. '乙, 丁, 辛, 癸 라고 하는 고정적인 運의 변화요소' 기억나십니까?

[그림 1-6-2]

	癸	辛	丁	乙
나이	80	60	40	20

한 80년 정도를 하나의 일주기로 삼는다면 20년씩 적용해서 乙, 丁, 辛, 癸의 運과 그래도 매칭이 비교적 잘되는 모양으로

가는 사람이 그 증폭 효과가 생긴다는 것입니다.

그러니까 젊은 날에 木의 기상과 상통하는 행위를 잘 감당한 사람은 여러 가지 성공이나 성취의 기회가 오기 쉽습니다. 즉 예를 들어서 공부 잘해서 서울법대를 갔다면 조금만 잘하면 계속 자기한테 어떤 보상이나 성취의 기회가 옵니다.

그래서 乙, 丁, 辛, 癸의 주기에 한 번이라도 잘 맞아서 떨어질 때 그 사람의 성공내용은 증폭된다는 것입니다. '춘하추동 신사주학'에서 다 공부해 보셨죠?

'춘하추동 신사주학'에는 간단하게 소개를 했지만, 運의 해석에서는 상당히 많이 쓰이는데 어떤 大運으로 흘러가든 상관없이 40대 초반이나 중반부터 辛 大運을 한번 잘 써먹는 사람은 직장생활이나 머슴살이를 해도 큰돈을 다루는 영역에 나가서 자기한테 내실 있는 축적을 이룰 수 있는 기회를 잡더라는 겁니다.

설사 머슴이 되어도 은행을 지키고 있는 머슴이 됩니다. 그럼으로써 결국 자기한테 이 '미스매치(mismatch)'를 좀 해소해주는 또는 내용을 증폭시키는 그런 작용이 있더라는 것입니다.

2-7. 주기론적 이해

[그림 1-7]

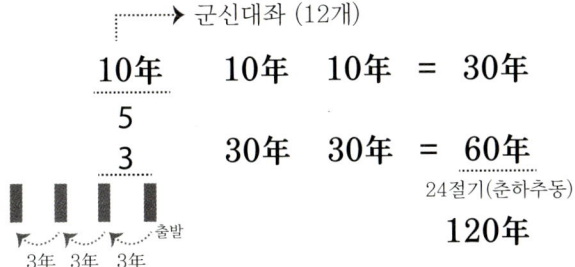

그 주기는 앞에 설명해드린 干支의 주기만은 아니라 기본적으로 10년이면 강산도 변합니다. 10년 단위의 기본 주기 그다음에 10년의 조합이 모여서 30년 주기 또 이런 30년의 조합이 60년이 되고 60干支가 또 하나의 주기가 됩니다.

더 큰 단위로 가면 120년이라는 또 하나의 干支도 됩니다. 그리고 시간적인 어떤 배분을 의미하는 年에 의해서 한 주기가 만들어집니다.

大運을 끊어나갈 때 보통 天干과 地支를 끊는 경우도 있는데 그 부분에 대해서는 사람마다 적용하는 논리가 차이가 있으니까 그렇지만 작게는 5년 그다음에 또 3년이라고 하는 주기가 있습니다. 그러니까 春, 夏, 秋, 冬 이렇게 찍어 가면 3이 됩니다. 그러니까 春의 반대가 3번째에 오는 것입니다. 이렇게 기운의 작용 편차가 생기므로 결국 3입니다.

　그러니까 첫 출발에서 3년이 되면 뭔가 변화성이 생기고 3, 3 이렇게 하나의 어떤 매듭을 만들어 나가는 것도 하나의 주기가 됩니다. 그래서 10년, 10년, 10년,… 30년, 30년, 60년, 120년이 됩니다.

　최근 유심히 보고 있던 것 중에 '김태규 선생님'의 논리를 들어 보신 적 있습니까? 60년을 하나의 주기로 해서 거기에 대한 여러 가지 이론을 정립하신 것이 있습니다.

　60년을 24節氣로 나누어서 하나의 주기와 패턴으로 정리해 놓았는데 24節氣를 節 2.5년, 氣 2.5년씩으로 해서 24절기 × 2.5년을 하면 60이 됩니다. 이렇게 24절기를 2.5년씩 배속해서 정리해놓은 논리가 있는데 이미 60년을 1주기로 보는 것에 대해서는 기본으로 배웠던 주기론 것입니다.

　60甲子를 배우니까 알고 있는 것이지만 그 기준점을 아주 깊이 연구를 하시고 정리해서 제시해놓은 서적이 있습니다. 완전 역학 서적은 아니고 누구라도 볼 수 있는 내용으로 해서 나왔는데 책 제목이 '당신의 때가 있다.'입니다.

　그 책에서 60년을 하나의 일주기로 삼아서 분류하는 것도 결국 춘하추동입니다. 24節氣가 결국 춘하추동인데 아무튼 24節氣를 적용하는 기준을 제시했다는 면에서 대단한 업적이나 성과라고 볼 수 있습니다.

　이 책에 제시된 내용을 보면 60년을 1주기로 돌아가는데 어떤 사람은 立春이 빨리 오고 어떤 사람은 立春이 뒤에 들어온다는 식으로 설명되어 있는데 그 기준점을 찾아내고 제시했다는 면에서 대단히 획기적이고 개인적인 공이 적지 않은 것입니다.

결국, 주기 이론입니다. 제가 제시하는 것은 '춘하추동 신사주학'에서도 4를 제시했습니다. 4가 뭐냐면 三合입니다. 三合이 흘러갈 때 주기 운동이고 3은 워낙 기본적인 주기입니다. 그다음이 10년 주기입니다.

10년 주기에서 제가 제시한 것은 군신대좌(君臣對坐)입니다. 그러니까 甲일주가 다시 甲을 만났을 때가 10년 주기의 시작을 가늠하는 기준이 됩니다. 그러니까 신하가 임금을 만났으니 임금으로부터 뭔가 새로운 미션 또는 처분 이런 것을 만나게 되고 그 영향 하에 10년이 즉 간섭받는다는 것입니다.

그러니까 '춘하추동 신사주학' 강의에 보면 그대로 나옵니다. 아무리 짧게 영향을 받아도 5년 그다음에 기본 10년까지도 영향을 받게 된다는 이야기를 했는데 그것이 10년 주기 이야기입니다. 이것을 모아서 제가 산정했던 기준은 120년입니다.

大運이 12개가 지나가면 120년이 됩니다. 10년씩 大運이 흘러가는데 12개의 군신대좌(君臣對坐)가 분포하고 적용되는 여러 가지 이벤트들이 제한성을 가진다고 봤습니다.

김태규 선생님은 60년을 기준으로 해서 15년 단위로 봄, 여름, 가을, 겨울이 지나간다고 해 놓았습니다. 그 논리를 볼 때 어떤 부분에서 도움이 많이 되느냐 하면 뒤에 종합적으로 다룰 것이지만 재물이나 財官의 준위(準位)가 있습니다. 준위(準位)라는 표현은 역학에 쓰는 용어는 아닙니다. 그런데 실제 의미가 가장 부합이 많이 되어서 준위(準位)라는 표현을 쓰겠습니다.

결국, 준위(準位)라고 하는 것은 수준과 위치입니다. 그래서

財官의 준위(準位)를 어느 정도 매기는데 기준이 되는 것이 있습니다. 그러니까 일종의 모눈종이의 효과가 있다는 것입니다.

[그림 1-8]

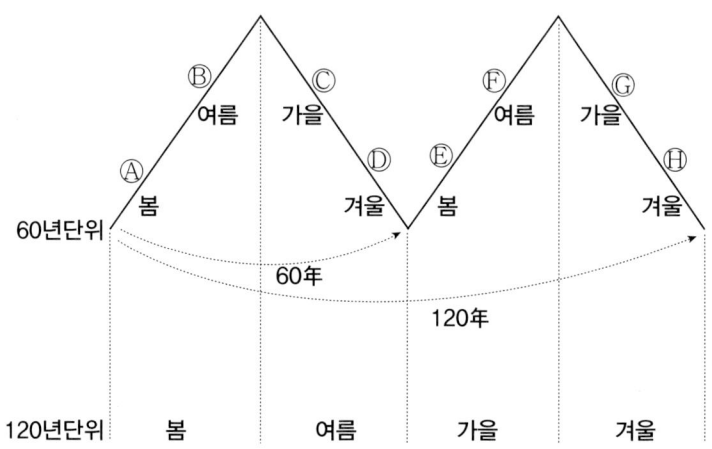

모눈종이가 있다면 모눈종이 안에 그려진 한 인생 흐름의 틀 속에서 구간은 이렇게 저렇게 뭔가 움직인다는 것입니다. 그런데 그 시점을 잡는 부분에 대해서 정리가 되어 있지 않다는 것입니다.

이것이 아직도 완전한지는 저도 모르겠습니다. 그런데 많은 케이스를 볼 때 대체로 財官의 준위(準位) 그다음에 그 사람의 심리적 구상 이런 것에는 상당히 유효하다는 것입니다.

그러니까 立春이라는 시점을 지나가면 '봄이다!' 하면서 뭔가 새로운 것을 해야 되겠다는 식의 심리적 구상 이런 것들이 모눈종이 눈금으로 알 수 있습니다.

예를 들어서 立春 후 17년 이때에는 대체로 열심히 일하고 있는 모양을 가지더라는 것입니다. 15년이 지났으므로 봄에서 여름으로 넘어가는 것입니다. 무엇이든지 자기가 나서서 하려고 하는 심리적 구상 또는 행동적인 경향성 이런 것들을 보는 일종의 모눈종이로써 대단히 유용한 수단이 된다는 겁니다.

그래서 여러분이 팔자를 봐 나가실 때 이런 어떤 10년, 3년, 30년, 60년, 120년이라는 어떤 주기성이라고 하는 것을 전제해 두시고 관찰해 보시기 바랍니다.

저는 개인적으로 더 큰 단위의 120년 속에 주기성이 있다고 봅니다. 우리가 120년을 주기로 한 개인의 운명을 관찰한 예는 참으로 드뭅니다.

노랫말에도 있습니다. '♫100년도 우리는 살지 못하고 언젠가 떠나가지만 ♭'이라는 노래 가사가 있습니다. 사람이 100년도 못 사니까 한 개인이 어떻게 살았는지를 다 추적해 보기가 상당히 어려운 것이 현실입니다.

그런데 이 모눈종이에 그려진 60년 인생 흐름 단위를 기본적으로 '봄, 여름, 가을, 겨울로 볼 것이냐?' 그림 아니면 더 크게 봐서 '30년, 30년, 30년, 30년을 봄, 여름, 가을, 겨울로 볼 것이냐?'는 것은 연구해 봐야 할 문제입니다.

그러면 A와 B가 봄, 여름이라면 60년 주기 안에 집어넣는다면 a와 b가 봄, 가을이 됩니다. 그런데 더 큰 단위로 120년으로 본다면 B가 여름이 될 것입니다.

그래서 주기에 의해서 팔자를 봐 나가는 방법들을 소개해 드리고 또 제가 정리한 바들을 소개해 드리기로 하겠습니다.

2-8. 부모의 기운, 리더의 기운

보통 조직에 편입되어 있는 사람들은 이런 원칙이 있습니다. '조직의 크기는 리더의 크기를 넘어설 수 없다.'는 것입니다. 그것은 무슨 말입니까?

[그림 1-9]

"조직의 크기는 리더의 크기를 넘어 설 수 없다."

위의 그림이 조직이라면 그 안에 자신이 하나의 개인적인 존재로서 편입되어 있을 때 자기한테 일어나는 여러 가지 이벤트들이 있습니다. 물론 그것은 팔자에 보입니다.

[그림 1-9-2]

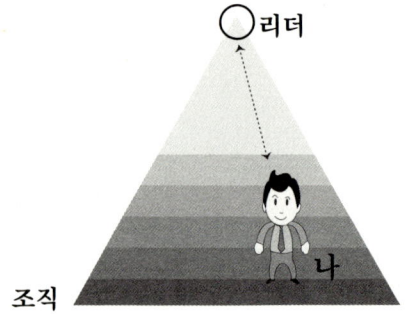

乙의 運이 되었다고 합시다. 이 양반이 만약에 辰生이라면 辰 중에서 뭐가 올라옵니까? 乙이 올라옵니다. 辰은 자기가 속해있는 큰 단위의 지역 또는 조직, 국가 그리고 우리 동네보다 좀 더 큰 단위의 '에리어(area)'를 의미합니다.

그러면 乙이 가지는 六親의 의미가 있을 것입니다. 六親이 財星이거나 官星이라면 조직사회가 동요해서 내가 움직였다고 추론할 수 있습니다.

물론 내 팔자에서 연관성은 당연히 있는 것이지만 거기에 리더의 運과 서로 맞물려서 상승작용과 하강작용에 의해 강약 차이가 발생한다는 것입니다. 그래서 그런 것들도 실제 運의 해석에서는 일부 중요한 의미로 적용되므로 그런 것을 전제해 두실 필요가 있습니다.

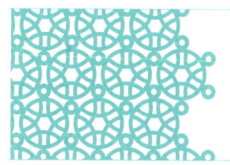

2-9. 국가적 운기

국가의 運을 보는 방법이 여러 가지가 있지만, 국가의 運을 볼 때 누구의 運을 보면 되겠습니까?

올해 未년에 일어나는 여러 가지 작용은 甲이나 癸의 入庫 작용입니다. 甲이 이루어지는 것은 주로 창신 작용을 일으키는 에너지를 가진 존재 또는 실제 여러 가지 제도 이런 것들이 未에 入庫하는 작용이 옴으로써 여러분이 뉴스에서 보아 아시는 분이 서거하셨습니다.

이번에 서거하신 분 일주가 己丑입니다. 그러니까 사회적으로 보면 甲과 癸가 入庫하는 이런 이벤트 그리고 개인적으로 보면 偏財의 入庫 그다음에 羊刃, 일지 沖, 년 偏官 이런 것들이 몰려 있습니다.

그래서 이런 것들이 해석의 기초가 되는데 올해 자체의 未년이라고 하는 것만 보더라도 甲과 癸의 入庫작용이 일어남으로써 국가적으로 일어날 수 있는 이벤트들을 추측해 볼 수가 있는 것입니다.

국가의 運이나 조직의 運에서 사건 하나에 불과하다고 할 수 있지만, 그것 때문에 얼마나 많은 사람이 영향을 받았습니까? 올해 메르스(MERS) 사건도 마찬가지입니다. 메르스(MERS) 때문에 사업적으로 상업적으로 영향을 많이 받습니다. 더 큰 단위로는 IMF라든지 이런 것들도 여기에 포함됩니다.

3. 運의 함수적 이해

3-1. 다양한 함수들

뒤에 제가 글을 깔끔하게 정리를 하겠지만, 영어로 쓰려고 하니까 부담스럽기는 한데 운명이라고 하는 것을 '데스틴(destine)'이라고 합시다.

[그림 1-11]

```
┌─ 운의 함수 이해 ──────────────────┐
│                                           │
│     F(D) = F(D₁) + F(D₂)                  │
│              命      運                    │
│                                           │
│            F(D₂) =  + f(격용)    = S       │
│                     + f(고정요소)           │
│                     + f(신살)              │
│                        ⋮                  │
│                                           │
└───────────────────────────────────────────┘
```

'데스틴(destine)'에서 F(D1) 이것은 命입니다. 플러스 그다음에 F(D2) 이렇게 하면 運이 됩니다. 여기서 고정적인 것을 나누는 것은 여러 논리가 있었습니다.

갑자기 수학 시간으로 가는 것 같은데 運인 F(D2)는 앞에서 말씀드린 수많은 작은 함수들이 있었습니다. 이런 것들이 서로 위의 그림과 같이 '매칭(matching)'이 되어 있다는 것입니다.

그러니까 결과값은 f(1)+f(2)+f(3) 이것들이 '매칭(matching)'이 된 값으로 나오기 때문에 앞에서 말씀드린 格用論的인 결론, 길흉 그다음에 고정요소에 의한 길흉, 神殺에 의한 길흉 이런 것들이 죽 나누어집니다.

그런데 이것이 또 총합 형태로도 나온다는 것입니다. 즉 총합으로 일종에 sum의 값으로 나오니까 머리가 아픕니다. F(D2)를 볼 수 있는 값은 sum의 값입니다.

3-2. 다중 함수의 조합과 해석

[그림 1-11-2]

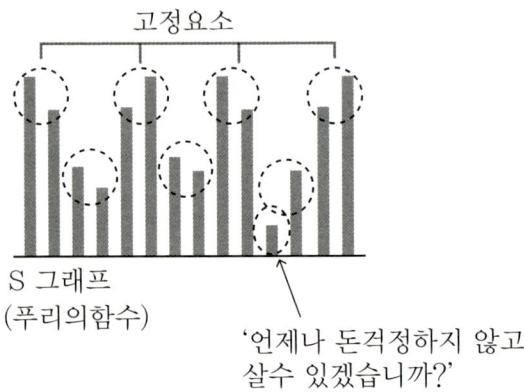

S 그래프
(푸리의함수)

'언제나 돈걱정하지 않고
살수 있겠습니까?'

 예를 들어서 그래프라고 칩시다. 그래프가 위의 그림처럼 간다면 여기에 규칙성이 조금 보입니까? 안보입니까? 그러니까 두 개 길고 두 개 짧고, 두 개 길고 두 개 짧고 이렇게 됩니다.
 그래서 복합적으로 뒤섞인 것들이 총합 값으로 드러나고 현실은 또 그래프 하나하나처럼 위와 같다는 겁니다. 이런 왜곡을 여러분이 머릿속에 전제를 좀 해두어야 합니다.

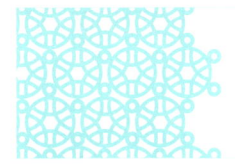

3-3. 함수적 이해와 해석

그 사람이 지금 통증을 겪는 부분이 f(1)에서 출발했는지 f(2)에서 출발했는지 아니면 총체적으로 '내 인생은 왜 이래?' 라고 전체적 함숫값을 묻는 것인지를 알아야 합니다.

"언제나 돈 걱정 없이 살겠습니까?"

이렇게 묻는다면 어디에 걸리는 것입니까? 아니면 "언제나 우리 서방이 다른 여자 안 쳐다보고 나 좀 쳐다봐 주는지?"하는 문제는 f(1) + f(2) + f(3)의 함수 중 하나에 들어가 있는 것입니다. 그래서 이런 다양한 함수가 결국은 運을 구성하고 있다는 것입니다.

이 불규칙한 그래프를 정리하는 것이 무엇이냐 하면 그 사람의 구체적인 어떤 모양 이런 것인데 지질학에 많이 쓰입니다. '푸리에 함수(Fourier function)'라고 합니다. 수학을 하는 분들은 잘 아시던데 '푸리에 함수(Fourier function)' 들어 보셨습니까?

여러 지층이 섞여 있는데 위의 그래프 그림을 세로로 하면 지층이 됩니다. 지층이 섞여 있는 그러니까 A 지층, B 지층, C 지층…의 모양이 있습니다. 그중에서 'C 지층 때 어떤 이벤트가 있었고 속성이 발생했다.' 이렇게 분석했다면 지질학에만 쓰이는 것은 아니고 어떤 패턴이 있기는 있는데 불규칙한 패턴일 때, 그것을 분석하는 함수가 수학적으로는 푸리에함수(Fourier function)'라고 있었습니다. 제일 닮은꼴을 표현할 말이 없는지 뒤져보니까 저런 말이 있었습니다.

그래서 저런 구조 속에서 지금 F(D1) 묻는 건지, F(D2)를 묻는 건지 그다음에 f(1) + f(2) + f(3) 이 중에 하나를 묻는 것인지 또 총체적인 sum 값을 묻는 것인지 그 사람의 이야기를 들어보고 빨리 눈치를 채야 합니다.

그래서 '나는 언제나 돈을 만질까요?' 묻고 있는데 다른 것을 설명할 필요가 없다는 것입니다. 그것을 빨리빨리 위의 구도 속에서 정리해서 f(1) 아니면 f(2) 그리고 다음 것을 설명하면 됩니다. f(1) + f(2) + f(3) 안에서 어느 것을 묻는 것인지 빨리빨리 분류할 필요가 있는 것입니다.

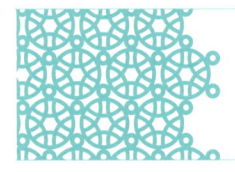

3-4. 해석의 실제

그래서 '3-3. 함수의 이해와 해석'과 '3-4. 해석의 실제' 라고 하는 것은 사례를 놓고 실관을 하면서 그 사람이 이것을 물었고 다시 이렇게 대답했고 이런 것들을 케이스나 사례별로 연구해보면 어떤 기준에서 빨리 답하고 찾고 말할 수 있다는 겁니다.

4. 運의 해석 종합

그 네 번째가 '4. 運의 해석 종합'과 '5. 케이스 연구' 이런 것인데 특이한 케이스와 일반적인 케이스를 분류해서 연구를 해보기로 하겠습니다.

5. 케이스 연구

특이한 케이스는 이런 것입니다. 준위(準位) 차가 확 나는 것이 있습니다. 그러니까 陰陽하고 그런 사례들을 제가 일부러 몇 장을 정리해 놨습니다.

재물 흐름에서 앞에서 봤지만, 그것은 신체 주기와 맞물려 있었습니다. 그렇지만 재물 주기는 가장 좋은데 신체 주기와 진짜 어긋난 사람이 있었습니다.

그 양반은 서방님이 엄청나게 어려울 때 그때는 행복했다고 합니다. 시장 보러 가서 시금치 값 깎는 것이 행복하고 그렇게 열심히 사는 것이 행복했는데 재물 운이 들어오면서 같이 陰 大運에 갇혀버린 것입니다.

그러니까 서방님이 사업해서 잘 나가고 있었습니다. 대신에 사업 때문에 밤늦게 오기는 옵니다. 그런데 그것이 원인은 아니라 이 양반은 세상이 아름답지 않은 겁니다.

　그래서 늘 고민하는 것이 "인생이 뭐냐?" 그런 것을 고민하면서 陰 大運의 해로움을 당했는데 그 運이 딱 끝나고 서방님 사업이 저물면서 동시에 陰 大運이 풀리면서 자기가 행복과 안정을 찾았다는 겁니다.

　그렇게 엇박자가 심하게 나 있는 것들이 있습니다. 그런 케이스들을 보면서 말을 잘 못 해주면 자기가 보는 구도와 굉장히 달라서 오해할 수 있는데 그런 것을 제가 다행스럽게도 다 봐서 설명을 해 드릴 수 있었습니다.

　그래서 그런 양반들이 이쪽 서적도 많이 보고 불교 서적도 많이 보고 '인생이 뭐냐?' 하면서 생활했는데 그런 마음을 읽어 주니까 하여튼 눈물을 조금 흘리고 갔습니다. 그것이 엇박자 때문입니다.

　그러니까 재물 운이 흘러가는 방향과 감정과 정서에 영향을 주는 陰陽論이 완전히 뒤집힌 경우 그런 경우가 이런 것과 같은 것입니다. 예를 들어서 자기가 운명을 보러 가면 매번 듣는 소리가 이런 것입니다.

　"당신 좋잖아! 당신 남편 돈 잘 벌고 지금 하드웨어적으로 뭐가 불편하냐?"

　그런데 자기 마음이 너무나 외롭고 우울하다는 겁니다. 그래서 그 두 개를 다 읽어주어야 하는 이유가 됩니다. 運의 엇박자를 읽어 줄 수 있는 준비가 되어 있으면 그 사람이 엇박자의 답을 구하는 모양새에서 질문이 나오자마자 대답이 바로 날아가는 겁니다.

그러니까 '돈은 잘 들어와도 당신은 언제까지 절대 행복할 수 없다.' 그다음에 '이 시기가 넘어서면 심리적으로 극복될 것인데 도로 서방님 사업은 또 재미없다.'는 것을 바로 읽어주면 그런 차이점에서 완전히 차별화가 됩니다. 종교적으로 보면 광신도가 만들어지는 것입니다.

한 80% 정도는 다 비슷합니다. 이 집 가나, 저 집 가나 '뭐 잘 된다더라. 좋다고 하더라.' 이렇게 비슷한데 그런 10%~20%의 섬세한 편차를 읽고 해석해주는 것들이 중요한 학문적인 상담기법이니까 이런 부분을 다시 잘 정리해 보기로 합시다.

짧은 시간에 대강의 소개를 하다 보니까 아직 놓친 부분도 상당히 있는데 일단 이런 정도로 강의를 한번 채워 갈 것입니다. 오늘 질문 있습니까?

학생 질문 - '김태규 선생님'의 책에서 말하는 것은 맞는데 사실 의미가 앞에서 선생님이 설명하신 대로입니다. 그런데 그분한테 문제가 있는 것이 뭐냐면 생일과 그 사람 大運의 나이는 다르다고 지금 나와 있습니다. 본 생일은 7월 25일인가 그런데 大運의 생일은 5월 20일에 시작된다고 나와 있습니다. 그 사람의 大運을 맞춰보면 맞는데 그 大運이 제가 보는 기준에서는 어찌해서 그것이 나올 수 있습니까?

선생님 답변 - 보는 기준은 제가 알려 드리겠습니다. 다음 시간에 바로 그것부터 해 드리겠습니다.

학생 질문 – 그렇게 되면 큰 大運이 앞으로 가나 뒤로 가나 이것은 큰 의미가 없다는 겁니다. 그 사람 말대로 하면 의미가 없습니다.

선생님 답변 – 그런데 그분이 역학을 한 30년 하셨는데 그래도 節氣에 대해서 연구를 했다는 것에서는 무조건 의미를 둘 필요가 있습니다.

그 부분에 대해서는 사실은 저도 제가 만든 논리가 아니기 때문에 그렇게 설정하는 배경을 다 설명해 드릴 수는 없습니다. 그 논리에 접근하기 위해서 논리가 성립하는 배경에 대해서 제가 또 한 번 정리를 해 드려 보겠습니다.

그러니까 제가 명칭을 만든 것이 있습니다. 천체운동과 앞에서 한 '타임래그(time lag)'이 있었습니다. 천체운동이 발생하는 運行氣, 그다음에 그것이 지상에 발현되기 시작하는 發現氣 그 다음에 適用氣 하는 그 타임래그(time lag)'에 의해서 陰陽의 양(量) 차이가 생깁니다.

그 부분을 제가 한번 정리를 한번 해드릴 테니까 그것을 가지고 여러분이 사례를 정리를 해 보세요. 그러면 이치가 정리가 잘 될 것이고 저도 창시자가 아니므로 어떤 원리를 설정하는 배경을 다 설명할 수는 없지만, 하여튼 그런 논리가 모눈종이 효과를 분명히 가진다는 면에서 여러분이 참조하실 필요가 있다는 것입니다.

그다음에 제가 정리한 방식이 있습니다. 저는 大運을 적용해서 이론이 들어갑니다. 大運 적용에 들어가서 주로 내용상으로 어떤 것이냐면 陰陽의 변화입니다.

결국은 이런 것입니다. '열역학 1 법칙 에너지 보존의 법칙', '열역학 2 법칙' 이런 것 들어 보셨습니까?

이 학문이 결국은 천체운동에 의해서 발생한 기운, 열량변화 그다음에 생명의 모양새 변화입니다. 그런 것들을 다루는 것에서 이 자연법칙을 떠날 수가 없습니다. 그러면 그런 열역학 1 법칙과 2 법칙에 어긋나지 않는 논리 그것을 제가 나름대로 정리를 해서 일종의 귀납적인 검증을 많이 해보는 중인데 사례연구는 이미 많이 했고 곧 결론이 나올 것 같습니다.

결국은 열량변화가 에너지 보존의 법칙, 원칙을 떠나지 않는다는 것을 정리해 놓은 것이 있으니까 그것을 한번 소개를 해 드리겠습니다. 그때 가서 하시고 일단 기준 잡는 것은 다음 시간에 바로 시작을 하겠습니다. 하여튼 오늘 바쁜 시간에 고생하셨습니다. 수고하셨습니다.

1 命과 運

1-1. 命과 運의 의미

1-1-1. 命의 고정 요소
　　　五行과 六親의 유무
　　　神殺 특성
1-1-2. 命의 가변 요소
　　　五行과 六親의 불완전성
　　　편향성
　　　神殺 특성
■절기론 잡는 법 특강
1-1-3. 格과 破格의 관계
　　　成格과 破格의 형태와 의미
1-1-4. 運의 의미
　　　인자, 환경, 계절
　　　인자, 환경, 계절의 상호 관계
1-1-5. 運의 형태 (다양한 에너지 패턴)
　　　물리적 변동
　　　(생)화학적 변화
　　　한열(寒熱), 조습(燥濕)
1-1-6. 命과 運의 복합적 작용
　　　命과 運의 복잡성 / 命과 運의 상호 작용

1. 命과 運

1-1. 命과 運의 의미

[그림 2-1]

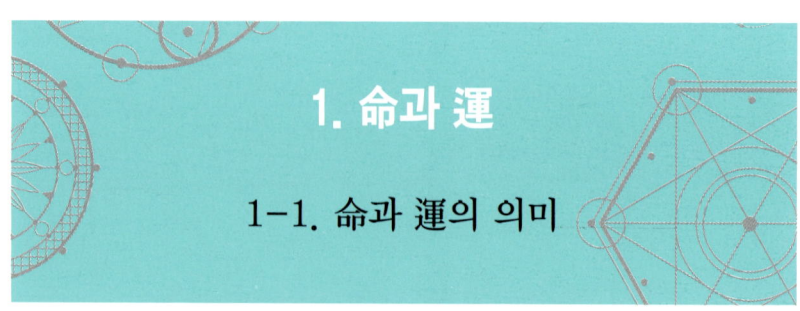

　기본적으로 '命과 運' 이것은 영원한 숙제인데 '어떻게 運만 해석할 것이냐?'하는 것을 다루려고 타이틀로 정리해 보았습니다 결과적으로 命에서 연결된 부분을 다루지 않고서는 運의 적용범위라든지 이런 것들을 한가지로 정리하기 어려워서 일단 '命과 運'의 연결고리부터 하나하나 정리를 해볼 필요가 있습니다.

　命의 고정요소에서 고정파트(요소)가 있을 것이고 가변파트(요소)가 있을 것입니다. 목차에서 가변요소 타이틀도 달아 놓았습니다. '1-1-1. 命의 고정요소'라고 해 놓고 '1-1-2. 命의 가변요소'라고 해 놓았습니다.
　고정요소는 여러분들이 공부하시면서 정리해 놓으셨겠지만

대체로 고전 중심으로 공부하신 분들은 格用에 의해서 그 사람의 패턴을 정리하는 것이 어느 정도 습관화되어 있을 것입니다. 그리고 格用 외의 특징적인 여러 가지를 관찰해 볼 필요가 있습니다.

아래에 '1-1-3. 格과 破格과의 관계'를 다시 목차에 언급해 놓았습니다. 그래서 格用 부분은 다시 成格과 破格이라고 하는 것에서 순수하게 고전 명리에 의해서 成格, 破格을 나누는 부분을 뒷부분에 한번 다시 정리를 해보기로 하겠습니다.

[그림 2-2]

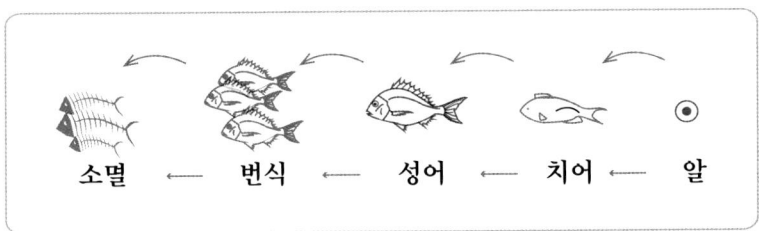

지금 정리하는 것은 계속 움직이고 있는 것을 입체적이면서도 다각적인 측면에서 추적한다고 보면 됩니다. 그러니까 더 크게 개념을 정리한다면 생선류에 속하는 알이 부화해서 치어 상태로 되고, 치어에서 성어 상태가 되고 다시 번식하는 과정을 생명의 생장소멸이라고 하는 것으로서 추적을 해 나가면서, 여러 가지로 발생하는 많은 변수를 찾아내려고 하는 것입니다. 그러니까 이것을 도표화해 보는 것이니까 사실은 이게 만만치 않은 작업입니다.

'1-1-5. 運의 형태(다양한 에너지 패턴)'에 보면 運의 형태라고 하는 것은 적당한 문자 하나로 정의하기가 어려운데 다양한 에너지 패턴에서 물리적인 움직임을 중심으로 관찰하는 측면이 있을 것이고 그다음에 먹어치우고 성장하면서 하는 생화학적인 성장이라고 하는 과정도 발생할 것입니다.

이 물고기가 한열(寒熱)이나 조습(燥濕)에 의해서 외부적으로 물고기 한 마리가 차가운 물에 있을 때와 따뜻해지고 있을 때 또는 물이 얼거나 할 때 이런 외부적 변화의 여러 가지 요소를 어떻게 감당하고 변화하느냐 하는 것을 추적하는 것입니다.

또한, 입체적인 것뿐만 아니라 입체 더하기 시간이라고 하는 변수까지 들어가 있습니다. 이처럼 다양한 변수에 대해서 추적을 하려고 하니까 運의 형태라고 하는 것이 문자 하나로 정의하기도 어렵고 복잡한 것입니다. 복잡하다고 하는 것은 다양한 기준 때문입니다.

그러니까 물리적인 변동만 기준으로 한다면 움직임이 빠르거나 느리다, 퍼덕거리거나 퍼덕거리지 않거나, 성장하거나 성장하지 않거나 하는 식의 움직임만 가지고 나누는 기준이 있을 것이고, 그다음에 또 성장이라는 과정을 가지고 나누는 것이 있을 것입니다. 그다음에 외부적인 어떤 틀이라든지 조건에 의해서 또 규정하는 것들이 있을 것입니다.

'좋다 나쁘다.'를 가늠하는 것이 궁극적인 기준이라 하더라도 어떤 측면에서는 좋고 어떤 측면에서는 안 좋은 것들이 혼재되어 있는 것입니다. 혼재되어 있는 것을 우리가 하나하나 분해를 해보는 중이라고 생각하시면 됩니다.

　여러 가지 논리나 기준이 계속 새끼를 칠 수밖에 없는 측면을 전제해 둘 필요가 있습니다. 기준도 될 수 있고 해석도 될 수 있는 그런 것을 통해서 다음 모양이 또 어떻게 될 것이라는 추론의 측면도 있습니다.

　그러한 여러 가지 도구가 다양하게 펼쳐져 있다고 전제적으로 이해하시고 해석에서 그 사람이 지금 필요한 측면이나 부분이나 요소가 '이 중에 어느 것에 지금 걸려 있느냐?'하는 것을 정리를 해보시면 전체적으로 運의 해석이라고 하는 틀 속에서 전체적으로 정리가 될 겁니다.

　부침개를 구울 때 한꺼번에 그릇 속에 담겨 있는 반죽을 프라이팬에 펼쳐서 놓은 모양처럼 목차나 도표 자체도 펼쳐 놓은 모양이니까 약간 산만해 보이기는 하는데 그래도 그나마 계통적으로 정리되기 쉽게끔 타이틀을 붙여놓은 것이라고 보시면 됩니다.

　成格과 破格이라고 하는 것은 고전 명리에서 주로 다루고 있는 格用 중심의 成格 破格이 있을 것이고, 그런 것이 아니라도 팔자에 강화된 것들 즉 旺者로 표현을 할 수 있는 모양도 있습니다. 왕자입격(旺者立格) 기억나십니까? '춘하추동 신사주학' 강의에서 설명했습니다.

[그림 2-4]

格用

　비빔밥처럼 뒤섞여 있는 그런 모양의 명조일 때 모르겠으면 제일 많은 것을 旺者로 치면 됩니다. 그러니까 비빔밥도 종류를 나눈다면 소고기가 많이 들어가면 소고기 비빔밥이고, 나물이 많이 들어가면 나물 비빔밥 이런 식으로 보면 됩니다.

　그런 식으로 제일 많은 것을 하나의 개성으로 파악하고 그것 자체를 하나의 격(格)으로 취해서 훼손됨이라든지 흐트러짐이 적으면 일종의 旺者로서 그대로 成格으로 삼으면 됩니다. 또 成格에 대비되는 개념으로써 破格이 됩니다.

$$
命運\begin{cases} 고정요소 \\ 가변요소 \end{cases} \begin{cases} 格用 \begin{cases} 成格 \\ 破格 \end{cases} \\ 旺者\ 入格 \begin{cases} 成格 \\ 破格 \end{cases} \\ 格用 \begin{cases} 고정 \\ 羊刃 \\ \vdots \end{cases} \longrightarrow 변화, 運 \end{cases}
$$

뒷부분 목차에 神殺이라는 것을 문자로 달아놨습니다. 여러 가지 神殺的인 요소에 의해서 고정이면서 변화요소를 주는 것이 있습니다.

예를 들어서 羊刃이 있을 때 고전 명리에서의 成格과 별도로 羊刃이라는 것이 명조 안에 드러나 있다는 것 자체가 변화의 흐름 또는 運의 흐름 속에 들어갔을 때 변화성의 폭이 크거나 작다는 것을 이미 전제하고 있습니다. 그런 것들이 命이라고 하는 영역에서 미리 파악되어 있어야 한다는 것입니다.

그래서 앞에서 생선 알을 통하여 비유했지만, 이 생선 알의 속성이 무엇이라는 것을 파악해 두었기 때문에 어떤 변화과정을 겪으리라는 것을 예측할 수 있었습니다.

[그림 2-5]

예를 들어서 복어는 온몸에 가시 같은 것이 붙어 있기 때문에 외부에서 뭔가 충격이 왔을 때 상대방이든 본인이든 충격이 크게 작동하게 되고 또 運에 의한 변화과정은 폭이 큰 모양으로 움직일 수밖에 없다는 것을 命 안에서 해석해야 하고 또 命 안에서도 神殺이라는 요소로써 폭이 크게 움직일 수밖에 없다는 것을

전제를 해두고 해석을 해야 한다는 것입니다.

앞에서 나누어 드린 목차 중에 '2-4 神殺의 적용 및 해석'하는 부분이 나옵니다. 거기서 설명하는 것은 팔자 안에 羊刃이 들어 있는 것이 아니라 運에서 오는 羊刃도 있습니다. 속성이 닮은꼴이 많다 할지라도 원래 팔자 안에 羊刃이 있는 사람과 팔자 안에 羊刃이 없는데 運에서 羊刃을 만난 사람은 일어나는 사건의 모양새가 다르다고 봐줘야 한다는 것입니다.

칼 들고 다니는 놈은 羊刃이 왔을 때 자기가 대응할 수 있는 에너지 이런 것이 많지만 결국 칼 가지고 놀면 피를 봅니다. 피를 보는데 그 피해의 정도가 강하게 드러나고, 칼이 없는 사람도 運에서 羊刃을 만나면 羊刃의 해로움이 드러나는데 서로 찌르는 것이 아니므로 그냥 한쪽만 찔리는 것입니다. 한쪽만 찔림으로써 일반적인 수준의 해로움이 발생하는 정도로 마무리된다는 것입니다. 그런 면에서 팔자 내에 강약 차이가 내재적으로 '그러한 인자가 있느냐 없느냐?'하는 것을 관찰해야 합니다.

神殺은 羊刃만 있는 것이 아니라 여러 가지로 많습니다. 수많은 종류의 神殺 속성을 팔자 내에서 어떤 변화성을 만들 수 있고 또 그 속에서 변화성의 폭이 크거나 작게 또는 강하거나 약하게 만들 수 있습니다.

어떻게 보면 고정요소인 命이라는 것 안에 있는 神殺이라는 것이 좀 심하게 표현하면 평생 運이라고 볼 수도 있는 것입니다. 그러니까 평생을 따라다니면서 지배적 運으로 간섭하는 인자로도 파악할 수 있다는 것입니다. 그래서 어떤 사람의 팔자를 볼 때 "너는 運 볼 것 없다." "왜요? 그만큼 좋습니까?" "그것이 아니라 아무것도 안 된다는 말이다." 이런 식의 내용을 담을 수도 있다는 말입니다.

봄이 오든 여름이 오든 가을이 오든 命에 있는 요소의 편중성이라든지 이런 것이 어느 한쪽으로 쏠려 있는 것이 심하면 결국은 運의 변화에 의해서 생기는 것이 그냥 아래 그림과 같이 가는 것입니다.

[그림 2-6]

格用 → 成格 → life style   고정
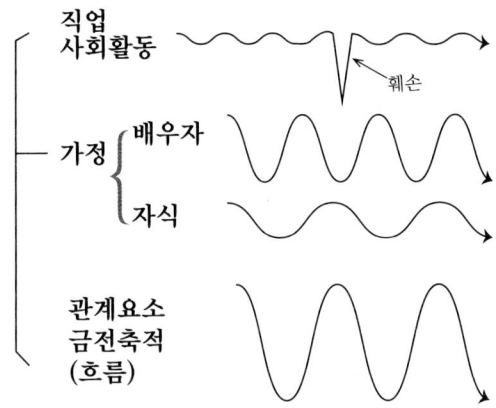

평면 속에 하나로 그릴 수는 없지만, 運의 높낮이만 간단하게 생각한다 하더라도 봄 올 때와 여름 올 때 변화성을 많이 못 만들게 할 정도로 命이 하나의 패턴화가 되어 있는 것들도 미리 고정요소에서 좀 파악을 해 둘 필요가 있습니다.

格用論的으로 成格이 되었다는 것은 라이프스타일 자체가 거의 고정되어 있다는 것입니다. 이 고정을 훼손하지 않는 한 잔잔

한 것은 겪더라도 변화 없이 가다가 그것이 훼손될 때만 그림에서 표현되어진 것처럼 심각하게 홈이 생기는 식의 운세 모양을 갖추게 되는 것입니다.

물론 이것은 직업 또는 사회활동이라고 하는 주제에서 이런 모양을 만들게 되는 것입니다. 그와 별도로 가정사 속에는 배우자, 자식이 있습니다. 배우자와의 관계, 자식과의 관계 이런 것들은 일반적인 모양새를 가질 수도 있습니다.

사는 내용에서 직업은 어떤 형태를 가지고, 가정적인 것은 또 다른 모양이 되고 그다음에 사회적인 관계요소 측면에서는 사람들과의 금전 거래가 되든지 아니면 다른 것이 되든지 이런 면에서 굴곡을 또 심하게 겪기도 하는 모양이 있을 수 있습니다.

옛날 과거사회의 사회활동이나 직업 측면에서 成格만 위주로 공부했을 때는 단순한 내용의 풀이를 해 주지만 사실은 문점자가 물으러 온 것은 다른 요소를 묻고 있는 것입니다.

처남이 돈을 빌려 가서 떼먹은 것도 아니고 갚는 것도 아니고, 가져간 뒤로 말이 없다는 겁니다. 이것을 물으러 왔는데 직업적 파동에 포커스를 맞추어서 해설을 해줘 버리는 이런 방식들이 생겨날 수도 있는 겁니다.

너무 단순화를 하려고 하는 것에서 생기는 것이 오류는 아니지만, 상담자와 감정을 해주는 사람 사이에 큰 개입이 이런 것에서 발생해 버리는 것입니다. 그래서 누가 오더라도 이런 직업적인 변화성, 사회활동, 배우자, 자식, 관계 요소, 기타 저것과 별도로 금전의 흐름 요소를 읽어 줄 수 있어야 한다는 것입니다.

그러니까 직업이 아주 안정된 공직이라든지 준공직 이런 쪽에 있는 사람들은 실제로 직업적으로 변화없이 생활하고 있는데 어떤 사람은 경제적인 축적이 있고 어떤 사람은 경제적인 축적이 별로 없다면 자기가 정말로 궁금한 부분은 직업적 파동이 아니라 경제적인 축적, 경제적인 흐름이라는 것입니다.

결국, 成格이라 하더라도 여러 가지 테마에 따른 흐름 차이는 당연히 발생한다고 봐야 됩니다. 그런데 대체로 직업적 테마에 편입된 경우가 많습니다.

직업적으로 안정되어 있다면 경제적인 수입이 고정적이고 계단식으로 이루어집니다. 그리고 거기에서 특별히 다른 변수가 없는 한 경제적인 축적도 완만하게 이루어지는 그런 경향을 가지기 때문에 그런 해석을 포괄적으로 묶어서 할 수 있지만 그래도 분리적 입장에서 해설해 주어야 한다는 것입니다.

요즘은 망할 길이 너무 많습니다. 요즘은 처남한테 돈 빌려줘도 망해 버리고 밤새 주식투자 연구해서 망해 버리곤 합니다. 차라리 로또 값은 얼마 안 되니까 차라리 로또를 사는 사람이 잘 안 망합니다.

재물에 관해서 많은 변수로써 굴곡을 겪게 되고 금전 축적이 오히려 현대에 사는 사람들의 삶에 대한 여러 가지 방향이나 형태를 좌지우지해 버리게 됩니다. 그래서 직업적으로 안정되어 있는데도 뭔가를 진지하게 묻고 있다면 금전이나 기타 여러 가지 투자요소 이런 것에 의해서 궁금증을 해소하고 싶어 한다는 겁니다.

직업운의 흐름을 읽어주면서 눈치로 알아야 합니다. 물상론 이런 것을 써서 "당신은 공직으로 가면 몇 급이고 공사기관으로 가면 중간관리자 이상 성공하겠다. 그리고 그 공사기관의 이름에 뭐가 들어가 있을 거다." 이렇게 봐주면 감명 자체의 행위로써 보면 굉장히 잘 봐준 것인데 대답이 시원찮게 "예 그렇고요." 이런 식의 반응이 나온다면 이것은 직업운을 물으러 온 것이 아니라는 것입니다.

가정 또는 금전이든 개인적인 투자관계이든 기타 여러 가지 물을 것이 더 있다는 것입니다. 그러면 바로 여기서 이 주제를 가지고 이 패턴만을 매달려서 해석할 것이 아니라 다른 주재로 넘어와서 "재물운은 이렇게 흘러갈 수도 있다." 이렇게 또 설명을 붙여서 하면 "그러게 말입니다. 제가 그것이 좀 궁금한데 제가 어찌해야 하겠습니까?" 이러한 대화 내용이 오고 가면서 내용 측면에서의 상담이 본격적으로 이루어지는 것입니다. 成格이 된 경우에도 이런 내용을 항상 열어놓고 생각하고 적용을 해서 해석을 해주라는 겁니다.

또 전혀 별개인 경우도 있습니다. "선생님 제가 수행한 지 20년이 되는데 언제나 돼야 도가 좀 트이겠습니까? 세속적은 것은 필요 없고요."

묻는 테마 자체가 워낙 다양하니까 그것을 한눈에 봐서 해 줄 수는 없어서 래정법에 의해서 그날의 일진이라든지 그 사람의 띠나 날의 속성이 보여주는 六親, 神殺 이런 것을 통해서 아주 내밀한 일이거나 대외적인 일 이런 것을 분류해서 보기는 하지만 그것에만 매달려서 하면 분야는 나누어지되 성사는 아주 근시안적으로 해석하게 되는 것입니다.

세상에 일어나는 일들이라는 것이 대부분 이렇게 연결성을 가지고 있다는 겁니다. 사이가 참 좋았는데 안 좋아졌다가 지금은 다시 또 좋아지는 식의 연결 선상에 있는 것이기 때문에 한가지로 짧은 구간만 가지고 결론까지 주기에는 상당히 한계가 있는 해석이 되는 것입니다.

成格은 적어도 직업적인 부분이나 일에 관한 부분에서 안정성이 있기 때문에 運에 의한 변화는 제한적인데, 불량하거나 格을 훼손하는 정도의 수준일 때 진지하게 묻게 되는 것입니다.

成格된 이런 사람들은 잘 오지도 않습니다. 成格이 되어버리면 대강 사는 스타일 비슷하고 또 투자하는 스타일도 비슷해서 그런 格을 갖춘 사람들은 자기와 관련해서 묻는 일도 부족하지만, 간혹 물으면 다양한 측면을 여러분이 전제해 놓고 보실 필요가 있습니다.

[그림 2-7]

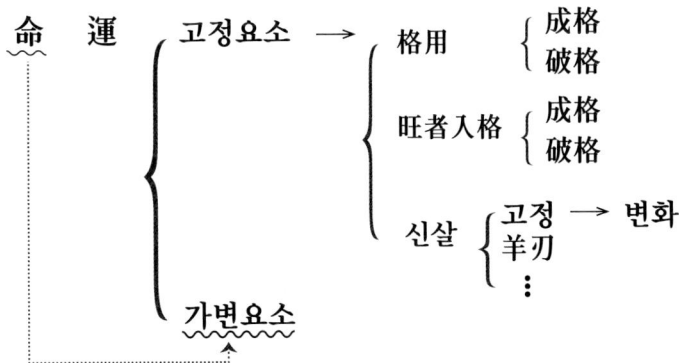

대부분 정도의 차이만 있을 뿐이지 破格들이 많이 오게 되는데 破格일 경우에는 命에서도 해석을 많이 해봤습니다. 命에서

破格이 되어있기 때문에 바꾸기 어려운 특성들 이런 것을 기본적으로 해석해 줍니다. 運에 의한 가변성 또는 가변작용 이런 것들을 테마별로 정리를 해주는데 運의 가변성 이런 경우가 굉장히 애매한 부분이 많습니다.

[그림 2-8]

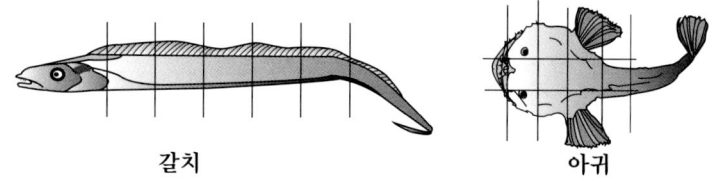

갈치　　　　　　　아귀

생선을 다루는 기술이 있는 것은 아니지만, 이해를 돕기 위해 예를 든다면 갈치로 회를 뜬다고 합시다. 그러면 어느 부분만 조금 구조가 복잡하고 나머지는 구조가 간단명료합니다. 그런데 아귀는 머리가 어디까지인지 잘 구분이 안 되고 머리 끝나자 바로 몸통과 꼬리로 이어져 있는 것처럼 머리, 몸통, 꼬리가 잘 구분이 안 되는 그런 형태로 되어있을 경우에는 運에 의한 영향이나 가변요소가 상당히 복잡하다는 것입니다.

　命을 분석하는 데 있어서 破格을 해석하는 연습을 '춘하추동 신사주학' 강의에서 많이 해 봤습니다. 破格은 運도 조잡합니다. 破格이 나쁘다는 것은 아니고 조잡하다는 것은 안 좋은 것도 그냥 넘어가고 좋은 것도 그저 그렇고, 별로라고 생각하는데 또 좋고 이런 식으로 현상에 드러나는 것에서는 굉장히 혼재성이 드러난다는 것입니다.

　그것이 담는 그릇의 모양이 불규칙한 모양이기 때문에 물을 조금 부었을 때 모양과 더 부었을 때 생기는 모양이 계속 바뀔 수가 있는 것입니다.

지금 포커스를 많이 맞추는 부분은 破格 중심으로 되었다고 보고 여러 가지 도구적인 측면을 다루게 될 것입니다.

지엽을 설명하는 것보다 개념을 잡는 것이 더 중요해서 제가 큰 개념을 자꾸 이야기하게 되는 것입니다. 초등학생 책 때듯이 공부를 하면 그러니까 앞부분에 다루는 지엽적인 것부터 하나하나 공부하면 배울 때는 재미있는데 다 보고 나서 연결고리가 안 떠오르는 것입니다. 그래서 전체적으로 계속 연결고리 중심으로 설명을 해 드리는 겁니다.

중간에 제가 시간을 할애해서 설명하더라도 지겨워하지 마시고 뒤에 가서 하나의 케이스만을 가지고 공부를 하면 공부는 쉬운데 전체 연결이 잘 안 되는 그런 모양으로 학습되기 때문에 제가 계속 목차에 의한 연결을 통해 공부시키고 있는 것입니다.

그런 의도를 가진 수업이기 때문에 조금 딱딱하고 지루할 수는 있는데 여기 있는 키워드를 여러분이 익혀두는 것만으로도 뒤에 命의 해석과 運의 해석에서 '이것은 편향성 부분이구나! 이것은 神殺 부분이구나! 이것은 格과 破格의 문제구나!' 하는 것을 알게 됨으로써 상담을 쉽게 할 수 있는 것입니다. 그것이 순간순간 구분이 잘되면 상담의 절반을 그냥 거저먹는 것이 많습니다.

[그림 2-9]

破格이 成格의 패턴으로 가지 못한다.

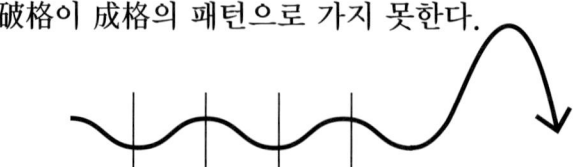

앞에서는 극단적인 것을 비유했지만, 아예 이래도 저래도 하나의 成格의 패턴으로 가지 못하고 있는 팔자들이 보면 별 볼일 없이 가다가 한때 조금 좋다가 하는 것으로 위의 그림처럼 끝이 납니다.

이런 경우 특정 시점에서 뭘 물었다면 "그래 조금 지나면 좋아질 거다. 조금 있으면 더 나아질 거다." 계속 이렇게 가는 겁니다. 상담이라는 것이 그런 식의 상담을 할 수밖에 없는 것입니다. 실제 상담을 할 때 말을 못하는 겁니다.

고객이 항상 나아질 것이라고 믿고 달려온 것이 20~30년인데 앞으로 한 5년~10년은 가야 나아진다면 이런 경우 인생론을 그냥 이야기해 버리게 됩니다. "부처님이 인생을 뭐라고 했느냐?" "그것은 왜 물어봅니까?" "부처님이 인생이 고생 바다라고 했다." 그렇게 해놓고 그 사람이 어느 정도 납득을 할 수 있는 마음의 컨디션이 되어야 하는 것입니다.

"그동안 고생 많이 했는데 그러면 끝까지 이렇게 고생입니까?" "그것은 아니다." 이렇게 서로 소통해 나갈 수 있는 것입니다. 좋게 표현하면 이런 것입니다. "당신은 그냥 몇십 년 풀떼기로 살다가 꽃을 한번 피웠다가 가는데 그 시기가 한 10년 15년

밖에 안 된다."

매미가 보통 며칠 삽니까? 울음을 볼 때 일주일 정도 사는데 일주일을 울기 위해서 몇 년을 보냅니까? 7년을 땅 아래에서 보냅니다. 그 긴 세월을 땅속에서 꾸물거리고 지내다가 7일을 울고 갑니다.

[그림 2-10] 매미의 한살이

그런데 그것이 이 세상에 없는 모습이 아니라 자연에 실재하는 모습이라는 겁니다. 그런 패턴에 거의 가까운 팔자들이 간혹 보면 있습니다.

"그러면 도대체 運이 언제 온다는 말이냐?" 이렇게 질문할 때 참 난감한 경우가 많이 발생합니다. '命의 고정성'이라고 하는 측면에서 '어디까지?'라고 하는 범주를 사실 잘 분류를 할 필요가 있고 그다음에 가변요소라고 하는 것이 많이 열리는 사람이 있고 적게 열리는 사람이 있습니다.

[그림 2-11]

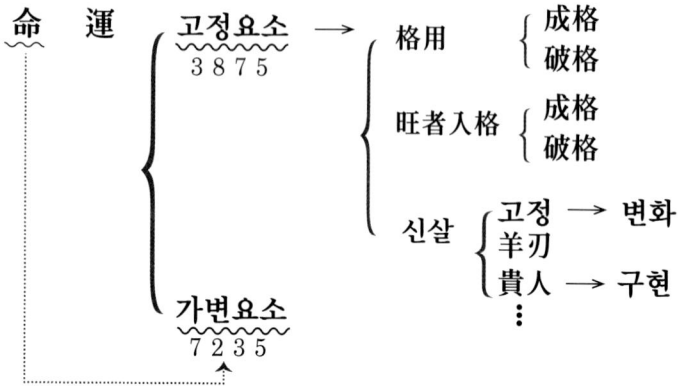

고정요소와 가변요소를 순수하게 산술적으로 비교했을 때 고정과 가변요소를 5대 5라 한다면 어떤 사람은 고정과 가변이 7대 3, 심한 사람은 8대 2 정도로 볼 수 있는데 거꾸로 고정요소가 3 가변요소가 7로 열려 있는 사람들의 사는 내용들을 보면 좋을 때와 안 좋을 때의 편차가 굉장히 큽니다. 그래서 그것을 팔자를 보면서 자꾸 분류하는 훈련을 좀 해주어야 합니다.

팔자 자체에서 어디에 해당하겠습니까? 格用에 해당하므로, 旺者에 해당하므로, 神殺에 해당하므로 '어느 정도가 이 사람은 고정 영역적으로 바꾸기 어렵겠구나!' 그다음에 '이 사람은 가변 영역으로써 이 정도는 옮겨질 수 있겠구나!' 하는 것을 처음에 분류를 좀 잘해놓을 필요가 있는 것입니다. 그것이 아주 정밀한 감정에도 많이 쓰이는 것입니다. 成格은 아니지만 샘플을 하나 하겠습니다.

[그림 2-12]

소나무

時	日	月	年	坤
癸	庚	己	丁	
未	午	酉	丑	

丙	乙	甲	癸	壬	辛	庚	大
辰	卯	寅	丑	子	亥	戌	運
64	54	44	34	24	14	4	

　올해 수능을 본 여학생입니다. 아마 지금 걸려있는 大運이 辛亥 大運쯤 걸려 있을 것인데 이 경우에 기본적으로 丁이나 午라고 하는 것이 官星으로써의 자기 세력을 정확하게 가지고 있습니다.

　그러니까 成格을 볼 때 꼭 월에 있는 것이 투출된 것만이 아니라 일과 시에 있는 것이 투출된 것도 거의 成格과 같은 효과를 가진다고 전제를 해도 좋습니다.

　이 경우는 두루두루 예쁘게 짜진 경우입니다. 예쁘게 짜진 것이 天干에 있는 己도 丑, 午, 未에서 透干 형태로 취하고 있고, 시에 있는 癸水도 丑에서 透干된 형태를 취하고 있고 그다음에 丁도 午와 未에서 되어 있고 庚이야 당연히 格이 취해져 있습니다.

　大運 자체가 어차피 官星이 화창한 모양은 아니지만 그릇 자체로 본다면 이 팔자는 국가 공직이라든지 또 개인적인 선택에 의해서 월 羊刃을 취하고 羊刃이 正印과 무리 짓고 天乙貴人이

됩니다. 天乙貴人이라는 그런 요소들 때문에 運이 官運을 좀 화창하게 여는 運으로 간다면 보통 고시성 시험에 얼마든지 됩니다.

그런데 運이 官運을 화창하게 열고 있지는 못하니까 시원하게는 못 나가는데 항상 1등급 수준의 모양새는 못 취하더라도 한 2등급 수준은 유지해 나가게 되어 있다는 겁니다.

중고등학교 시절이니까 중학교에서 고등학교 갈 때 원래 運이 화창하면 이 경우에는 특목고를 얼마든지 갈 수 있습니다. 그런데 그것이 조금 덜해서 외국어 고등학교 이런 형태로 가기 쉽습니다. 실제 외고를 졸업하기는 했습니다.

올해 시험 運이 甲午 乙未로 흘러왔는데 未에 걸려서 기본적으로 官星에 대해서는 세력을 가지고 있지만, 大運 자체의 영향에 의해서 서울에 있는 스카이는 아니고 그다음 그룹 정도의 대학에 후보로 성적이 딸랑딸랑하게 걸려 있는 것입니다.

이 경우 본인이 재수 같은 것을 꿈을 꾸는 건 아니고 자기는 어떻게든 그냥 붙어서 가고 싶은 겁니다. "어떻게 하면 좋겠느냐?" 묻는 겁니다. 그래서 대답을 "딸랑딸랑해서 붙는 데 무조건 한번 더하라."

그러니까 '무조건 한번 더하라!'는 것이 乙未년과 丙申년을 비교하기 때문이 아니라 그릇이라고 하는 것은 그 그릇이 가지는 기운들의 축적을 하나하나 만들어 간다는 것입니다.

겨울 소나무가 천천히 자라도 자란 후에는 무슨 나무가 됩니까? 자라면 소나무가 되는데 1년 더 자라면 잣나무가 됩니까? 소나무가 됩니까? 그러니까 자기 그릇이라고 하는 것을 아주 심각하게 훼손할 정도의 運이 아니라면 한해 더 키우면 어떻게 됩니까? 조금 더 자란 소나무가 됩니다.

그것이 그릇 자체가 충분히 좋은 학교나 또 좋은 조직에 나갈 수 있는 에너지를 가지고 있지 않습니까? 이런 경우 運이 극단적으로 방향을 꺾지 않는 한에는 '한 번 더 하라'가 되는 겁니다. 더하라고 하니까 안 할 거라고 하는 겁니다.

실랑이를 많이 했는데 뒤에는 "더하게 될걸!" 이렇게까지 제가 몰아세우면서 했는데 왜냐하면 그릇의 모양새나 分에 어울리지 않으므로 결국은 자기가 진학을 한 뒤에 다시 명예추구의 인자에 간섭을 또 받으면 다시 하려고 하는 과정이 저절로 오게 되는 것입니다.

그래서 이것이 묻는 것과 대답하는 구도가 어긋나버리는 경우에 해당하는데, 자기는 궁금한 것이 '지금 후보로 되어 있는데 붙겠나? 안 붙겠나?' 그것을 점 쳐보라 하는데 그건 모르겠고 한해 더하라는 것입니다.

"아니 선생님 그것을 알려줘야 선생이 될 것 아닙니까?"
"그것은 더 용한데 가서 물어보고 한해 더해라!"
"된다는 말입니까? 안 된다는 말입니까?"
"그래! 오기는 와 왔노?"

이렇게 왜 물으러 왔느냐고 하니까 5~6년 전에 자기 사촌을 봐 줄 때 근근이 합격한다고 써 줬다는 겁니다. 실제로 추가등록을 여러 번 해서 이 친구 사촌이 진학한 것입니다. 물론 저한테만 물으러 온 것은 아닙니다. 여러 군데 문점을 했는데 '근근이'라는 이 세 글자 때문에 저한테 온 것입니다.

"선생님은 그 근근이 붙는 것을 어찌 알았습니까?"

"그것은 팔자를 봐야 알겠는데…."

말을 하여튼 힘들게 붙을 거라고 문자적으로 써 놨을 것이고 표현은 그렇게 했을 겁니다. 그래서 근근이 붙을 거라고 했는데 지금 근근이 붙는지 안 붙는지 그것 때문에 왔다는 겁니다. 그런데 "그건 모르겠고…."라고 대답을 해버리니까 자기는 답답하지 않겠습니까?

時	日	月	年	坤
癸	庚	己	丁	
未	午	酉	丑	

丙	乙	甲	癸	壬	辛	庚	大運
辰	卯	寅	丑	子	亥	戌	
64	54	44	34	24	14	4	

위 학생의 경우에는 학교 속성이 국립입니다. 국립 또는 국립 닮은꼴 사립인데 한양이 뭡니까? 서울입니다. 또 수도 이런 것을 상징합니다. 그러니까 고려, 한양, 성균관 그다음 國자 붙은 학교 이런 곳인데 지금 國자 붙은 학교 이런 곳에서 후보로 성적이 걸려 있는 겁니다. 지금 물론 인기 있는 학과 그러니까 國자 붙은 학교인 단국, 건국, 동국 이런 곳에서 인기 있는 학과가 가능할 것입니다.

자기 사촌은 수년 전에 보고 간 겁니다. 그리고 전통이 오래된 여대도 좋다고 했습니다. 그러니까 전통이 오래됐다는 것은 뭘 의미합니까? 이 학생처럼 년에 正官이라든지 正印 이런 모양을 가지고 있으면 그 정당성이 오래 지탱되었다는 것을 의미합니다.

그래서 오래된 어디로 가라고 해야 합니까? 여학생들이 같이 무리 지어 있습니다. 庚이 酉를 보는 것은 동성입니다. 물론 陰陽이 다르므로 가족 간에는 남녀로 교차해서 보지만 대외적인 사회적인 관계에서는 庚과 酉를 똑같은 무리로 봅니다.

그러니까 오래된 여학교를 가도 좋다고 써 놓았는데 제일 오래된 여학교 중심으로 지원하라고 해서 이화여대 쓸 줄 알았더니 숙명여대 써서 그곳은 떨어졌습니다. 지금은 지방 국립도 후보로 어중간하게 붙어 있는 겁니다.

결국은 命에서 드러나 있는 것 때문에 運에 있는 요소를 삭감하기도 합니다. 그리고 계절적으로 官에 대해서는 申, 酉라고 하는 것이 불리한 계절이지만 그래도 한해 더 자라면 더 올라갑니다. 그래서 소나무가 천천히 자라도 한해 더 자라면 위로 자라납니다.

그런데 완전히 큰 눈 내리고 바람 불고 이런 것 같으면 문제가 되겠지만 그런 것이 아니라면 한해 더 하면 응당 자기 그릇에 가까운 모양으로 한 발짝이라도 더 나가게 된다는 것입니다.

그래서 運을 봐서 해석하는 것이 당연히 기준이 되지만 그릇에 의해서 결국은 통제받는 運의 변화 이런 것들도 생각을 계속 해주어야 하는 것입니다.

오늘 일진이 쥐 날입니다. 쥐 날이니까 아주 세밀한 것을 묻는 일이 자꾸 생기고 했는데 또 오늘 명조 중의 한 명조는 이렇습니다.

[그림 2-13]

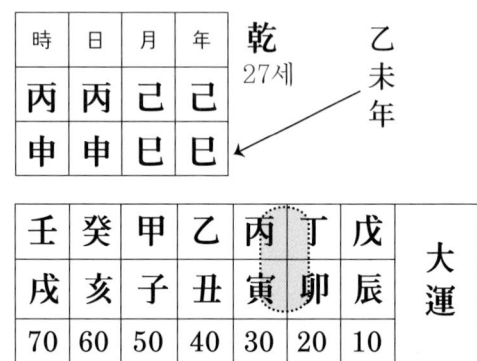

丙寅 大運이나 丁卯 大運 정도의 경계점에 걸릴 거라고 보는데 이 경우 올해 27살이 됩니다. 지나온 壬辰 癸巳 甲午 乙未가 기본적으로 뭡니까? 당연히 大運도 그러하고 調候의 요소나 일지에 있는 文昌, 偏財 이런 기운을 활발하게 써먹을 수 없지 않습니까?

그래서 공부과정에 굴곡이 있는 것은 당연합니다. 학교도 열심히 안 다니고 대충 다니면서 지내왔는데 갑자기 올해 해외를 가겠다는 겁니다. 해외를 가겠다고 하게 되는 이유가 未가 무슨 작용을 하기 때문입니까? 隔角 작용이 됩니다.

地支의 두 글자 뒤가 뭐가 됩니까? 未년에서 보아 巳가 皆花論으로 보면 일종의 驛馬가 됩니다. 乙未년이 가진 속성이 뭐냐면 乙 印星 학문을 가장한 未 傷官의 행위입니다.

"그래 뭐하러 갈 건데?" 하니까 워킹 홀리데이인가 한다고 하는데 저것은 학문을 가장한 傷官이라는 말입니다. 그러면서 驛馬입니다. 그래서 본인이 왔길래 가서 뭐 할 것인지 먼저 물어봤습니다.

갈지도 안 갈지도 모릅니다. 왜냐하면, 神殺로 보면 驛馬도 되지만 月殺도 됩니다. 月殺이라는 것은 주동이 아니고 피동으로 가있는 거니까 갈지 안 갈지도 모르는데 어떻게 되겠느냐 묻는데 "억지고 타력을 통하면 갈 수는 있지만 가서 뭐할래? 몇 년 공부할 것도 아니고 그냥 6개월 가 있겠다는데 그것은 별 의미가 없다." 이러니까 자기는 지금 갈 수가 있을지 못 갈지 이것이 더 중요한 겁니다.

묻는 구도와 답해주는 사람의 구도가 이렇게 잘 어긋난다는 겁니다. 물론 그 구도는 이해는 할 수 있습니다. 본인이 추구하는 추구성이라는 것은 알고 있어서 이해는 할 수 있지만, 사실은 命 내에나 어떤 運이 가지는 여러 가지 개성, 특성 이런 것들 때문에 '된다. 안된다.'가 중요하지 않고 지금 외국을 '간다. 가지 않는다.'가 하나도 중요하지 않다는 겁니다.

거기 가서 거창한 일을 할 것도 아니면 차라리 그쪽에 가서 장사판을 가든지 어디로 가든지 가서 그냥 자기 노하우를 쌓으라 하니까, 자기는 장사에는 아무 뜻이 없다는 겁니다.

물론 運의 작용이기 때문이기는 한데 대화가 이렇게 命의 문제 때문에 또는 運의 문제 때문에 또는 命을 나름대로 파악하는데에 한계성 이런 것 때문에 상담이 서로 빗나가거나 어긋나는 것이 많이 발생한다는 것입니다. 그래서 상담 자체가 틀려서 손님들이 만족감이 떨어지는 것이 아니라 둘 다 이런 것과 같은 것입니다.

　진짜 잘 보는 천하 도사 이야기입니다.

　"제가 시험을 치러 왔는데 어떻게 되겠습니까?"

　"된다."

　"너무 용합니다."

　그것이 뭐냐면 둘 다 바보짓하고 있는 것입니다. 그러니까 보러 온 사람이 원하는 것이 "시험이 될까요?" "된다." 그리고 봐주는 사람도 판단을 미스해서 된다고 했을 때 그 순간에는 최고로 잘 보는 분이 되는 겁니다.

　그러니까 결국 어떤 문제를 바라보는 시각 이런 것이 같이 맞아떨어지면 그 순간 최고의 상담으로 넘어가는데 그런 것에서 조금 빠져 나와서 보고 있어야 된다는 겁니다.

　그래서 '시험 되겠느냐?' '된다!' 이 말 들으러 온 줄은 알겠는데 사실은 그것이 문제가 아니고 命 내에 있는 더 큰 그릇의 문제와 運에서 제한하는 문제 이런 것들이 복합적으로 놓여있기 때문에 자기는 그래도 외국에 나가서 뭔가 하면 길이 열리겠다는 좋은 꿈은 있지만, 사실은 상담해준 내용은 어처구니가 없는 내용이 될 수도 있다는 것입니다. "그것 해서 뭐할래?" 이런 식이니까 인사도 안 하고 가려고 했습니다. 등만 쓰다듬으면서 "잘 가소!" 그러고 말았습니다.

　저런 것이 命의 고정요소 그다음에 運이 줄 수 있는 한계성 이런 것들 때문에 발생하는 거니까 항상 이 구도를 머릿속에 그려 놓을 필요가 있는 것입니다. 고정된 것 때문에 되고 안 되고 하는 것이 많이 나누어집니다.

그다음에 가변요소 때문에 되고 안 되고의 어떤 특성, 틀 이런 것들이 많이 주어집니다. 그래서 이것을 좋다, 나쁘다, 좋다, 나쁘다 이렇게 분류하는 것이 굉장히 한계성을 가진 해석법이라는 겁니다.

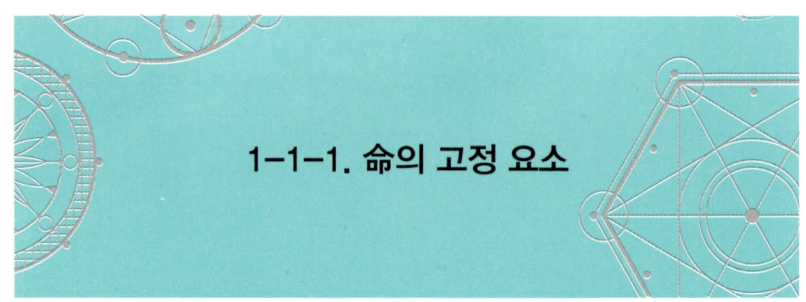

1-1-1. 命의 고정 요소

五行과 六親의 유무

運에서 五行이나 六親이 채워진다면 그것이 얼마나 지속 가능한 것이 되겠습니까?

해석에서 제일 유용하게 활용되는 것이 무엇입니까? 六親입니다. 六親같은 경우가 해석에 많이 활용되는데 있는 것 중심으로 무엇을 나눕니까? 보통 成格, 破格 분류하는데 팔자에 없는 것이 運에서 일시적으로 채워진다 하더라도 그 순간에 어느 정도 해소하게 되지만 그것을 정확하게 표현하자면 運이 끝남으로써 에너지가 거의 없어지거나 인연이 거의 없어져 버린다는 정도까지 해석을 해주게 됩니다.

먼저 팔자 안에 五行의 유무, 六親의 유무 이런 것을 가지고 큰 특성을 분류하지만, 運에서 오더라도 사실은 잘 못 쓰는 경우가 상당히 많습니다.

財가 없는 팔자에 財運이 왔다면 그 순간 재물활동에 관련된 여러 가지 활발한 활동을 하게 됩니다. 印星이 있으면 印星을 따라서 아니면 官星이면 官星의 패턴을 따라서 변환하는 동작이 발생하지만, 재물의 형태를 전환하지 않으면 그것이 자기 것으로써 잘 안 지켜집니다. 그래서 그런 행위가 있는지 없는지 이런 것들을 볼 때 運에서 계속 체크를 해줘야 하는 것입니다.

神殺 특성

時	日	月	年	坤
癸	庚	己	丁	
未	午	酉	丑	

丙	乙	甲	癸	壬	辛	庚	大
辰	卯	寅	丑	子	亥	戌	運
64	54	44	34	24	14	4	

앞에서(그림2-12) 본 丁丑생 같은 경우 貴人의 출현이 있음으로써 본인이 소속하는 어떤 조직의 속성이 귀격(貴格)의 어떤 모양새를 결국 갖추게 된다는 것을 命 내에 가지고 있는 것이므로 시간이 조금 빠르고 늦고 간에 시간이 가면 갈수록 命 내에 있는 것을 구현시킨다는 것입니다. 팔자 안에 있는 것을 자꾸 구현하게 되는 것입니다.

그런 측면에서 놓치지 말아야 할 神殺들이 상당히 많이 있습니다. 그래서 그것은 실제로 그 케이스에 적용될 때 가장 많이 쓰이는 것부터 차근차근 정리해 보도록 하겠습니다.

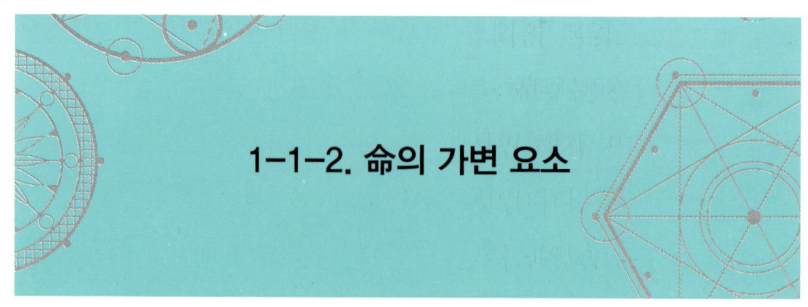

1-1-2. 命의 가변 요소

◉ 五行과 六親의 불완전성

그다음에 命의 가변요소에 보면 1번과 제목이 다르게 1-1-2에서 '五行과 六親의 불완전성'이라고 해 놓았습니다. 그러니까 똑같이 偏財가 와도 命 따라 전부 다 작용하는 것이 다르므로 運에서 오는 五行이나 六親의 적용과 해석을 일반론으로 당연히 하기는 하는데 命마다 다 다르다고 전제를 해야 한다는 겁니다. 그래서 命과 運을 계속 결부를 시킬 수밖에 없다는 것입니다.

運의 해석에서 命은 무엇입니까? 五行이 있다는 것은 바꿀 수 없는 요소가 있다는 말입니다. 六親이 있다는 것은 무엇입니까? 그것이 깨지든 刑, 冲, 破, 害로 손상되었든 말았든 그 존재가 분명히 있다는 말입니다. 그래서 완전성은 아니지만, 그 존재성을 부인할 수 없다는 겁니다. 그런데 運에서 오는 五行은 命마다 다 적용되는 양적인 측면 또 실제적인 측면이 편차가 상당하다는 것입니다.

그러니까 干支상으로 보면 어떻게 됩니까? 丙, 丁, 巳, 午, 未 이런 글자들이 五行的으로 불기운이 작용하는 것으로 치지만 어떤 것들은 별다른 작용 없이 모양만 살짝 띄워놓고 별 작용 없이 간다고 보면 됩니다.

'어떤 것이? 왜?' 이런 것까지 지금 정리하실 필요는 없고 겨울에 해가 떠 있어도 지상에 있는 여러 가지 기운들 때문에 별 작용 없이 그냥 그대로 넘어가 버립니다. 그래서 팔자에 불기운이 없어서 불기운을 아주 반겨 쓰는 패턴이라 하더라도 별 작용 없이 지나가 버리는 것도 여러 가지로 발생한다는 것입니다.

運의 형태는 굉장히 다양하다는 것입니다. 그러니까 파도치는 바다에 물고기 한 종류가 살아가는 것에서 자기 스스로 내제적인 성장 과정이 있습니다.

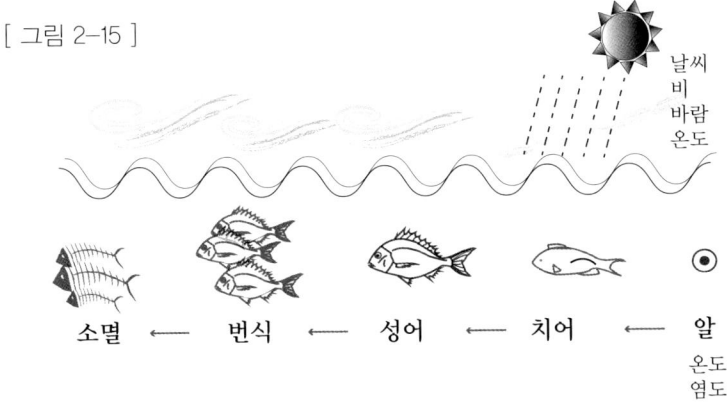

[그림 2-15]

알에서 치어, 성어로 번식하는 것 그다음에 노화를 통해서 생명을 잃는 과정이 있으면 여기에 물의 온도, 물의 염도도 있을 것이고 위에 부는 바람과 해가 뜨고 지는 날씨도 있을 것이고 또 비 오는 것도 있을 것입니다. 이런 것들이 다 복합적으로 작용을 하기 때문에 하나의 干支 형태가 드러났다면 그러한 경향성이 조성된다고 일단 전제는 합니다.

그러니까 이런 것과 같은 것입니다. '해가 떴으므로 환해진다.' 여기까지는 해석해 줍니다. 그런데 그것을 '더워진다.'로 해석을 하면 거기서부터 그 사람의 실제 삶의 내용과는 편차가 상당히 발생하는 것입니다.

거꾸로 물 밖은 영하로 더 떨어졌는데 바닷물이기 때문에 영하로 떨어지지 않고 일정한 온도를 유지한다는 이런 경우도 干支 자체는 변했지만, 실제 적용되지 않는다는 것입니다.

그러니까 순수하게 調候로만 가지고 본다면, 극단적으로 표현하면 癸亥一氣格이 있다고 합시다. 그러면 癸亥一氣格은 水가 오면 죽어야 하지 않습니까? 그런데 죽는다고 해석합니까? 안 합니까? 안 하는 이유는 어떻게 됩니까? 일단 죽지는 않을 거 같으니까?

[그림 2-16]

時	日	月	年
癸	癸	癸	癸
亥	亥	亥	亥

乙丑

순수하게 格用論의 抑扶 强弱의 논리에 의해서 癸亥一氣가 陰의 기운을 가장 대표한다고 합시다. 물론 이것은 地支에 드러나는 형태지만 順運으로 흘러가서 乙丑 大運이라고 합시다.

乙丑 大運 같으면 어떻게 되겠습니까? 陰陽의 편중성이 심해집니다. 그러면 이때 보통 '죽는다.' 이렇게 해석해야 될 것 같은

데 실제로 물속에 있는 물고기는 겨울이 와도 돌아다니고 있습니다.

제가 제목을 달아놓은 것을 봐 보십시오. 干支 자체에 무의미성이 아닙니다. 五行과 六親의 의미가 없다는 것이 아니라 '불완전성'이라고 해 놨습니다.

偏官대통령이 왔다고 합시다. 그런데 내가 촌 동네 이런 곳에 사는 사람 아니라 도심에 산다고 합시다. 그런데 대통령이 바뀌었다고 해서 내가 사는 내용이 얼마나 바뀝니까? 대외적으로 자기가 갇혀있는 조직의 속성, 행동의 여러 가지 방향성에는 영향을 받을 것입니다.

새마을 운동을 하는 대통령이 왔다면 같이 새마을 운동을 하기는 하는데 그 대통령이나 새마을 운동을 하는 대통령이나 안 하는 대통령이나 내 삶은 별개로 다른 영향 아래에서 살고 있다는 것입니다. 그런 것에서 바로 五行과 六親의 작용은 당연히 있되 그것이 완전성을 가지고 있는 것은 아니라는 겁니다.

실제로 사주 해석을 할 때 '偏官운이네!' 이렇게 해석을 해서 단정을 짓는 관법이 전체를 표현하기에는 무모한 접근법이라는 겁니다.

"자 보시오! 여기 보니까 偏官이라는 것이 있지요?"

"예!"

"偏官이라는 것이 이런 작용을 일으키는 것인데 이런 인자 때문에 당신이 지금 구설수에 올라 있지 않느냐?"

"아! 그렇군요."

본인이 다른 것을 다 보면서 상대방에게 이론적으로 뭔가 좀 더 이해시키기 위해서 상대방을 설득하는 도구로 쓸 때 이론적으로 쓰임새는 있지만, 그것 하나 때문에 실제로 거기까지 가는 것은 아니라는 겁니다. 그래서 그 불완전성을 전제해 둘 필요가 있다는 것입니다.

'五行과 六親의 유무'를 뒤에 한 번 모아서 干支 자체의 모양새, '甲, 乙, 丙, 丁, 戊, 己, 庚, 辛, 壬, 癸, 子, 丑, 寅, 卯, 辰, 巳, 午, 未, 申, 酉, 戌, 亥' 글자 자체를 가지고 하나하나 의미부여를 하면서 이러한 경향성, 운동성이 잘 발생한다 해 놓고 그다음에 六親관계가 발생했을 때 이런 六親이므로 이런 경향성을 가지게 된다는 식으로 다시 한 번 터치해 볼 것이지만 그 범주라든지 실제적인 강약은 별도 요소를 여러 가지로 감탄해서 적용해 준다고 하는 겁니다.

그러니까 가장 일반적으로 재물에 관한 것이긴 하지만 財星이 오면 다 돈입니까? 財星이 오더라도 이것은 몸만 많이 움직이게 하는 財星 그다음 생각 못 한 곳에서 어떤 돈이 융통되는 財星 등 이렇게 財星도 여러 가지 현실적인 형태를 바꾸어 가면서 그 사람에게 적용된다는 것입니다.

그래서 그런 어떤 불안정성이 무엇에 의해서 발생을 합니까? 그러니까 고정이 3밖에 안 되는 사람은 7의 어떤 영향 받을 수 있는 룸이 있습니다. 그런데 命 자체의 가변성에 의해서 8쯤 되는 사람은 財星이라고 하는 것의 환경이 왔다면 수당 조금 오르고 월급 조금 오르고 생각 못 한 기타 수익 좀 생기고 한다는 것입니다. 그런데 뭐에는 영향이 없습니까? 삶의 어떤 내용이나 큰 흐름의 영향은 없다는 겁니다.

이런 식으로 고정성에 의해 남아 있는 룸이 크냐 작으냐에 따라서도 양적(量的)으로도 다르게 작용한다는 겁니다. 그래서 그런 어떤 불안정성을 전제해놓고 공부할 필요가 있습니다.

지금 초급이나 중급 이런 개념이 아니라 중급에서 고급 그리고 연구 중심의 어떤 논의까지도 들어갔다 나왔다 하면서 설명하고 있습니다. 그런 측면에서 제가 이렇게 개념을 강조하고 있지만, 개념이 있다는 것은 그만큼 다양한 개념이 많이 필요하기 때문입니다.

개념 설명에 너무 시간을 많이 쓰면 '다음 시간에는 들을까? 말까?' 하는 이런 분도 계실까 봐 제가 계속 우려스러워서 설명해 드리는 것입니다.

아무튼, 불안정성 정도는 개념을 정리했으리라고 보고 다음 설명을 하겠습니다.

편향성

[그림 2-17]

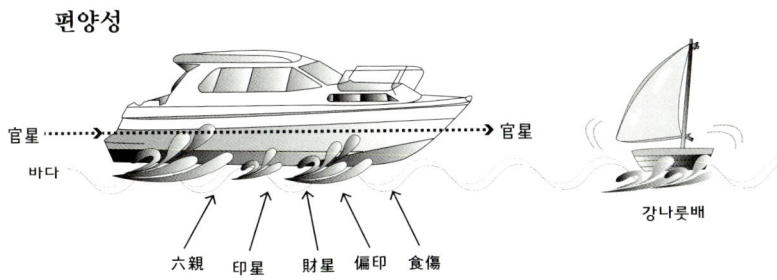

배가 운항을 해나가면 옆에서 빼딱하게 파도가 치더라도 자기

가 가지고 있는 관성(慣性) 때문에 그대로 밀고 가버린다는 것입니다. 그래서 六親的으로 印星이 오든 偏印이 오든 상관없이 그냥 그대로 죽 가는 이런 편향성이라고 하는 것이 '강하게 부여되어 있느냐? 약하게 부여되어 있느냐?' 이런 것들이 주로 成格에서 많이 볼 수 있습니다.

成格요소에서 보면 이 사람은 正印格이니까 財星이 오든 食傷이 오든 어느 정도 그 영향은 좀 받지만 成格된 인자를 가지고 있는 그대로 그냥 편향성을 발휘해 버림으로써 命과 運의 관계에서 편차가 다른 사람보다 작다는 것입니다.

이것은 규모가 있는 배를 말한 것이고 나무로 만들어진 강나루 배가 바다를 지나간다고 할 때는 고정성이나 편향성이 두드러지지 않으므로 옆에서 파도가 치면 옆으로 흔들거리고 뒤에서 치면 앞으로 흔들거리는 식으로 運에 의한 변화성에 훨씬 더 많이 노출됩니다.

格用的으로 成格이나 또는 旺者라고 하는 것이 뚜렷하게 잡혀버리면 그 자체로 成格이 되고 편향성이 만들어져버리기 때문에 運에서도 옆에서 파도가 치든 뒤에서 치든 관성(慣性)으로 가버리는 효과가 생기니까 그런 것을 어느 정도 가늠을 해 두어야 한다는 겁니다.

그래서 결국은 命의 관찰 없이 運의 관찰이라는 것은 굉장히 어렵다는 것입니다. 命의 관찰이 항상 運의 관찰과 상관관계 속에 있다는 겁니다.

神殺 특성

神殺 특성의 경우 羊刃 하나를 보시면 아시겠지만 羊刃을 沖하면 그 화가 여러 곳에 두루두루 미친다고 나옵니다. 羊刃이 合을 만나면 도리어 권세나 貴가 생긴다고 나옵니다. 그러면 사주와 상관없이 자기 혼자 노는 羊刃을 보는 것입니다.

[그림 2-18]

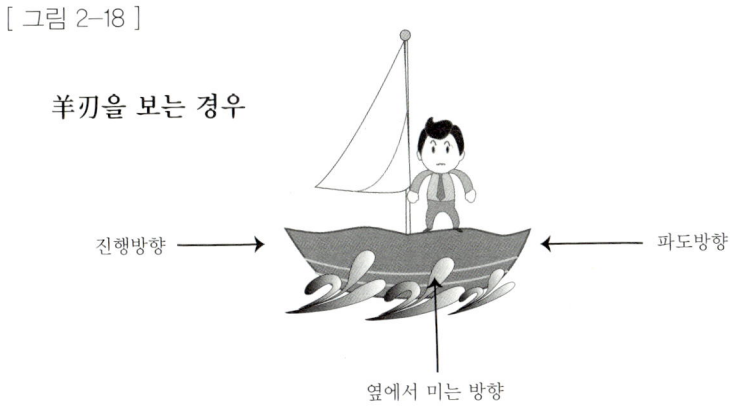

羊刃을 보는 경우

진행방향 → ← 파도방향

옆에서 미는 방향

그러니까 위의 그림처럼 배 위에 있는 사람은 배는 앞으로 가고 있고 파도는 옆으로 칠 때 동작한다는 것입니다. 이 사람을 종이라고 한다면 '딸랑딸랑'하면서 작동한다는 것입니다.

배가 앞으로 가고 있는 것이 그릇이 가지고 있는 편향성입니다. 그다음에 앞에서 오는 파도와 부딪치는 것입니다. 그러니까 앞뒤로 흔들릴 때는 까딱도 안 하다가 옆에서 치니까 좌우로 흔들립니다. 그러니까 이 사람(鐘)이 神殺에 관해서 작용하는 또 다른 運의 변화라는 것이 있는 것입니다.

그래서 이 배를 하나의 사주로 본다면 이 사람(鐘)은 배의 기물 중의 하나입니다. 배의 기물 중에 하나를 건드렸을 때, 즉 食神을 冲하면 食神을 冲했기 때문에 일어나는 運의 변화성을 계속 따라가 주어야 한다는 것입니다. 배는 흔들리지만 食神이 오히려 세력을 얻으면 나는 흔들리고 있는데 보급대가 식량은 또 옮겨 주더라는 것입니다.

그래서 각각의 神殺的인 요소나 속성을 잘 드러내는 六親的인 것들의 변화과정을 같이 두루두루 해석해 주어야 한다는 겁니다. 그래서 그런 해석이 필요하기 때문에 '춘하추동 신사주학' 강의에 보면 12운성을 몇 종류로 나누었는지 아십니까? 12운성의 작용을 120종으로 나누어 풀이해 놨습니다.

어떤 책에 보면 한바닥으로 끝내는 내용을 120종으로 나누어서 거기에 최대한 설명을 붙이려고 해 놓았는데 예를 들어서 甲이 만약 食神이라면 食神은 이 배의 움직임과 별도로 자기 스스로 생겨나고 커지고 또 소진되고 빠지고 사라지고 하는 과정이 생겨난다는 겁니다. 그러니까 그 자체로써 運의 변화 따라서 돌고 돈다는 겁니다.

[그림 2-19]

항공모함

항공모함이라고 하는 것을 떠올려보시면 항공모함은 편향성을 가지고 바다 위를 가고 있는데 파도는 옆에서 치고 있고, 항공모함에 있는 비행기들은 날았다가 앉았다가 하는 식으로 계속 六親的인 요소들도 생겨나고 사라지고 생겨나고 사라지고 하고 있다는 것입니다.

그다음에 神殺的으로 작용을 하는 놈들도 좌우로 흔들 때만 작용하는 식으로 굉장히 복잡한 것입니다. 그래서 제일 골간적(骨幹的)으로 작용하는 것을 먼저 해설해주고 그다음에 질문을 통해서 지금 뭘 묻고 있는지를 파악을 해서 '지금 이 비행기는 난다.' '저 비행기는 조금 있다가 온다.'를 알아야 되는 것입니다.

그러니까 고객이 사업적으로 허가는 받았는데 돈은 없다는 겁니다.

"어떻게 할까요? 그러면 사업이 안 되는 것 아닙니까?"

이렇게 물을 때 우리는 여러 가지를 공부했었습니다. 차용 인자라고 하는 것이 뭡니까? 隔角에 의해서 차용해서 써야 됩니다. 아니면 얼마나 흘러야 그 비행기가 다시 항공모함으로 되돌아온다는 것을 알 수 있습니다. 그래서 실제 현장에서 상담은 그런 상담이 많다는 겁니다.

"당신 생산업 하지?"

"제가 제조업하고 있는 것은 나도 알고 있습니다."

물론 이렇게 봐주는 사람 입장에서는 뭔가 이론적으로 분석해서 해 주었지만, 그것이 결론으로 되어서는 안 된다는 것입니다. '생산업을 하느냐?' 이런 것을 가지고 뭔가 답을 다 줄 수 있는 것이 아닙니다.

"예! 생산업하고 있습니다. 최근에 이권 계약을 하나 했는데 이 계약을 진행하려면 돈이 들어가야 하는데 그 돈을 넣으면 얼마 뒤에야 수지를 맞추어서 다시 거두어들이겠습니까?"

"그런 건 모르겠고, 제조업을 하면 돼!"

이런 것이 서로 상담이 어긋난 형태에 들어가니까 運을 해석해서 봐줄 때는 이런 것들을 다 참작해야 되는 것입니다. 그러니까 대부분 다른 것은 다 좋은데 집을 나간 딸이 문제라는 겁니다. 그러니까 자꾸 '좋다!' 이것만 강조하고 부각해서는 안 되고 집을 나간 딸을 찾아와야 되는 겁니다.

개념이 좀 정리가 됩니까? 개념 중심이라서 수업이 좀 딱딱하긴 한데 조금만 견뎌 보십시오. 그러니까 神殺, 六親, 五行 이것이 매칭되면서 '지금쯤은 저 친구가 피자가게를 할 것인데 제일 끝자락 골목 집에서 할 것이다.' 이런 것들이 보입니다.

그런 것이 여러 가지 다중(多重)의 기준을 가지고 분류하면 '이 친구는 먹는 것은 먹는 것인데 기호식품이고 동그랗게 생겼으니 피자이다. 이 피자를 劫殺의 땅에서 가서 하고 있으니 끝집 아니면 지하실에서 피자를 만들어서 배달만 하는 거다.' 이런 것이 나온다는 겁니다.

그런데 그것이 보이더라도 그것을 찍어서 이야기하면 안 됩니다. 가끔 보여서 이야기를 하면 그것이 뒷날에 고생바가지로 가는 길입니다. 그 다음 날 다른 손님이 와서 "나는 뭐하게요?" 이럽니다. 모든 팔자가 케이스에 다 걸리는 건 아니니까 손님이 그렇게 문점을 할 때는 환장하는 겁니다.

"아마 이런 것을 하기 쉬울 것이고, 한다면 이런 지역이 더 되기 쉬울 것이다." 이렇게 이야기를 하면 "그게 있기는 있는가 보네요?" 하면서 손님이 다른 곳에 가서 떠벌리지는 않는다는 겁니다.

조금 쉬었다가 전에 질문하신 '절기론 기준 잡는 법' 정리해 드리겠습니다.

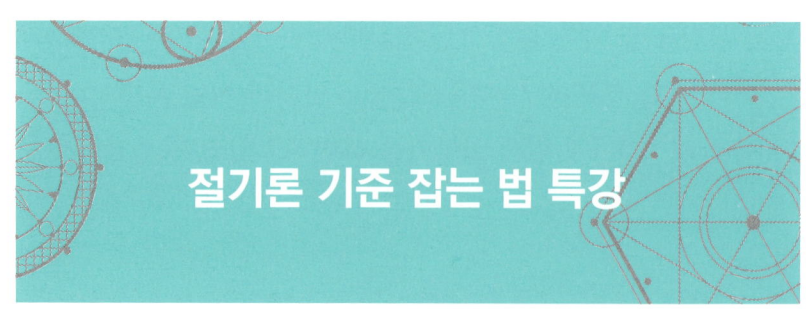

절기론 기준 잡는 법 특강

지난 시간에 수업 중에 했던 것 중에 큰 제목으로 '2. 運의 요소'에서 '2-7. 주기론적 이해'가 있을 겁니다.

'運'이라는 말을 붙였다는 것은 용어의 적용 범위도 넓거니와 또 속성들이 여러 가지가 복합적인 의미를 가집니다. '해석'도 되고 '적용'도 되지만 運을 보는 방법에서 일종의 주기중심으로 해석하는 것입니다.

[그림 3-1]

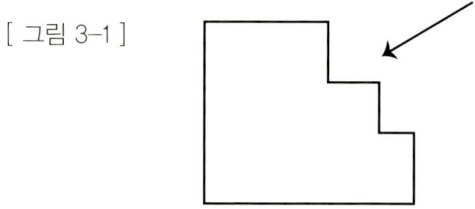

이것도 역업을 오래 한 분이나 적어도 이쪽 분야에 관련해서 일을 많이 하신 분은 거의 본능적으로 터득하고 계신 분들이 많습니다.

甲과 乙이 있는데 이것이 기본적으로 陰陽관계입니다. 그러니까 그림에서처럼 사물의 기운이 어느 한쪽으로 편향성이 생겼을 때 그림 속의 모양 구조를 다 알 수는 없습니다.

오늘과 내일이 陰陽관계에 있다고 하는 것이 일반적인 개념이라면 하루로 치면 陰陽을 밤낮으로 나눌 수도 있고, 하루하루 바뀌었을 때 甲일, 乙일, 丙일 이런 식으로 하루하루를 다 바꾸어 볼 수 있습니다.

그래서 甲날 안 된다는 말은 乙날 확실한 동그라미가 될지 희미한 동그라미가 될지 현실 속에서 좀 애매하다 하더라도 일단 '오늘은 내일이 아니다.'라고 하는 전제를 가지고 생각해 보면 제일 간단하게 2의 주기를 하나 추출할 수 있습니다.

[그림 3-1-2]

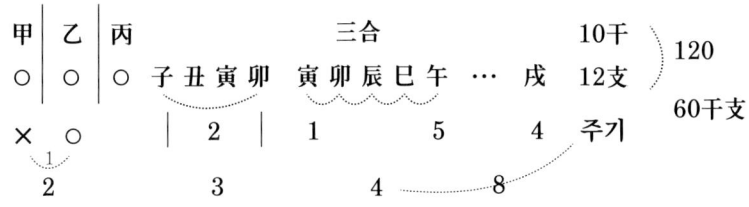

그다음에 子, 丑, 寅, 卯라고 하는 地支의 변화과정을 거칠 때 申子辰, 寅午戌 이렇게 해서 삼세판에 가면 또 반대의 성격을 가진 것의 기운과 조화성이 생긴다는 것을 알 수 있습니다. 그래서 3입니다.

그다음 우리가 三合을 보면 地支의 진행이 어떻게 됩니까? 寅을 1, 卯를 2, 辰을 3, 巳를 4로 숫자를 매겨나가면 午는 순서로는 5가 됩니다. 그러니까 寅이 1일이라면 午는 5일째가 됩니다. 그사이에 존재하는 것은 卯, 辰, 巳, 午로 4가 되는 것입니다.

그래서 2(陰陽), 3(子丑寅), 5(寅卯辰巳午)라고 하는 이것을

구간을 나눈다면 5(寅卯辰巳午)가 4가 되고 3(子丑寅)이 2, 2(陰陽)는 구간이 1이 됩니다. 구간 간에 간격을 하나의 주기로 삼는다면 하루 간격으로 바뀌고 이틀 간격으로 바뀌고 또 4일 간격으로 바뀝니다.

주기성에 의해서 어떤 운동이나 속성, 기운이 어찌 됐건 턴(turn)이 되었다는 겁니다. 이런 것을 나누어서 해석하는 것입니다.

그러면 이런 주기를 연도로 확장한다면 어떻게 되겠습니까? '올해 안 되면 내년에 된다.'가 됩니다. 그다음에 '올해 아니면 2년 뒤에 확실하게 속성변화가 발생한다.' 이런 식으로 주기의 단위를 확장해서 유추를 해 나갈 수 있습니다. 그래서 사실은 이런 것을 능숙하게 잘 사용해야 합니다.

그다음에 三合으로 치면 어떻게 됩니까? 戌까지 이르면 4 더하기 4가 되어서 8이 됩니다. 이것이 주로 변성이라면 우리가 알고 있는 10干에 의한 순환성, 12地支에 의한 순환성 이것은 주기성이 되는 것입니다.

그래서 10干, 12地支가 조합하면 120이 되고 그다음에 최소공배수는 60干支로써 60주기로 적용이 가능하다는 겁니다.

그래서 실관을 하면서 느꼈던 것은 앞부분에 나오는 여러 가지 六親의 속성, 干支의 속성, 格用에 의한 喜忌論, 調候論 이런 것들이 여러 가지로 사람에게 해석 적용이 되는데 이런 것들과 별도로 작용하는 주기들이 있더라는 겁니다.

개인적으로 근 30년 가까운 세월을 주기를 가지고 연구를 하신 분이 계십니다. 누구나 다 알고 있는 60干支를 하나의 주기로써 계절을 배치할 것입니다. 그러니까 각 節과 氣에 배치해서 節과 氣 단위를 2.5년씩 단위로 정리해 놓았습니다. 節 2.5년과 氣 2.5년씩으로 봐서 곱하기 24절기는 60절기가 됩니다.

예를 들어서 立春 2.5년, 雨水 2.5년, 驚蟄 2.5년, 春分 2.5년… 이런 식으로 2.5년씩 끊어나가는 방식으로 하나의 큰 주기로서 그 사람의 삶의 내용을 관찰해 보는 겁니다.

[그림 3-2]

60干支   5年 × 12 = 60年
          2.5年 × 24 = 60年

주로 어떤 면에서 위와 같은 방식이 많이 유효하냐면 재물 또는 사회적인 활동이라는 것이 어차피 財官밖에 없다고 했습니다. 주로 어떤 면에서 유효하냐면 財官의 '준위(準位)' 또는 '성취도' 이런 것을 보는 데 쓰입니다.

그다음에 또 하나 이 주기로써 많이 참조할 수 있는 것이 행동경향과 사고경향을 포함해서 사람의 자세 등의 경향을 관찰하는 데 유효합니다.

절기에 의한 주기가 여러 가지 모든 것을 설명하는 수단으로써는 한계성을 가지고 있습니다. 앞에서 설명해 드린 食神의 움직임, 財星의 움직임 등 다양한 움직임을 디테일 하게 보는 것에서는 한계성이 있지만 가장 포괄적인 단위로 財官의 준위(準位)를 파악하는 것입니다.

그분도 용어 정리를 정확하게 다 안 해 놓으셨기 때문에 제가 정하기는 애매하지만 제가 생각하기에 적절한 용어는 '준위(準位)'라는 용어가 제일 적절할 것 같습니다.

준위(準位)라는 말은 물리학에서 말하는 것인데 일정한 에너지나 물리량의 수준을 말하는 것입니다. '높다 낮다'도 되고 또 경향적으로 '높아진다. 낮아진다.'라고 하는 그런 용어로도 쓰는 것입니다.

용어의 정리는 마치고 다시 본론으로 들어가겠습니다. 절기가 흘러가는 것은 立春부터 雨水, 驚蟄, 春分, 淸明, 穀雨, 立夏… 이렇게 넘어갑니다. 죽 넘어가서 일 년의 농사로 친다면 寒露, 霜降에 그동안 이룩한 것의 업적이나 성과물이 나오게 된다는 방식으로 운명을 파악하는 것입니다.

실제로 저도 나름대로 그 이론을 기준으로 여러 가지 패턴을 검증해 보았는데 아주 정확하게 잘 맞아 떨어지는 케이스도 있고 약간 시간적 차이를 두고 맞아 들어가는 케이스로 분류가 되던데 아직 완성된 것은 아닙니다. 제가 이론의 창시자가 아니므로 계속 검증을 해 보고 있습니다.

[그림 3-3]

- 財 . 官의 準位(성취도)
- 자세. 행동(사고) 경향

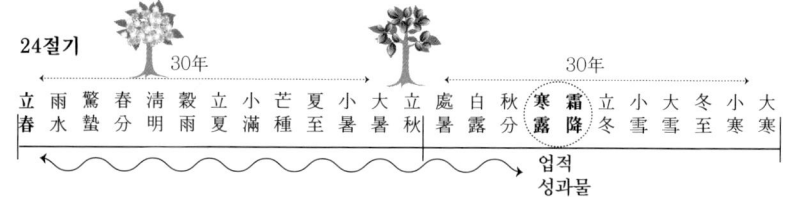

저는 뭘 생각했느냐면 원래 120년이라고 하는 것이 기본적으로 하나의 큰 일주기가 되고 그다음에 天干이 간여지동(干如支同) 될 때 즉 甲일주가 甲을 만날 때마다 하나의 10년 주기가 시작된다고 보는 겁니다.

그러면 天干은 어떻게 바뀝니까? 陽干일 경우에는 다섯 번째나 여섯 번째에 財星을 만나게 되어 있습니다. 그러니까 다섯 번째에 偏財, 여섯 번째에 正財가 오게 됩니다. 정확하게 이것을 주기로 계산한다면 5년과 6년째에 財星이 됩니다. 그다음에 7년이나 8년째에 官星이 놓이게 됩니다.

그래서 군신대좌(君臣對坐)의 運을 지나가면서 그 10년 동안 중요한 어떤 형태의 삶의 특성이나 패턴이 만들어진다고 보고 그 영향이 얼마로 보느냐면 짧게는 5년 길게 10년으로 봅니다. 저는 그런 식으로 주기로 쓰고 있었습니다. 그 주기를 쓰면서 財星의 강약이라든지 이런 것을 꾸준히 대조해보았습니다.

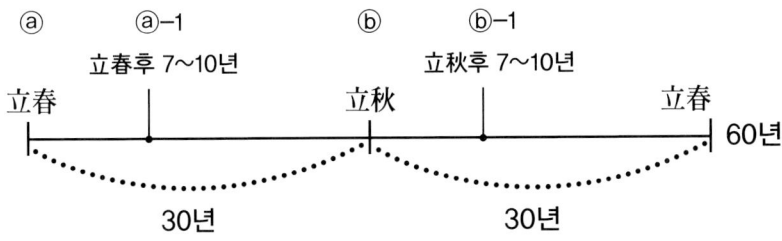

이 60주기에 立春과 立秋의 지점을 정해서 立春 후 30년, 立秋 후 30년 지점을 정해서 運을 구분합니다.

예를 들어서 立春 후 10년이라면 立春, 雨水, 驚蟄, 春分의 과정이 되는데 이때는 뭔가를 막 일구어야 하는 과정이 됩니다.

예를 들어서 이것이(그림에서 ⓐ지점)에서 立春이 확인되었다면 立春지점에서 7년 차가 되거나 10년 차가 되었다면 이런 것들을 통해서 그 시기의 모양새는 당연히 알 수 있습니다. 7년이나 10년차 때에는 그냥 꽃봉오리 맺히는 정도의 모양새가 될 것입니다.

立秋후 7~10년차에 가면 이미 열매가 맺히는 것입니다. 이미 사회적으로 모양새를 갖추고 또 이미 충분히 수확할 수 있는 정도의 컨디션까지 모든 것이 채워진 상태입니다.

이 두 컨디션(立春, 立秋)만 알면 節과 氣를 연결해서 어느 정도의 어떤 준위(準位)에 가 있으리라는 것을 알 수 있고 그 시기에 어떤 자세나 상황을 알 수 있습니다.

그러니까 기준점을 조금 뒤에 설명할 겁니다만 이 사람이 立春인지 立秋인지를 정확하게는 파악은 못 했지만 들어오는 자세가 당당하게 들어오는 겁니다. 그리고 당당하게 "선생님 계십니까?" 하면 어디를 지나왔다는 말입니까? 立秋를 지나왔다는 겁니다.

그다음에 문을 열면서 "선생님 잘 봐 주세요!" 하면서 굽신거리면서 들어오는 이런 사람은 어디입니까? 立春 전후라는 겁니다.

亡種이나 小滿쯤에 이르면 추구해왔던 일이 제대로 모양을 갖추기 시작하거나 본격적으로 뛰어들어서 뭔가 일을 이루기 시작할 것이라는 것을 '亡種이냐? 小滿쯤이냐?' 정도의 시기만 가지고도 파악을 할 수 있다는 겁니다. 이런 식으로 주기적인 변화를 읽어나갈 수 있다는 면에서 대단히 유용한 도구가 됩니다.

[그림 3-4]

단지 立春 立秋 편차가 뚜렷하게 큰 사람이 있고 완만하게 가는 사람도 있다는 겁니다. 그런데 120년 정도의 단위까지 추적해 볼 수 있다면 이 안에 또 30년 단위의 춘하추동이 있을 수 있지 않겠느냐 하는 것이 제 생각입니다.

[그림 3-5]

	30년	30년	30년	30년	30년
120년 단위	冬	春	夏	秋	冬
60년 단위	秋 | 冬				

똑같이 立春, 立秋효과를 가지는데 봄여름에는 완만하게 가다가 가을 겨울에는 편차가 크게나면서 120년이 흘러가지 않겠느냐 하는 겁입니다.

예를 들어서 큰 단위로 보면 30년 단위로 계절을 묶었을 때 봄 여름이라면 이때에는 변화성은 좀 있더라도 삶의 내용상에 어떤 저점이나 고점의 폭이 그리 크지 않을 수가 있습니다.

더욱이 겨울에서 겨울 30년 봄 30년이면 이 둘을 비교하면 어떻게 됩니까? 60년 단위로 묶어버린다면 冬이 먹거리가 더 있으니까 좋이 가을이 되겠죠?

그런데 먹거리가 있기는 한데 春으로 가니까 점점 먹거리가 약해지는 흐름이 됩니다. 겨울이 가을의 남은 기운을 가져가기는 하지만 봄은 이렇게 또 다가오고 맙니다. 그래서 전체적으로 이 경우에는 "60년 동안에 진짜 나는 언제 가을이 옵니까?" 이렇게 되는 것입니다. '그때 좀 형편이 좋고 넉넉하고 이 정도인데 그것 가지고 좋았다 할 수 있느냐?' 이런 형태의 수준으로도 매칭(matching)이 될 수 있다고 보는 겁니다.

命이라고 하는 요소에서도 편차가 생길 수 있지만, 運이라는 것이 똑같이 春秋가 만들어지더라도 120년 단위의 편차가 큰 春秋가 있고 60년 단위의 편차가 작은 春秋가 있다고 저는 파악을 하고 있습니다.

[그림 3-6]

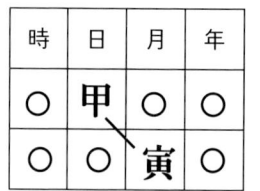 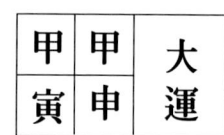

그 기준점에 대해서 저도 완전 초창기 때 기준을 접하지는 못했는데 이렇게 보면 됩니다. 그러니까 日干과 月支를 비교해서 甲과 寅이 이렇게 맞아 떨어지는 이때 이 日干과 月支를 그대로 놓고 조합해서 甲寅을 그다음에 반대편은 당연히 甲申이 됩니다. 甲寅, 甲申 이 둘 중에 어느 것이든 立春이나 立秋의 분기점이 된다고 보는 것입니다.

[그림 3-6-2]

 그다음에 日干과 月支가 60干支상 어긋나 있는 경우가 있습니다. 예를 들어서 甲날 丑월일 경우에는 甲丑이라는 干支가 있을 수 없습니다. 조합이 될 수 없기 때문에 남자가 丙子생이라면 그러면 陽의 해에 태어났습니다. 이럴 때 남자는 大運이 순행이니까 寅으로 정해서 甲寅, 甲申이 立秋나 立春 중에 하나가 됩니다.

[그림 3-6-3]

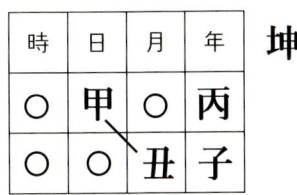

 여자일 경우에는 陰大運으로 들어갑니다. 그러니까 甲子가 됩니다. 丑이 子, 亥, 戌의 大運으로 가니까 陰大運으로 가는 大運의 첫 글자를 보면 됩니다. 逆大運이니까 이 경우에는 甲子 甲午가 立春 立秋의 분기점이라고 보는 것입니다.

학생 질문 – 반대가 분기점입니까?

선생님 답변 – 분기점으로 정해놓은 것 중에 어느 것이든 立春 立秋 둘 중의 하나가 되는데 그것은 다른 干支 구성과 大運의 어떤 요소에 의해서 立春으로 보기도 하고 立秋로도 보기도 합니다. 그것은 명조마다 다 다릅니다.

그것을 잡는 법에 대한 여러 가지 논의는 있는데 저도 그것을 완전히 해결한 것은 아닙니다. 제가 창시자가 아니기 때문에 정확하게 말씀드리지는 못합니다. 창시자도 살아온 몇 가지 사건을 물어보고 立春인지 立秋인지 판별을 하는 과정이 있습니다.

제가 생각할 때 기준이 될 것이라고 보는 것은 열량변화입니다. 열량변화를 무엇을 기준으로 우리가 채택해 줄 것인가 하는 문제인데 그것은 본 주제를 다룰 때 제가 보는 기준을 한번 정리를 해 드리겠습니다.

여러 가지 干支 조합의 구성에 의해서 立春이 되기도 하고 立秋가 되기도 하는데 자기 명조를 가지고 한번 해 보세요. 진짜 별 볼일 없이 지냈던 시절에 그때부터 5년간이 가장 인생에서 힘들게 뭘 일구어가는 과정이 됩니다. 반대편은 상대적으로 모양을 갖추고 수월하게 이루어가는 과정이 되는데 그것을 가지고 자기 명조를 대입해 보면 구분할 수 있습니다.

예를 들어서 立秋 후 25년쯤 되었다면 다시 立春으로 달려갑니다. 그러면 이때부터 서서히 망조 날 짓을 준비한다는 것입니다. 그래서 그때 문점하러 올 때는 어중간한 폼으로 옵니다. 있기는 있는데 확신이 없어서 선생 말을 들을 마음도 있고 안 들어도 될 것 같은 이런 것도 있습니다. 그것이 자기한테 와있는 기운입니다.

 그러니까 이미 뭔가 성취를 해버리고 난 흔적은 있는 것입니다. 그래서 폼은 잡는데 선생한테 마구 바락바락 대들만큼 지갑의 상태가 좋은 것이 아니라는 것입니다. 그런 기준을 놓고 보면 본인이 문점하러 온 경우 어느 구간에 와 있는지 폼만 봐도 압니다. 왜냐하면, 기준점이 딱 주어져 있으니까 그렇다는 것입니다.

 실제로 저 혼자서 많이 참조해서 쓰던 것이 군신대좌(君臣對坐)입니다. 예를 들어서 戊子일주가 戊子년을 지났다면 이때가 완전한 군신대좌(君臣對坐)이지 않습니까? 완전한 군신대좌(君臣對坐)를 기점으로 해서 상당한 편차가 발생한다는 것입니다.

 자기 일간의 정확한 군신대좌(君臣對坐)를 지나고 나면 여러 가지 주변 여건이나 환경 이런 것이 좋았던 사람은 오히려 주변 여건들이 힘들어지기도 하고 또 힘들었던 사람은 그때 이후로 좋아지는 식으로 편차가 잘 발생합니다.

[그림 3-6-4]

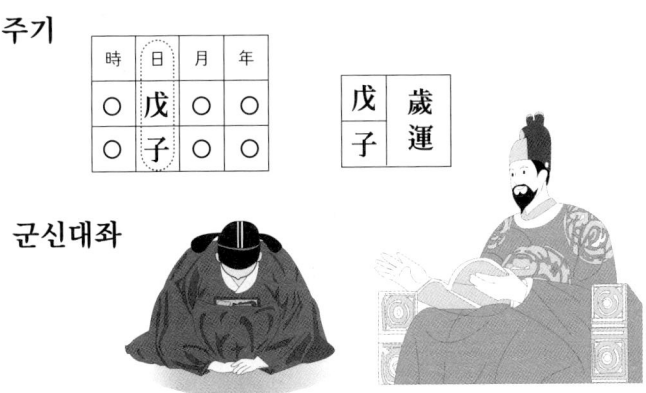

군신대좌(君臣對坐)란 이런 것입니다. 신하가 임금을 만나고 난 뒤에 자기의 비천함을 알았고 자기가 더러운 옷을 입고 다니는 것을 알게 되고 촌놈인 줄 알게 되었다는 것입니다. 그래서 그것을 보고 난 뒤에 새로운 방향성이라는 것이 모색이 됩니다. 比肩이라는 것이 六親的으로는 주로 독립성을 의미합니다. 그러니까 자아나 자존감을 찾기 위한 요소로 작용함으로써 새로운 방향성을 자꾸 모색하게 됩니다.

[그림 3-7]

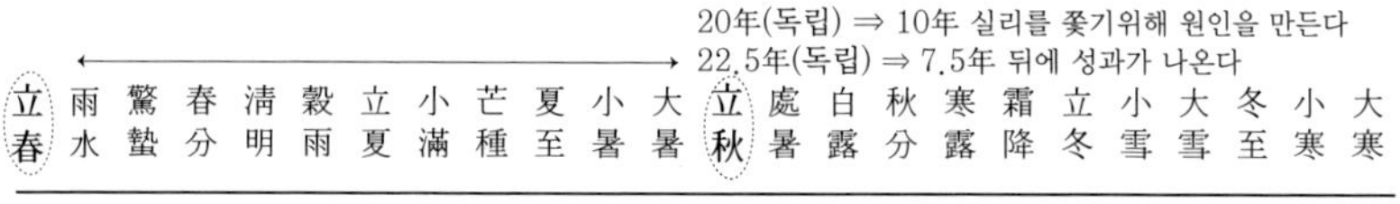

20年(독립) ⇒ 10年 실리를 쫓기위해 원인을 만든다
22.5年(독립) ⇒ 7.5年 뒤에 성과가 나온다

立春 雨水 驚蟄 春分 淸明 穀雨 立夏 小滿 芒種 夏至 小暑 大暑 立秋 處暑 白露 秋分 寒露 霜降 立冬 小雪 大雪 冬至 小寒 大寒

물론 명조 따라 다르기는 하지만 그런 기운이 왔을 때 대부분 다 독립을 하려고 합니다. 독립하려고 하는 성향이 발생하는데 독립적인 성향이 주로 언제 많이 발생하느냐면 立春을 기준으로 20년 뒤에 다시 자기 日干과 겹칩니다.

立春 후 20년째나 22.5년쯤에 뭔가 큰 실리를 쫓기 위하여 원인을 만들어 나간다는 것입니다. 그래서 그 시기의 선택이 立秋에 갖추어지는 모양의 원인을 잘 만듭니다.

그때의 모양새를 보면 되는데 직장생활을 하다가도 직장생활의 패턴이 잘 맞지 않거나 편향성이 열려있는 사람들은 立春 후 20년째나 22.5년쯤 이런 시기에 독립을 해버립니다. 독립해서 뭔가 새로운 일이나 사업을 하고 그것이 자리 잡히는데 20년째 시작한 사람은 당연히 10년 정도 걸릴 것이고, 22.5년 정도 가서 사업을 시작한 사람은 약 7.5년 뒤에 그런 성과가 나오기 시작한다 보면 됩니다. 제일 많은 형태가 22.5년 정도 될 때입니다.

중간의 각 10년 단위에도 比肩이 오면 가만히 못 있고 자기를 드러내기 위해서 정신적으로 애쓰고 신경 쓰고 하는 이런 것들이 잘 오게 됩니다. 그래서 해석 면에서도 단순하게 比肩의 의미를 해석하기도 하지만 이 주기에 걸려들었을 때 혼자서 뭘 해보고 싶어서 엄청나게 고민을 많이 하는 과정을 드러내 줍니다. 그래서 심리적인 구상, 자세 또 행동이나 사고의 경향성 이런 것들이 이 주기에 의해서 잘 드러난다는 것입니다.

그런 것들을 관찰하는 수단으로써 아주 유용한 수단이기 때문에 여러분이 이것을 가지고 적용해 보고 연구해 보시기 바랍니다.

지금은 해석 적용에서 자유자재로 못하더라도 立春, 立秋를 마킹(marking)해 놓고 그 사람에게 일어나는 일을 관찰해 보십시오. 관찰해 보시면 立春, 立秋 또 立春 후 몇 년, 立秋 후 몇 년의 모양새이겠구나 하는 것을 알 수 있습니다.

立春 立秋에도 다른 여러 가지 神殺이라든지 大運에 의한 열량변화를 관찰해서 폭이 크고 작은 정도와 그리고 약간 뒤에 드러나는 것 이런 것들을 24절기 이론을 통해서 연구할 요소가 상당히 많이 있는 것입니다.

이것은 제가 볼 때 주기이론에서 앞으로 짧지 않은 세월 동안 많은 사람들의 연구요소가 되고 그것을 적용해서 명조를 분석하는 수단이 될 것이라고 보고 있습니다.

물론 이것 말고도 더 큰 단위의 주기도 생각해 볼 수 있습니다. 예를 들어 그 집안 가문 전체에 와 있는 120년 단위 또 360년 단위의 큰 흐름이나 힘 같은 것이 있다는 겁니다.

그것을 거의 동일한 어떤 케이스를 보면서도 그 편차가 있다는 것을 알게 되는데 이런 것과 같습니다. 수업 처음 시작한 날 말씀드렸지만, 그때 함수형태로 표현한 것이 있었습니다.

運을 뭐로 쓰면 되겠습니까? 영어로 표현한다면 단순하게 우리가 문자적인 포춘(fortune) 이런 것은 명사로서 행운이라는 의미가 더 강하고 데스틴(destine)은 전부를 다 말하는 것입니다. 命과 運을 다 담은 표현이 데스틴(destine)이 될 것이고 運만 표현한다면 사이클 오브 라이프(Cycle Of Life) 정도가 제일 근접하지 않을까 생각됩니다.

인생의 어떤 사이클(cycle)을 의미하는 거니까 사이클(cycle)도 하나의 완전 주기로 국한하는 것이고 사이클(cycle)이라는 것이 하나의 순환성을 전제하고 있는 것입니다.

[그림 3-8]

$$F(c) = f(f) + f(r) + \ldots F(c) + C$$
運　　오행　　육친　　　　주기　　상수
　　　(five)　(relation)　　(period)

예를 들어 運을 F(c)라고 하겠습니다. 작은 함수로 五行은 [F(c) = F(five)]로 표현하고 六親은 f(relation)으로 표현을 하겠습니다. 또 하나 주기 [period]도 P(c)로 표현하겠습니다. 뒤에 또 존재하는 상수 C 같은 것이 또 있다는 겁니다.

[그림 3-8-2]

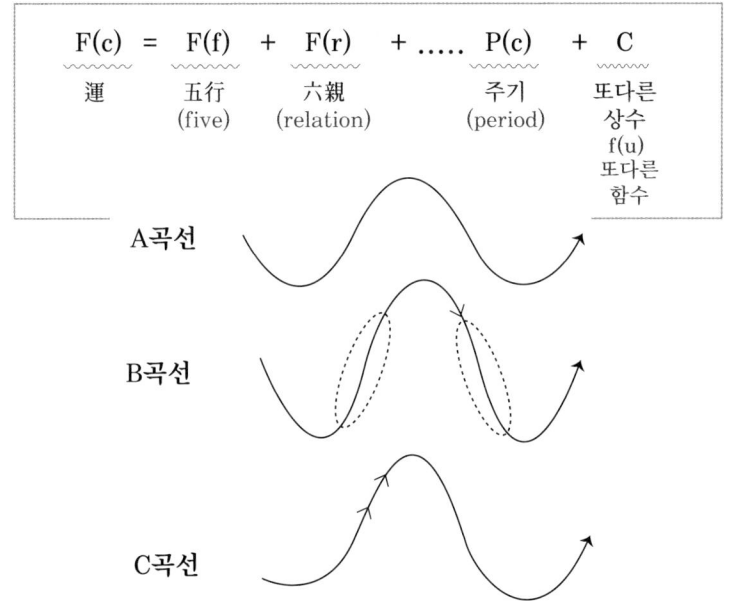

함수에 의해서 만들어지는 주기가 이렇다 하더라도 실제로 읽어주는 것은 그림의 곡선처럼 경향, 기울기, 빠르고 느림 이런 정도를 읽어주는데 실제로 어떤 사람은 A 곡선처럼 가고 있고, 어떤 사람은 C 곡선처럼 흘러가고 있다는 겁니다. 이 차이점을 설명할 수 있는 상수 C 내지는 함수가 또 무엇이냐 하는 것이 분명히 있다는 겁니다.

물론 사람이 통증이나 쾌감을 느끼는 것은 곡선이 올라갈 때 쾌감을 느끼고 곡선이 내려갈 때 통증을 느끼는 거니까 감명을 했을 때는 전부 다 오르내림에 대한 것에는 같이 공감을 합니다.

적어도 진짜 예언이라고 하는 거대한 인간의 운명이 과녁에 꽂힌 듯한 삶의 숙명, 데스틴(destine)에서 파생된 데스티네이션(destination) 같은 것입니다.

최종 목적지 이런 것을 과녁에 정확하게 찍어주듯이 할 수 있으려면 상수가 되었든 아니면 함수가 되었든, 우리가 모르는 것을 언노운(Unknown)이라고 합시다. 우리가 잘 모르는 또 다른 함수나 주기를 읽어 줄 수 있어야 합니다.

그래서 그중의 하나가 되는 사이클(cycle)이나 피리어드(period)라는 말이 F(r)에 관한 또는 피리어드(period)에 관한 함수 그중에 하나로써 이 이론이 대단히 유용하다는 겁니다.

그래서 정말로 우리가 감사해야 합니다. 그분과 우연히 인연이 되어서 찾아뵐 기회가 있었는데, 얼마나 연구하셨냐고 물어보니까 근 30년 하셨다고 하셨습니다.

또 30이라고 하는 것이 또 여기에 의미가 있는 것입니다. 시작과 일종의 완성이라는 그런 개념을 가지고 있기 때문에 30년 정도 나름대로 연구하고 내린 결론이 이렇습니다.

그분은 $F(c) = F(f) + F(r) +\cdots\cdots P(c) + C(c)$의 형태에서 이런 부분 [$F(c) = F(f) + F(r)$]의 어떤 변수는 지엽적이라 보고 이것이[$P(c) + C(c)$] 더 우세하다. 심하게 표현하면 이것만이[$P(c) + C(c)$] 진짜 함수다. 이것은 [$F(f) + F(r) +\cdots$] 영향을 줄 수 있는 범주가 매우 무시할 수 있을 만큼 제한적이라고 생각하십니다.

실제로 저런 것을 중심으로 볼 때 상당히 유용한 방법임에는 틀림없고 아직도 알려지지 않은 상수든 함수든 이런 것을 연구를 해 나가야 되는 것입니다.

그러나저러나 이것만 잘 알아도 밥은 먹고 살 수 있다고 보면 됩니다. 그래서 적어도 이것이라도 곡선의 높낮이는 그 사람의 여러 가지 타고난 환경을 알 수 있게 해주는 것이고, 그 환경에는 부모도 포함되고 자기가 편입되어 있는 사회조직, 더 나아가 국가라고 하는 단위도 포함이 되는 것입니다.

우리가 일본과 거의 시차 없이 쓰고 있지 않습니까? 그러니까 한날한시에 태어나더라도 일본에 태어난 것과 한국에 태어난 것이 같을 수가 없습니다. 또 중국에 태어난 것과 같을 수 없는 것이고 경도상 거의 똑같은 북한에 태어나는 것도 한국에 태어나는 것과는 다를 수밖에 없다는 겁니다.

그런 것들을 차근차근 연구형태로써 결과를 자꾸 끌어내야 되는 것입니다. 하여튼 立春 立秋에 관한 부분을 거의 다 마무리를 하셨다고 하셔서 언제 공개하실지 여쭤 보니까 조금 더 두고 보시겠답니다.

제가 생각하는 것은 식물이나 동물의 열량변화 목적은 번식입니다. 이게 立秋가 된다는 것은 번식의 용도를 채우기 시작하는 어떤 모양새 또는 그런 열량상태에 와 있다는 것을 의미합니다.

그런 상태를 나누는 여러 가지 기준에 대해서 '수적(數的)인 접근을 할 것이냐? 양적(量的)인 접근을 할 것이냐?'하는 것을 뒷부분에 가서 제가 한번 다루어 드리겠습니다. 일단 나누는 것은 정리되셨습니까?

학생 질문 – 그 선생님께서 그렇게 설명하고 그것이 맞는 것이라면 우리가 지금 쓰는 大運은 子 大運이든 午 大運이든 이런 것에 영향이 크게 없다는 것입니까? 어떻게 영향이 있습니까?

선생님 답변 – 그러니까 立春 立秋는 앞에서 말씀드린 것처럼 財와 官의 준위(準位)를 말한다고 했습니다. 자세, 경향성을 말한다고 했는데 그와 별도로 존재하는 또 하나의 함수가 있습니다. 참으로 중요한 함수인데 이것이 뭐냐면 f(h헬스)입니다. 寒露, 霜降 앞두고 죽는 것입니다.

열심히 사업해서 寒露, 霜降에 수확만 남았다 했는데 암에 걸려 죽어버리는 겁니다. 이 財官의 준위(準位) 주기로 해석해서는 안 된다는 겁니다. 그러니까 거기에는 調候나 命 내의 수요, 장단 요소가 그대로 유효하게 끌려가고 있다는 겁니다.

寒露, 霜降 그때 죽는 사람이 많습니다. 立秋에도 죽습니다. 제일 복 없는 사람은 立秋에 굶어 죽는 것도 참 불쌍하지만 추운 겨울 다 지내고 立春 들어 올 때 立春 날 얼어 죽는 것도 있습니다.

결국은 그와 별도의 함수나 주기 또는 어떤 기운의 변화에 따른 결과치가 또 존재한다는 것입니다. 이것은 여기에 해당하는 것입니다. 財官의 준위(準位)가 세상살이에서 매우 중요하기 때문에 그렇긴 하지만 준위(準位) 이것 하나만을 가려낸다고 되는 것이 아닙니다.

六親이라는 것은 이런 것입니다. 子 大運이기 때문에 생기는 속성이 있습니다. 일반적으로 子 大運이라는 것이 남들의 눈에 잘 뜨이지 않는 공간을 활용하는 측면이 있습니다. 예를 들어서 子 大運이 印星이라면 팔자 안에 食神, 傷官을 주로 써서 제조 생산을 할 사람이라도 이 子 大運 하에서 제조는 하는데 남한테 OEM을 주면서 아웃소스를 주고 있다는 겁니다. 자기 패턴은 命의 패턴의 편향성을 가지고 있습니다. 나는 제조가 맞다고 하는데도 子 大運이라는 틀 때문에 OEM, 아웃소스 아니면 해외에서 만들어서 들어오는 것입니다. 아니면 최소한의 모양만 가지고 하든지 하게 된다는 것입니다.

상담할 때 저 주기는 파악했는데 子 大運이고 印星 運이라면 제조업을 하는 사람이 "이번에 좀 잘되려고 하는데 어떻게 할까요?" 묻는다면 "子 大運 偏印의 속성에 갇혀 있으므로 크게 하지 마라. 주문 많이 들어와도 아웃소스를 줘라. 꼭 하고 싶으면 해외에 나가라." 이러한 것이 상담의 요소로써 얼마나 많이 차지합니까?

그래서 節氣論이 참으로 좋은 도구임은 분명하지만, 상담의 전체적인 도구로 쓰는 데는 또 한계성이 생긴다는 겁니다. 그렇기 때문에 이것저것 다 봐야 된다는 겁니다.

그러니까 항공모함이 태평양 건너려고 하면 동쪽 바람 불고 파도는 서쪽에서 치고, 물이 얕은 곳은 배 닿을까 걱정, 바람 불까 걱정, 추울까 걱정, 비 올까 걱정입니다.

다양한 종류의 기운들이 계속 한 사람의 운명에 작용하게 되고 거기서 어쩔 수 없는 변화성을 감당하며 간다는 것입니다. 그 중에 일부를 상담할 때가 있고 아주 그랜드하게 언제 돈 버는지 딱 그거 하나 물어보면 節氣論 가지고 寒露, 霜降 오는데 건강만 조심하라는 겁니다.

실제로 立春 지나고 한 5년 뒤 이럴 때 많이 자빠집니다. 왜냐 하면, 立春 다음에 立夏입니다. 立夏가 뭐냐면 立春 후 15년입 니다. 立春 후 立夏가 15년인데 이때 대부분 다 진짜 열심히 삽 니다.

여름에 농사를 짓는다는 것은 뼈가 부서져야 되는 것입니다. 그래서 보통 立秋까지도 못 놉니다. 立秋까지도 가을농사 막 시 작했는데 그 초까지도 막 일을 해야 합니다. 그래서 立秋 후 5년 쯤에 白露입니다.

白露가 사람 인체 주기로 치면 머리카락이 희끗희끗한 흰머리 가 날 때쯤인데 먹고 살만 해지니까 병들어서 가고 마누라가 죽 어 버리고 이런 식입니다.

그러니까 여기[f(h)]에 또 다른 함수가 무엇인지 아십니까? 그러니까 바디 사이클[f(h) + f(body cycle)]입니다. 건강 주기 와 상관없이 그러니까 이 사이클 이론과 상관없이 바디 사이클 (body cycle)은 뭡니까?

제가 옛날 강의에 끊어서 말씀드렸습니다. 乙, 丁, 辛, 癸라 고 했습니다. 그것도 그러니까 바디 사이클(body cycle) 乙, 丁, 辛, 癸 이것을 집어넣는다면 어디를 기준으로 하면 됩니까?

[그림 3-9]

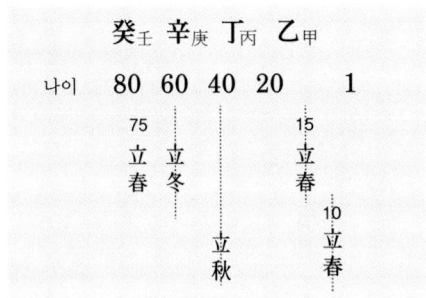

$$F(D) = F(명) + F(c) = f(f) + f(r) + \ldots P(c) + C$$
$$f(h)F(u)$$

乙, 丁, 辛, 癸하면 기준이 어떻게 됩니까? 태어나면 한 살부터 20, 40, 60, 80이 됩니다. 그러면 저 사이클과 매칭(matching)해서 활동면의 바디 사이클(body cycle로)로 세상살이에 존재한다는 것입니다. 누구든지 태어나면 8~9세부터 학교에 갑니다. 이것도 운명입니다.

위의 그림에서 60살을 立冬으로 잡으면 60 - 45 = 15입니다. 그래서 15살에 立春이라는 겁니다. 그래서 75세가 立春으로 걸려드는데 立冬을 기준으로 하면 15살이 立春이 됩니다. 몸은 당연히 한 살부터 20살까지가 생리적인 구조상 생물학적인 乙에 해당하는 것입니다. 그런데 사회생활면의 立春은 15살입니다.

40을 立秋로 잡으면 30년 빼면 10살입니다. 10살을 또 立春으로 설정할 수 있습니다. 그것은 설정하기 나름인데 아무튼 15살 정도부터 누구나 다 청운의 꿈을 꾸고 '나는 가수가 되어야 되겠다. 야구 선수가 되어야 되겠다.' 이런 기상을 볼 때 누구든지 15세면 立春이 됩니다.

立春 더하기 15년 하면 서른 살에 立夏가 됩니다. 立夏 때부터 열심히 일합니다. 이렇게 또 사회생활면의 라이프 사이클을 추출해 볼 수 있다는 겁니다.

그래서 이렇게 다양한 함수의 값을 조합해서 최종적으로 큰 함수의 결론을 내어야 된다는 것입니다.

[그림 3-9-2]

$$F(D) = F(명) + F(c) = f(f) + f(r) + \ldots P(c) + C$$
$$f(h) F(u)$$

[D = destine, C= circle]

그래서 運을 서클(circle)이라고 정의했으니까 서클(circle)이라 한다면 더하기 타고난 命입니다. F(D)는 전체 함수의 값이 되는 겁니다. 이것을 데스틴(destine)이라 한다면 위 그림 모양으로 연결 고리를 가지고 있다는 겁니다.

그러니까 이 함수중 어떤 항목에서 궁금해하는 것이 걸려 있는가를 하나하나 읽어줘야 되는 것입니다.

돈은 벌었는데 몸이 안 좋다고 한다면 빨리 이 함수 F(b)로 돌아와서 건강을 해석하는 六親論, 陰陽, 五行, 神殺 이런 것을 가지고 풀어가야 됩니다. 그러니까 죽는 사람은 순서 없이 죽습니다.

제가 그것을 정리를 해보고 있습니다. 그러니까 이 함수의 지배하에 어느 정도 들어와 있느냐를 이렇게 죽 케이스를 봅니다. 그런데 상당히 상관관계가 떨어지면서 별도로 놀고 있는 것이 이런 것들입니다.

  그다음 상관관계가 많이 있는 것들도 있고 한데 하여튼 그런 부분을 건강 또 태어났기 때문에 이미 겪어야 하는 어떤 생리적 사이클 이런 것들을 볼 때는 또 다른 함수로 적용해야 되는 것입니다. 그래서 일단 이 함수의 어떤 구체성을 다 이렇게 열거하는 것이 중요한 것이 아니라 이런 구도로 여러분이 운명을 해석할 수 있어야 된다는 것입니다.

학생 질문 – 선생님 乙, 丁, 辛, 癸 중간에 있는 陽干은 그냥 陰干에 무리를 지어 있는 것으로 보면 됩니까?

선생님 답변 – 그렇습니다. 甲, 乙, 丙, 丁 이렇게 그대로 때려도 됩니다. 왜 乙, 丁, 辛, 癸로 표현하느냐면 천체운행에서 運行氣가 지상에 드러난 것을 전부 다 음물(陰物)로 보기 때문에 그렇습니다. 그러니까 여기서 乙, 丁, 辛, 癸라는 것은 甲과 乙의 운동 전부가 취합된 모습입니다. 立春을 지나고 드러난 만춘(晚春)의 모습, 그다음에 立夏가 지나서 드러난 지상에 작렬하는 여름의 모습입니다.

학생 질문 – 그것이 사회활동의 사이클을 말하는 것입니까? 건강의 사이클 모든 것을 다 포함 시키는 것입니까?

선생님 답변 – 그러니까 인체가 갖추어지면서 누구나 다 한 살부터 20살까지는 乙의 運에 걸려 있다고 보는 겁니다. 그러니까 조그마한 놈이 길이 성장을 합니다. 길이 성장을 하고 그다음에 金과 반대편에 있으니까 이익을 쉽게 취합니까? 못합니까? 이익을 쉽게 취하지 못합니다. 그래서 그런 나이 때에 있는 사람은 누구나 乙의 기상 속에서 생명활동이나 여러 가지 활동 대사가 이루어지고 있다고 보는 것입니다.

그다음에 20살 넘어서면서부터 장정이 됩니다. 장정으로 뭔가 성체가 되었다는 겁니다. 그러면서 액티브하게 움직입니다.
그다음에 마흔 넘으면 활동한 것에 대한 보상이나 현실적 실리추구의 성향이 발생하게 되고 또 이해에 밝아지고 그다음에 판단 그러면서 신체는 서서히 마르고 굳어지면서 키도 줄고 숙이기 시작합니다.
그런 신체적인 주기성도 포함되고 행동적인 주기성이 乙에 있는 것들은 전부 청년입니다. 그렇잖아요? 청장년 그다음에 중년 노년 이렇게 들어갑니다. 그것은 인간이면 자동으로 주어지는 大運이라는 말입니다. 고정 大運과 같은 것입니다. 이해되시죠?
그런데 이것을 왜 배우고 왜 제가 언급해 드리느냐 하면 젊은 날에 대운이 木運이 잘 모여 있는 사람이 대체로 성공의 에너지가 훨씬 더 증폭된다는 겁니다.
우리가 다 알지 못하는 함수 중에 하나로 저는 이것을 채택해 쓰는데 스무 살 정도까지의 大運 속에 木氣가 있었던 사람은 심신이 건강한 사람으로 본다는 겁니다. 또 젊은 날에 해야 될 것을 한 사람으로 보는 겁니다. 식물의 성장에서 봄에 심어져서 봄바람을 맞았다는 것입니다.

[그림 3-10]

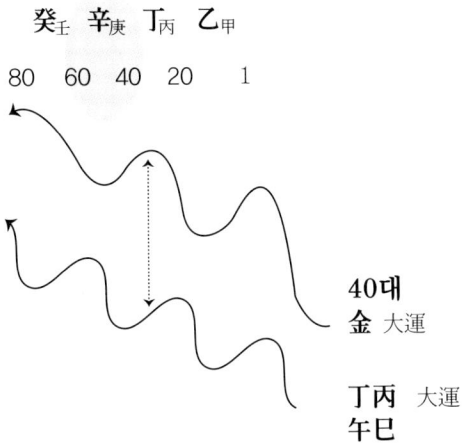

그다음에 사람들이 일반적으로 좋아지는 비율이 그림 a처럼 간다면 乙, 丁, 辛, 癸 순서를 잘 밟아나가는 사람들은 훨씬 더 그랜드 하다는 겁니다. 그래서 이 함수의 값이 뭡니까? 더해진다는 것입니다.

그러니까 심하게 표현하면 장안에 큰 부자는 전부 다 乙, 丁, 辛, 癸 순서를 두 개나 세 개를 잘 밟고 있다는 겁니다. 특히 이런 인간의 주기 乙, 丁, 辛, 癸 중 辛 같은 것이 겹치면 大吉입니다.

時	日	月	年	乾
丙	丙	己	己	
申	申	巳	巳	

샘플(己巳년 己巳월 丙申일 丙申시) 기억나십니까? 空亡은 맞

았지만, 金을 반겨 씁니다. 이런 친구가 대운이 40대에 金 大運이 들어온다고 합시다. 乙, 丁, 辛, 癸의 辛 이것은 눈에 표식하지 않더라도 40세에서 60세 전후까지 金 大運이 놓여있다면 이때 버는 돈은 절대 적은 돈이 아니라는 겁니다. 큰돈을 벌어들인다는 겁니다.

증폭 효과를 주는 것입니다. 그런데 이 증폭 효과가 상당히 크기 때문에 항상 이 大運의 기본 인자를 염두에 두고 생각하라는 겁니다.

그다음에 거꾸로 乙, 丁, 辛, 癸의 癸 運에 丙, 丁 大運에 걸리거나 밑에 巳, 午 大運이 걸리면 어떻게 됩니까? 이제 모든 것을 다 엎드리고 내려놓고 쉬어야 되는 쪽으로 가고 있는데 자기한테 눈 앞에 펼쳐진 大運은 丙, 丁, 巳, 午이니까 노인이 바쁜 겁니다.

이것은 효율성의 면에서는 떨어진다는 것입니다. 그러니까 때를 맞추어서 뭔가 한다는 것은 증폭된다는 뜻입니다.

때와 어긋나 있다는 것은 그 시기에 아무리 그 사람에게 大運이 財星이 되더라도 신체적 주기와 맞지 않으므로 癸의 시기에 많은 것을 이룬다면 그 언밸런스(unbalance) 때문에 다른 희생을 치르게 된다는 겁니다.

그러니까 이때 그릇이 좋아서 사업을 크게 하고 있다면 다른 사람들은 노욕(老欲)이라고 전부 다 손가락질을 합니다.

"저 영감은 80세가 다되어도 아침에 출근해서 7시 반에 와서 우리 회장님은 사원보다 빨리 나온다."

실제로 지난주 금요일인가 이분이 75세인데 運이 좋으니까 이미 모시에 시장을 3선을 했는데 불구하고 내년에 국회의원을 해볼까 하는 겁니다.

가능하다 하기는 했는데 거기서 이런 기운을 쫓아서 뭘 이루게 되면 다른 쪽에 희생이 생기는 겁니다. 그래서 다른 쪽의 희생이 벌써 작년에 지나가 버렸는데 부인을 상처(喪妻)해버린 겁니다. 이런 식으로 다른 쪽에 희생이 생깁니다.

노인이 되어서도 노익장을 이루면서 살면 자기는 괜찮습니다. 얼굴도 75세에도 광이 쫙 흐릅니다.

"김양아! 쌍화차 한잔 끓여 온나!"하고 소리를 지르는데 목소리를 들어보면 압니다. 75세인데도 목소리가 굉장히 좋은 겁니다.

상리를 파악할 때 여러 가지 기준이 있지만 보통 바쁠 때는 그냥 목소리만 파악해도 됩니다. 그다음에 얼굴에 광택 유무 그 두 가지만 봐도 좋은 기운이 유지되고 있는지 아닌지 바로바로 드러납니다.

그런 경우가 자기 개인적으로는 이것은 영예스러운 일이지만 사실은 생애 주기로 볼 때는 그 언밸런스(unbalance) 속에서 자기가 여러 가지 희생을 감수하게 된다는 겁니다.

그래서 그렇게 고정적인 인자 그다음에 六親에 의한 인자, 格用論적인 희기(喜忌)에 의한 인자 이런 것들이 다 복합적으로 취합되어서 運이 좋다 나쁘다 이것을 판단하고 있다는 것을 염두에 두어야 합니다. 딱 발가락 꼼지락 꼼지락 하면서 물어보라 할 수 있는 것입니다.

왜냐하면, 적어도 요리로 치면 재료라고 하는 것은 고객이 가져다주는 어떤 문제가 되는 것이고 그다음 그것을 분석해주는 입장에서 라면을 가져 왔다면 여기에 냄비 있고 칼 있고 뭐 포크 있고 젓가락 있고 골고루 다 있다면 "라볶이 해줄까? 아니면 쫄라면을 먹을래?" 이렇게 여유가 생겨난다는 겁니다.

상대방이 휙휙 뭘 던지더라도 '이것은 이런 구도에서 물었다. 이 사람은 저런 구도에서 물었다.' 이것을 바로바로 알고 그 기준에서 그 함수의 값을 가지고 해석해주면 됩니다.

"제조업을 할까요? 뭐 하면 좋겠습니까?"

이럴 때는 뭐를 해야 됩니까?

팔자 안의 命 내에 있는 六親속성 그다음에 여러 가지 神殺 인자로 빠집니다. 그다음에 運에서 열어주는 것, 달아주는 것 또는 조건부 그것 가지고 "너는 히트를 못 치더라도 가수를 해야 된다."라고 이야기해 주어야 합니다. 이것은 팔자 내에 있는 것이고 그다음에 運에서는 언제쯤입니까?

"지금은 노래를 잘 불러도 히트를 못 친다. 히트를 못 치더라도 가수가 길이다." 이렇게 방향을 제시해 줄 수 있어야 된다는 겁니다.

그래서 가변성이 큰 팔자는 '너는 노래도 B+이고, 요리도 B+이고 그러면 運대로 살아라.'가 됩니다. 運에서 봄에 쑥 캐러 다니고 그다음 가을에 밤 따러 다니면 된다. 그러니까 세월 따라서 가볍게 약하게 있는 인자이긴 하지만 그냥 運이 어중간할 때는 남의 집 머슴살이를 건설업체 가서 하고 運이 좀 좋아질 때는 인테리어를 하든지 아니면 패션업에 종사하든 그런 것을 하라는 식으로 고정영역과 運의 가변영역에서 올 수 있는 것들을 이렇게 우선순위로 분류하는 것 이런 것이 그 사람에게 가장 효율적으로 선택할 수 있게 해주는 것이 되는 겁니다.

그래서 중요한 것은 그런 디테일들을 뒤에 진도에서 하나하나씩 다루어 볼 것이고 이런 함수 속에서 사람의 운명을 감정해줄 수 있는 기준을 여러분이 잘 생각해 보시라는 겁니다. 참조가 됩니까? 그래서 하여튼 오늘 다 연결성이 있는 것들이라서 진도는 더 나갈 수 없을 것 같습니다.

학생 질문 – **다음 주부터 진도 나가면 되겠네요.**

선생님 답변 – **지금이 다 진도입니다. 사실은 개념학습이기 때문에 오늘부터 진도가 나가는 중인데 디테일이나 부분을 다루는 진도가 아니고 제가 지금 큰 개념을 정리해 드리고 있는 진도입니다.**

어차피 한가지로 끊을 수 없는 이유가 연결되어 있기 때문에 그렇습니다. 그 연결된 부분 부분을 앞으로 조금 조금씩 다루고 또 연결고리 이런 것을 설명해 드릴 테니까 여러 가지 질문 사항이 있으시면 미리 말씀해 주세요. 그러면 제가 그 질문을 받고 질문에 대해서 또 중간마다 설명과 답변을 해드리고 강의를 해드리도록 하겠습니다.

학생 질문 – **다음 주에도 남은 진도를 나갑니까?**

선생님 답변 – 남은 진도를 좀 나가고 그 뒤에 진도를 또 나갈 겁니다. 오늘 수업이 다 된 것이 아닙니다. 다 된 것이 아니고 '이 뒤에 運의 의미를 어디에 국한할 것이냐?' 또 '적용이나 범주를 어디에 할 것이냐?'하는 것은 다음 시간에 다시 한 번 개념을 정리하겠습니다.

뒤에 가면 하나하나 각론적으로 적용하는 것, 해석하는 것 이런 것들이 나올 거니까 조금 지겨워도 참고 공부하세요. 사실은 눈치 빠른 사람들은 다음 시간부터 잘 안 들어오려고 합니다.
"다 알았다!" 이러면서 F 함수 이거 다 알았다 이겁니다.
"난 나대로 이것 다 연구할 거야."하는 분도 있습니다. 그래서 아무튼 오늘은 이 정도로 욕심을 내고 다음 시간에 또 뵙도록 하겠습니다. 수고하셨습니다.

1-1-3. 格과 破格의 관계

成格과 破格의 형태와 의미

질문 1 – 12월 2일 강의 내용 중 命의 고정요소와 가변요소의 비율에 영향을 미치는 인자가 1. 格局 2. 旺者유무 등 사주팔자의 그릇 크기가 좌우하는 것으로 이해하는 것으로 보면 되는지 자세한 부연설명 부탁드립니다. 그 비율 크기의 잣대는 어디에는 두는지?

선생님 답변 – 그것은 아마 그때 제가 제목으로 드린 것에서는 命에다가 좀 더 비중을 두고 그렇게 설명을 해드렸던 것 같은데 命과 運의 비율을 몇 대 몇으로 정하기는 어렵습니다.

옛날에 개그맨이 이야기한 것이 있습니다. '그때마다 달라요!' 방송에서 하던 개그가 있었는데 그것이 그때, 그때마다 다르기 때문에 한가지로 정하기가 어려운 것입니다. 그래서 命 자체를 여러 가지 분석적인 방법으로 접근해보면 이런 패턴은 運이 바뀌어도 일종의 탱크형이라 바꾸기 어려운 경우도 있습니다.

즉 그릇 자체에서 고정요소가 워낙 비중이 높은 패턴이라는 것을 나눌 수 있고 運에서보다는 그릇 자체에서 '가변성이 많이 열려 있느냐? 열려있지 않느냐?' 이런 것입니다.
　그릇 자체가 성격(成格)으로 格이 잘 이루어진 케이스보다 格이 잘 이루어지지 않고 格이 훼손된 경우가 많은데 그 정도가 좀 심한 경우 命 자체의 관찰에서 결국 運의 간섭이 심하게 들어온다는 것입니다.
　그것을 케이스마다 어느 정도 다르게 비중을 봐 주어야 되기 때문에 그 잣대로써 어느 쪽에 더 비중을 둔다는 것보다는 그릇 자체에서 '運의 영향이 많이 간섭할 것이냐? 적게 간섭할 것이냐?' 이것을 먼저 전제로 나누는 것이 결국 필요 합니다.
　이것이 '그릇의 크기가 좌우하는 것이냐?' 이런 것과는 또 개념이 좀 다릅니다. 그러니까 '그릇의 속성'이라는 표현이 좀 더 정확한데 팔자를 볼 때 '그릇이 크다. 그릇이 작다.'로 일반적으로 나누지만, '그릇이 크다. 작다.' 하는 것보다는 속성 즉 '바꾸기 어려운 어떤 인자들이 많으냐, 적으냐?' 하는 것을 오히려 자꾸 나누어보는 훈련을 하시는 것이 더욱 도움됩니다.
　뒤에 샘플을 해 볼 것이지만 팔자만 적어놓고 運을 가려 놓는 겁니다. 가려놓고 팔자 안에서 많은 인자들을 관찰해 보다가 '이 사람은 이런 이런 大運으로 흘러가겠다.'하고 가려 놓았던 大運을 확인하는 훈련이 있습니다.

[그림 4-1]

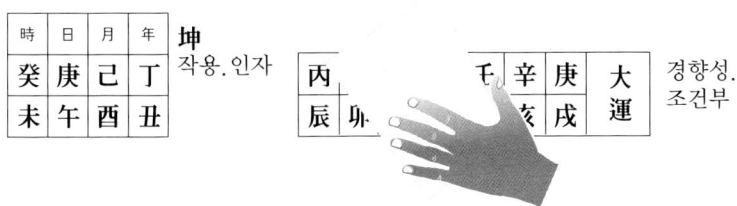

그러니까 팔자 명조를 적어놓고 그다음에 大運을 가려놓고 보는 것입니다. 大運을 가려놓고 팔자 내부적으로 어떠한 작용, 格의 형성, 인자 이런 것들을 보다가 '이 사람은 이쪽 大運으로 갈 것이다.'하고 運을 열어서 보는 것입니다. 그 훈련도 제가 한창 공부할 때 많이 했습니다.

또 거꾸로 명조를 가려놓고 大運만 보는 겁니다. 그러면 이 사람은 대충 어떤 시기에 변화과정을 거치면서 運이 흘러가겠다고 생각하는 것입니다. 그러니까 이 둘 사이에 隔角이 발생해 있을 수도 있고 두 글자 뒤에 계절이 바뀌기도 합니다. 그러니까 大運의 地支 변화라는 것이 생길 것입니다.

[그림 4-1-2]

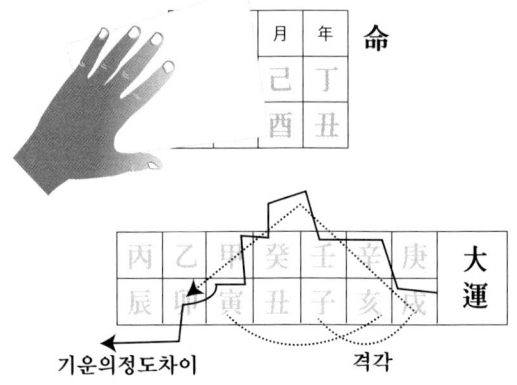

　그러면 이것을 가지고 어떤 기운을 하나로 표현할 수 없지만 이렇게 비중이나 정도 차이를 그려 보는 것입니다. 그래놓고 팔자를 보면 팔자를 굉장히 쉽게 볼 수 있습니다.
　여러분이 훈련해 보시면 되는데 둘 다 결국 일어나는 현상이라는 것은 팔자 내에 있는 인자와 대응관계에 있는 地支의 성분 그다음에 흘러온 경향성 이런 것들이 같이 해석의 어떤 틀이 되는 것인데 소위 종합적으로 해석하는 능력이나 방법이 됩니다.
　그러니까 아주 능숙하게 오랫동안 실관을 많이 하신 분은 大運을 적기 전에 팔자 적으면서 大運은 어디로 갈 것인지 압니다. 실제로 상대방과 대면해 있으면 관상학을 별도로 연구 안 해도 '이 친구는 잘 나가게 되어있다.' 이것이 바로 앉는 순간에 안면에 들어와 있잖아요? 그러면 '이런 명조를 가지고 있다면 어느 大運 쪽으로 갈 것이다.' 이것이 적기 전에 바로 감각적으로 오는 것을 알게 됩니다.
　그래서 그런 훈련을 해보면 그릇이 가지는 여러 가지 바꿀 수 없는 틀, 경계 이런 것들을 이해하게 되고 그다음에 이런 運이기 때문에 조건부가 잘생기게 되어 있는 것입니다.

초반의 運과 중반의 運에 있는 運이 서로 큰 陰陽 관계 또는 계절 변화 이런 것이 있으므로 이때의 모양새만 대강 체크를 해도 모양새가 자동으로 체크가 되는 것입니다.

그런 식으로 두 개를 분리해서 그것만 가지고 해석의 수단으로 삼아 훈련을 하면 '이 팔자의 패턴은 사계절을 연결해서 한 계절에 어떤 기운 빼고는 전부 다 활용해 쓴다.' 거꾸로 '사계절 중에 세 계절은 고단하게 쓰고 한 계절만 잘 쓴다.'는 식으로 팔자 내에서 어느 정도 運의 속성이나 간섭 정도를 가늠할 수 있다는 겁니다.

그릇의 크기라는 표현에서 이미 속성이라는 것을 같이 담는 질문이긴 하지만 그렇게 그릇 자체의 드러난 여러 가지 속성을 우선 따지는 것이 더 큰 기준이 된다는 정도로 정리하시면 되겠습니다. 이 연습을 진짜 한번 해 보십시오. 해보면 상당히 재미있습니다.

저는 92년~93년경에 심심하면 이것을 연습했습니다. 심심하면 大運을 딱 덮어놓고 팔자만 가지고 "이 사람은 무슨 운을 중년에 쓰고 있을 거다." 이런 것들을 팔자 자체를 보면서 계속 유추를 해보고 연습을 했습니다. 그런데 그것 없이 반대편의 글자가 드러났다면 꽝입니다.

이 팔자에서 가장 바람직하게 반겨 쓰는 인자가 언제쯤 와야 합니까? 그러니까 사회적인 번영이나 성공이 원활하려고 하면 대체로 중년쯤 와야 되겠죠? 중년에 보통 빠르면 두 번째 大運이 돌 것이고 좀 천천히 오면 세 번째나 네 번째 大運 정도부터 한 20~30년을 보통 좋은 運이 지배하고 있어야 합니다.

예를 들어서 간단하게 불이 없다면 불이 중년에 있을 거라고 보고 젖혀 봤는데 불이 없다면 '이건 꽝이구나. 다음 기회에' 가 되는 것이죠.

그러니까 한번 해 보세요. 제일 중요한 생애 주기의 시기가 있습니다. 한 30대에서 60대 정도까지인데 '그 시기에 보완성을 가진 인자가 드러났느냐? 못 드러났느냐?' 그것을 가지고 命과 運의 관계에서 크게 한번 분류를 해 버리는 겁니다.

그런데 전체적으로는 아무튼 命의 관찰을 비중 있게 하시되 '命 안에서 가변영역이 많이 열려 있느냐? 닫혀 있느냐?'를 먼저 보시라는 겁니다.

질문 2 – 命의 편향성은 팔자의 흐름을 좌표론으로 확대하여 해석해도 무리가 없는지요?

선생님 답변 – 당연히 편향성은 座標論으로도 그대로 다 확대하여 해석합니다. 오늘 나누어 드린 목차에서 좌표가 1-2-2로 일단 제목을 붙여 놓았는데 거기 보면 '좌표에 따른 길흉'이라고 하는 것을 설정해 놨습니다.

[그림 4-2]

時	日	月	年
○	○	○	○
未	巳	未	午

乾 시각
　　분해(분석)의 기준
　　속성. 현상

'좌표에 의한 길흉' 이것이 결국 팔자 내에서 연월일시 전체가 午, 未, 巳, 未 이런 식으로 '연월일시 위치에 의해서도 편향성이 주욱 부여되어 있느냐?' 하는 이런 것들도 당연히 따져 주어야 합니다. 그래서 좌표는 어떻게 보면 시간과 공간 개념이 같이 들어가 있는 거니까, 그것은 어디서나 해석해서 활용해야 되는 기준이라고 보시면 됩니다.

그래서 사실은 이런 것과 같습니다. 보통 인터넷 들어가서 지도를 찾을 때 지도를 관찰하면 지도안에 있는 여러 가지 구조물 이런 것들을 위에서 내려다봐서 찍는 것과 그다음에 요즘은 항공뷰(view), 로드뷰(road view) 이런 것이 나오잖아요?

로드뷰(road view) 이러면 풍선이 가서 딱 찍어서 돌아보면 건물 모양이 나오고 합니다. 로드뷰(road view)의 측면에서의 여러 가지 분류 방법이 있고 항공기에서 보는 듯한 항공뷰(view)로 3D 형태의 뷰(view)가 있을 것입니다. 그다음에 그냥 더 단순하기 위해서 아주 평면화해 놓은 그러니까 일반적으로 종이로 된 지도에 나와 있는 것들은 대부분 다 평면화된 것입니다. 그런 다양한 뷰(view)들을 스스로 정리를 하고 있어야 한다는 것입니다.

그런 면에서 지금 정리하고 있는 것은 어떤 시각이 될 수도 있고 또 분해나 분석의 기준 이런 것들을 또 정리해 보는 것도 되는 것이고 그래서 시각, 분해의 기준 그다음에 모양은 비슷해도 어떤 속성차이 또 그다음에 현상 차이 이런 다양한 접근 측면, 해석 측면을 키워드 중심으로 정리하는 것입니다.

이게 지금은 듣기에 굉장히 좀 딱딱할 수도 있는데 제가 이렇게 앞부분에 대해서 자꾸 키워드 중심으로 정리를 해 드리는 이유는 그 키워드를 여러분이 가지고 있으면 실제 실관에서 해석을 할 때 키워드를 떠올려서 생각을 정리해 볼 수 있다는 겁니다. 키워드를 정리하는 측면의 내용으로 진도가 나가고 있다고 이해를 하시면 됩니다.

그래서 대부분 다 '꼭 그렇게까지 할 것 있느냐?' 이렇게 생각하지만, 그냥 평면도 보듯이 보고 설명해줘도 지도를 잘못 본 것이 아닙니다. 그것도 지도 해석을 정확하게 잘한 것입니다. 그러나 그것이 가지는 어떤 한계성, 제한성 이런 것들이 있다는 겁니다.

[그림 4-3]

항공사진　　　　　　로드뷰　　　　　　평면화된뷰

그 사람이 묻는 것이 로드뷰(road view)라면 왼쪽 건물 옆에 '뭐가 있고 뭐가 있고….' 이것을 듣고 싶은데 도로가 十자형으로 생겼다면 위에서 보면 十자 모양의 도로를 설명하게 되는 것입니다. 그런데 로드뷰(road view)를 하면 옆에 붙어 있는 건물, 건물 맞은편엔 무엇이 있는지 이런 것들을 그 사람들이 알고 싶어하는 요소가 될 수 있기 때문에 로드뷰(road view)를 봤다가 또 평면을 봤다가 항공뷰(view)를 봤다가 이런 것들이 굉장히 좀 번거로운 작업이긴 하지만 묻는 사람은 그런 개념 없이 묻습니다.

"우리 애가 좋은 애가 나겠습니까?" 이렇게 묻습니다. 참 대답하기 막연합니다. 일단 답은 나와 있습니다.

"예. 좋은 아이 낳습니다."

그런데 '어떻게? 얼마나?' 이런 것들이 사실은 그 로드뷰(road view) 수준에서 되어야 하는 것인데 그것을 안 물어주면 참 고맙습니다.

"우리 애 좋은 애 낳습니까?" "오케이! 좋은 아이 낳으니까 걱정하지 마세요." 이것으로 끝나는데 "그 아이는 대충 어떤 걸 하면 괜찮은 아이가 태어납니까? 돈을 많이 버는 아이가 태어납니까?" 이런 질문 할 때부터 애매해지는 겁니다.

그러면 그것을 해석할 수 있는 수단이 어떻게 보면 '없다.' 이렇게 생각하고 '좋은 아이라는 말 속에 다 포함되어 있다.'고 표현할 수밖에 없는 것입니다. 그래서 그런 식으로 그냥 뭉뚱그려서 가버릴 수도 있지만 "대체로 당신의 아이는 이런 속성의 직업 분야로 진출하게 될 것이다."라고 설명할 수 있는 수단이나 방법이 있어야 된다는 것입니다.

옛날 수업시간에 透干 이런 것을 다 했었죠?

[그림 4-4]

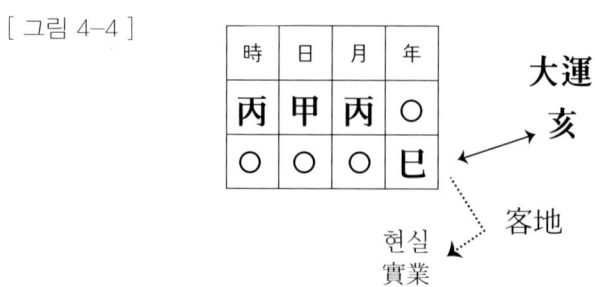

 예를 들어서 甲日柱가 月에 丙이 있든 時에 丙이 있든 또는 年에 巳가 있든 이런 속성일 때 보통 자식의 인자를 좌표에 의해서 우선순위를 정한다면 1, 2, 3이 됩니다.

 그럼 보통 巳 첫 아이는 주로 食神으로서의 모양을 그대로 다 갖추고 있습니다. 다 갖추고 있는데 땅에 있습니까? 하늘에 있습니까? 땅에 있습니다. 땅에 있다는 것은 대체로 현실적인 실력행사나 실력추구의 인자를 가지고 있는 사람으로 봐서 대체로 어떤 것을 하겠습니까?

 현실적인 사업이나 일을 하게 된다는 뜻이므로 보통 사업이나 또 경제적인 목적의 활동이 활발한 자식이 된다고 이런 식으로 그 분야를 나누는 것을 座標論에서 했습니다.

 그런 식으로 地支의 모양, 天干의 모양 이런 것을 가지고 분류를 기본적으로 해 주어야 하고 그다음에 運에서도 어떤 간섭입니까? 運에서도 大運이 亥 大運을 지나가고 있다면 巳의 모양새가 잘 지켜집니까? 잘 안 지켜집니까? 잘 안 지켜집니다. 그래서 運에서 잘 안 지켜지고 있는 어떤 조건들이 있지 않습니까?

 그러니까 '객지에 있다. 아니면 '활동이 원활하지 못하다.' 그런 식으로 객지 또는 활동성의 제한 그다음에 큰 흐름이라든지 다른 여러 가지 인자들이 좋지 못할 때는 아주 부정적인 의미의 해석을 또 많이 같이 해주어야 된다는 것입니다.

그런데 이 亥 運에 天干의 丙인 아이들은 어떻게 됩니까? 巳 첫째는 그냥 고달파서 왔다 갔다 하고 있거나 여러 가지 굴곡을 겪고 있는 반면에 丙 막내는 어떻겠습니까? 地支에 있는 것이 天干에 있는 것을 쉽게 훼손하지 않으므로 그냥 활동성만 덩달아서 좀 둔탁하다는 것이거나 약한 것이고 그냥 자기의 기본적인 어떤 사회활동 측면은 그대로 유지된다는 것입니다.

이렇게 運에서 간섭하는 인자도 결국 다 입체적으로 사실은 분리를 해주고 나누어 주어야 될 필요가 있는 것입니다. 그래서 이럴 때는 보통 전체를 뭉뚱그려서 '별로 안 좋은데'라는 것을 전제해놓고 "그래 첫째는 요즘 뭐합니까?" 이렇게 물어보면 됩니다.

그것까지 무조건 막 맞춰야 하겠다는 이런 개념으로 안가고 그러면 "첫째 아이가 그냥 객지로 가 있으면 그냥 체면유지는 하겠다. 또 기본적인 활동은 하겠다." 이렇게 運에서 주는 어떤 제한성을 가지고 해석을 부여해 버릴 수 있는 것입니다.

그런 것이 일종의 평면을 보는 것과 입체를 보아서 해석을 해주는 것과는 차이점이 되고 또 그런 것에서 사소하게 생각하고, 너무 그 원리나 연결고리가 간단해서 쉽게 대답한 것이 또 그 사람에게는 굉장히 큰 정보가 되기도 한다는 겁니다.

상담해 보면 우리가 주고 싶은 정보와 상대방이 가져가는 정보 사이에는 상당한 시각차라든지 편차가 존재한다는 것입니다.

그래서 우리는 여러 가지를 감안해서 힘들게 답을 줬는데 상대방은 또 너무 이렇게 "아! 그거는 그렇고요. 그걸 왜 관심 가져요?" 이런 식이라는 겁니다.

거꾸로 우리가 너무 간단하게 대답했는데 상대방은 그것이 엄청나게 큰 겁니다. 그래서 우리는 10년 전에 대해서 전혀 기억도 안 나는데 손님이 "그때 이렇게 이야기했는데….."하면 전에 봐 줬던 감명지를 다시 한 번 열어봅니다. 팔자를 열어보니까 그것은 그냥 왕초보도 할 수 있는 수준의 분석이고 상담이었는데 그 사람은 엄청나게 큰 겁니다.

그런 식으로 문점을 하는 사람과 상담을 해주는 사람 사이에는 그런 왜곡이 많이 발생합니다. 그런 왜곡을 최소화해주기 위해서 우리가 도구적으로 여러 가지 키워드들을 정리하고 있어야 한다는 겁니다.

[그림 4-5]

앞 시간에 항공모함을 비유해서 설명 해 드렸었는데 기억나십니까? 成格이 되어있다 하더라도 결국 항공모함에 뜨고 또 가라앉는 다른 비행기들의 움직임을 감안해야 되고 그다음에 배 바닥에 부여되는 해류를 감안해야 되고 그다음에 좌우로 또 앞뒤로 부는 바람이나 파도 이런 것들이 전부 다 해석의 수단이 된다

는 것입니다.

[그림 4-5-2]

제가 명확하게 기억이 나는 것은 아닌데 이런 패턴입니다. 이 분도 역학 공부를 조금 했는데 乙未년이 왜 안 좋은지 모르겠다는 겁니다.

"선생님 乙未년이 왜 안 좋습니까?"
"역학 공부 한 것이 맞습니까?"

물어보니 역학 공부를 했다고 합니다.

이유는 여러 가지입니다. 각가지인데 기본적으로 正官이 空亡입니다. 空亡의 인자이기는 하지만 이것을 어중간하게 쓰고 있는 모양으로 직업적으로 구성되어있는데 乙의 출현이라는 것은 正官이 기본적으로 작용하는 곳에 偏官의 출현으로 일종의 혼잡이 일어납니다. 그래서 官殺의 혼잡이라는 것도 사회활동에 굉장한 혼란성을 잘 만들게 됩니다.

그다음에 神殺로 未에 羊刃이 또 올라옵니다. 그다음에 羊刃이면서 未가 또 酉와 隔角입니다. 그래서 본인의 활발한 활동성을 상징하는 酉가 隔角이 됩니다.

그다음에 六親的으로 未는 당연히 比肩이고 그다음에 또 神殺적으로 寅을 중심으로 하면 未가 攀鞍殺이 됩니다. 攀鞍殺이라는 것은 주저앉아 있는 것입니다. 하늘로부터 가장 반대편 즉 天

殺의 반대편이라는 개념으로써 攀鞍殺을 본다면 攀鞍殺이라는 것은 가장 깊이 꺼진 땅을 의미합니다. 그러니까 참호, 지하 이런 것을 의미하므로 자기의 활동반경이나 또 행동의 여러 가지 요소가 주저앉아 있다는 것을 의미합니다.

그래서 아마 이 양반은 옛날 고전을 공부하신 분 같습니다. 고전을 공부해서 이렇게 命이 羊刃格에 比劫이 官星을 억제하는 것을 財星이 약한 官殺을 도와서 재자약살(財滋弱殺)이라고 합니다.

그러니까 官星이 없는 것은 아니지만 比劫이 강하므로 상대적으로 官星이 약해지는 거니까 財星이 오히려 그 약한 官을 도와서 官星으로써 喜用을 삼는 것을 재자약살(財滋弱殺) 이런 식으로 설명을 붙일 수 있는데 그렇게 생각하면 이 乙木의 출현이라는 것이 比劫을 억제함으로써 대체로 좋은 일이 많아야 될 거라고 그 선생님은 해석했을 겁니다.

그렇게 해석을 하고 運이 좋을 것으로 생각했는데 오히려 가장 별 볼 일 없는 부서로 옮겨져서 사사건건 진행이 안되는 겁니다. 안 되는 이유가 뭡니까? 물론 官殺혼잡의 작용도 있고 그다음에 比劫의 작용, 羊刃의 작용, 食神 隔角의 작용 이런 것들이 사사건건 작용을 하니까 자기는 지금 구석에 주저앉아서 할 수 없이 세월을 보내는 식으로 보내고 있는데 "왜 안 좋으냐고 물으니" 참 할 말이 없었습니다.

"官이 오면 좋은 것 아닙니까? 고급 공무원이 아니라서 그렇지 공직에 있는데 그래서 官이 用神이라서 제가 공무원 된 것 맞잖아요?" 이러는 겁니다.

실제 공직에 있습니다. "그런데 왜 올해는 官運이 왔는데도 이러냐?" 묻는데 실제 작용은 앞에서 설명한 혼잡요소, 羊刃 요소, 食神 隔角 요소, 比劫요소, 攀鞍 요소 이런 것들이 그대로 그 사람 현실로 드러나 있습니다. 그것을 전부 하나의 해석의 틀이나 기준으로 삼아야 된다는 것입니다.

그러니까 항공모함이 가만히 있는 것 같아도 계속 옆에 파도 맞고, 뒤에 파도 맞고, 바람이 위에서 불고 그다음에 비행기 뜨고 내리고 한다는 것입니다.

그림 4-5-2 팔자도 마찬가지로 나와 상관없이 이때는 주로 자식궁에 움직임이 발생합니다. 그래서 자녀에 신경 쓸 일이나 이동 변동사의 발생 그다음에 또 월의 未중에 있는 인자가 乙未년 天干에 드러나 있으므로 내재적으로 뭡니까?

팔자를 공간적으로 보면 年은 자기가 속해있는 큰 단위의 사회나 국가라고 본다면 月은 가족이나 자기가 속해있는 가까운 단위의 조직이라는 겁니다.

運에서 乙木이 드러났다는 것은 내가 떠맡아야 될 일을 내가 받기는 받았다는 뜻인데 원래 하던 일 외에 피곤한 일까지 떠맡았다는 뜻이 됩니다. 그런데 그것이 내재적으로 있다는 것은 나도 뭔가 잘해보려고 하는 내재적인 에너지가 있었다는 말입니다.

그런데 좋을 줄 알았는데 1년 내내 피곤하더라는 것입니다. 그 피곤의 배경을 여러 가지 수단을 가지고 읽어줘야 합니다. 그러니까 인정은 하는데 본인이 가지고 있는 여러 가지 해석상의 구도에서 감각이 아예 없는 이야기가 되어버리는 겁니다.

"보소. 羊刃있죠? 이것 압니까?"

"예! 보기는 봤습니다. 그것이 그리 중요합니까?"

"食神 隔角은 압니까?"

"그건 모릅니다."

그러니까 해석을 해 나갈 때 많은 기준이나 도구나 측면이 사용되어야 하는데도 결론을 항상 '좋다. 나쁘다. 훔릉.' 여기에다가 몰아넣으려고 함으로써 결국은 해석의 한계성을 가지게 되는 것입니다.

평면지도로는 별문제가 없어 보이지만 입체적으로 볼 때는 굉장히 문제가 많다고 해석을 부여할 수 있는 겁니다. 그래서 그런 부분을 조금 더 입체적인 시각뿐만 아니라 '이 건물 안에는 뭐가 있다.' 이런 여러 가지 요소들을 어느 정도는 가늠하고 있어야 갑자기 그 사람에게서 자기에게 문젯거리가 되는 것을 던졌을 때 "그러면 이거는 어떻게 됩니까?" 질문하면 대답을 해줄 수 있는 뭔가 수단이 생깁니다.

"그런 것 모르겠고 올해 좋다. 내가 좋다고 하면 다 좋아진다. 다음 손님 오시라 해라." 이렇게 대답을 해도 인연법 따라서 결국 또 오기는 오지만, 분석해줄 수 있는데도 불구하고 안 하는 것 하고는 차이가 있습니다. 포괄적으로 크게 보는 것만을 기준으로 사람에게 해석을 해줌으로써 한계성을 가지는 해석과는 차이가 상당히 발생한다는 것입니다.

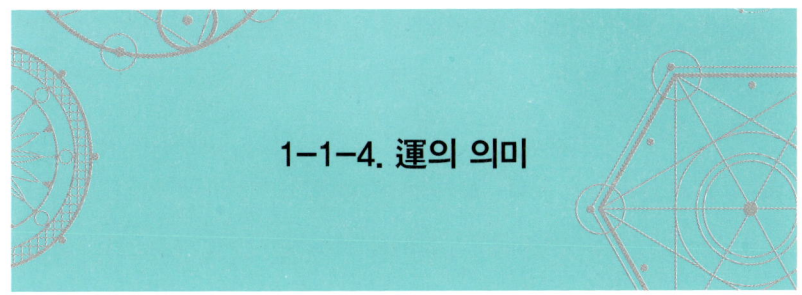

1-1-4. 運의 의미

인자, 환경, 계절

목차에서 1-1-4를 한번 봐보세요. '運의 의미'라고 하는 이것도 다 기준을 지금 분류해 보는 것입니다.

'인자, 환경, 계절' 이것이 실제로 아주 기계적으로 고정된 것이라면 모르지만, 항공모함이 기계가 아니라 생물이라면 문제가 또 달라지는 것입니다. 생물 즉 살아있는 것이라면 어떻게 됩니까?

[그림 4-5-3]

항공모함을 동물로 친다면 이렇게 먹고 내뱉고 성장하고 변하고 그래서 그런 것들이 계속 발생합니다.

물론 뒤에 샘플들을 다루어 보겠습니다만, 運의 六親이라는 것이 그 시기에 일어나는 활동환경 또는 여건 이런 것이 됩니다. 그러니까 財星을 바라보면 財星과 관여된, 官星이 드러나면 官星과 관여된 어떤 행위적인 면 또는 주변의 환경으로 봅니다.

그러면 그런 것들이 행동적으로는 六親을 쫓아가지만, 그 나머지의 수많은 요소가 계속 먹고 배설하고 성장하고 하는 즉 변모(變貌)한다는 것입니다. 그래서 변모(變貌)에서 생물이라는 것이 단순하게 어떤 크기만 변하는 것이 아니라 양태라는 말이 적당할는지 모르겠는데 양태 또는 모양 이런 것들이 바뀌는 것이죠.

그러니까 애벌레로 기어 다니다가 나비로 변태(變態)하고 모양이 바뀌어 버립니다. 그렇게 생명이 있으므로 결국은 크게 바뀌는 과정도 발생하는 겁니다. 그것까지 사실은 계속 추적을 하면서 분석을 해 주어야 되니까 사실은 한 사람 것 붙들고 온종일 놀 거리가 있는 것입니다.

인자, 환경, 계절의 상호 관계

진짜 편하고 만만한 옛날이야기입니다. 비 주룩주룩 오고 손님도 없던 날 1989년~90년도 이럴 때 친한 친구가 삼촌 걸 보러 온 겁니다. 삼촌의 인생은 많이 알고 있지 않습니까?

"앞으로 삼촌이 뭐 어떻게 되겠노?"

이렇게 물어보는 겁니다. 그러면 몇 년도, 몇 년도에 가까이 살았던 그 삼촌의 생애를 체크를 해 본다는 겁니다. 재미삼아, 연구 삼아, 공부 삼아 또 더 나아가서 상담 삼아 그렇게 연구를 해보면 '그때 일어난 이 작용은 무엇 때문이었을까?' 연결고리를 계속 찾게 되는 겁니다.

그러면 六親에 의해서 속성을 분류하는 것은 훈련이 많이 되어있는 것이고 '이때 이랬다. 이것은 뭐냐? 이것은 뭐냐?' 했을 때 뒤에는 어떤 것까지 가게 되느냐면 '이때는 神殺을 보나 여러 가지 간섭 인자를 보나 이런 이벤트가 일어날 수 있겠느냐?' 하는 이런 것들이 결론적으로 '이것은 분명히 그 본인이 아니라 배우자가 그런 運에 있었기 때문에 있었을 것이다.'까지도 결국은 추정을 하게 됩니다.

그래놓고도 뒤가 개운하지 않은 겁니다. 그런데 실제로 보니까 그런 경우도 있고 놓친 경우도 있는 겁니다. 그렇게 실제로 그 사람의 현실에 일어났던 일 이것을 최대한 가능성을 다 열어놓고 봐 줘야 하는 것입니다.

그래도 안 되는 것들도 있는데 그것이 실제로 '배우자의 흐름에서 부동산을 취득했다.'라고 할 때 '부동산 취득이 안 되는데 왜 됐지?' 이렇게 보면 배우자를 통해서 이루어진다든지 아니면 상속이나 증여를 통해서 이루어지기도 하더라는 것입니다.

물론 상속 증여의 인자가 많이 발생하는 시기를 팔자 자체를 가지고도 분석을 하지만 상속이나 증여 즉 외생변수에 의해서도 만들어지기도 한다는 겁니다. 그런데 결국 자기가 그것을 취해서 오래 지탱하기도 하고 못하기도 하는 것은 또 자신의 運에 있다는 것입니다.

 예를 들어 이것이 항공모함이라면 여기에다가 식량을 실었는데 식량을 자기 것으로 지탱하느냐 마느냐는 또 별개의 문제이고 자기 개인적인 運의 문제라는 것입니다. 그래서 이렇게 여러 가지가 들어오고 나가고 간섭하고 빠지고 하는 어떤 그런 것들을 머릿속에 여러분이 그려야 됩니다.

 좀 복잡해서 결국은 하나로 분류하기에는 번거롭지만, 그러나 실제 삶의 실상은 그렇다는 겁니다. 그렇기 때문에 일단 운명은 뭐냐면 생물입니다. 그 생물은 뭐냐면 가만있지 않는다는 겁니다. 움직이는데 움직임의 경향성이 어느 기준에서 분명히 움직임의 경향이 있다는 겁니다.

[그림 4-6]

운의 육친

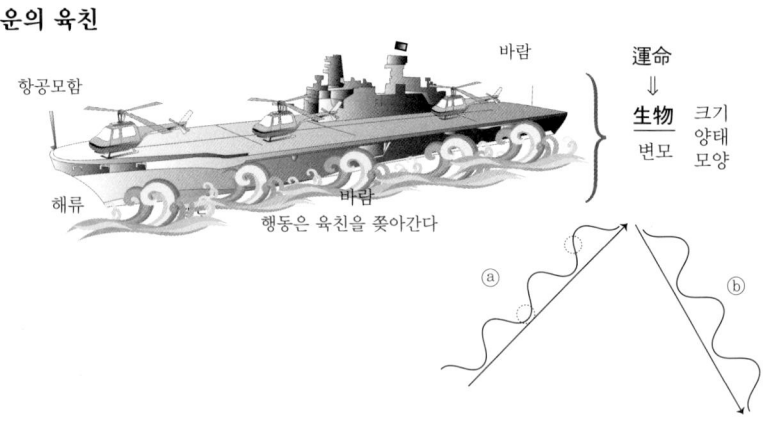

 그러니까 六親的인 요소가 사건 상황의 이벤트를 많이 만든다면 비슷한 패턴을 가지고 있다 하더라도 이것이 'ⓐ와 같은 기울

기 속에 이렇게 있느냐 아니면 ⓑ와 같은 기울기 속에 이것이 있느냐?' 하는 것입니다.

그래서 좀 일을 편하게 하기 위해서는 어떻게 보면 ⓐ의 흐름만 읽어주고 맙니다. 이것만 읽어주고 "한 3, 4년 뒤에 또 이런 ⓐ와 같은 흐름이 발생하거들랑 그때 오라!" 이것이 편하게 상담하는 방법입니다.

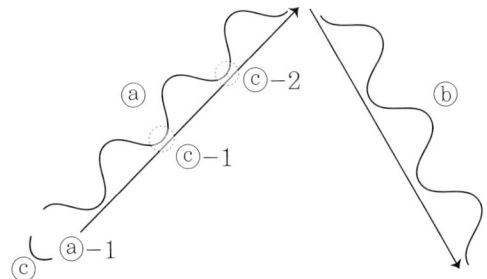

그런데 실제로 자기가 느끼는 것이 ⓐ의 흐름 속에서 오는 어떤 느낌을 강하게 가질 때와 그다음에 ⓐ-1의 흐름을 강하게 느낄 때가 있습니다. 그러니까 믹스를 하면 이렇게 됩니다. ⓐ와 ⓐ-1 두 개의 그래프를 믹스를 하면 ⓒ 모양이 됩니다.

그럴 때 ⓒ-1에서 느끼는 스트레스인지 ⓒ-2에서 느끼는 느낌인지 그것이 한가지로 이렇게 그 본인도 사실은 잘 모릅니다. 그래서 그냥 대략 보편적으로 사람들이 가지고 있는 여러 가지 그 속성 특성 이것만 설명해 줘도 잘 맞는다고 생각하는 사람은 잘 맞는 것입니다.

그다음에 '아닌데?' 라고 생각하는 사람은 꼭 이것으로 다 설명되지 않는 영역의 것을 자기가 생각해 버리니까 안 맞는다는 겁니다. 그런데 그것을 설명해 준다는 것도 구조적으로 사실은 복잡성을 가지고 있기 때문에 상대방이 받아들이는 어떤 패턴 느낌에 따라서 결국 다르게 받아들이는 겁니다.

그러니까 이런 것입니다. 그것이 어떤 日干의 가장 대표적인 속성 그다음에 月과 日과 時 이런 몇 가지 인자로써 부여되는 그 사람의 기질이 있을 겁니다. '뭐 성격이 좀 급하다. 자존심이 강하다.' 그런데 정작 본인은 "선생님 저 자존심 안 강합니다." 같이 있던 친구가 나가면서 "딱 맞구먼."

이것이 그만큼 객관화가 힘들다는 것입니다. 그래서 엘리베이터 내려갈 때까지 서로 왈가왈부를 합니다.

"나는 그것이 아니다."

그것은 자기가 바라는 여러 가지 기준에 부합하는 설명이 사실은 해주기 어렵지만 해 주었다 해도 받아들이는 사람이 거기에 대해서 수긍을 하는 부분까지는 또 다른 갭(gap)이 생긴다는 것입니다.

우리가 뒤에 차례차례 하겠지만 사건 중심으로 다루는 쪽으로 방향을 자꾸 잡아버리는 이유가 이견이라든지 다른 감각이나 이런 기준을 가지고 답하지 말라는 말입니다.

"몇 년, 몇 년에 이때 이동 내지는 이사 했느냐? 안 했느냐?"

"했습니다."

그런 식으로 이벤트 중심으로 설명하면 "선생님 그런데 그것이 좋다는 말입니까? 안 좋다는 말입니까?"

또 '좋다, 나쁘다.'로 다른 시각에서 답을 달라고 한다는 겁니다. 그러니까 거기에 '좋다, 나쁘다.'라고 하는 것은 대체로 뭔가 오르막 내리막 이런 것들을 또 기준으로 삼아서 해설해 주어야 합니다. 그러니까 이쪽에 갔다가 저쪽에 갔다가 막 넘나들면서 답을 해주게 되는 것이니까 그 사람이 원하는 구도대로 답을 자꾸자꾸 따라가면서 해주다 보면 진짜 피곤합니다. 그래서 힘이 다 빠진다고 하지 않습니까?

그래서 그런 것 무시하고 자기가 더 비중을 두고 있는 것을 가지고 체크만 해서 그다음 이벤트, 그다음 이벤트 중심으로 결론을 내줘버리는 그런 방식도 자기 나름대로 뭔가 방식으로 쓰고 있는 것입니다.

이렇게 좀 복잡성이라는 것은 이해가 되십니까? 우리가 동그란 것을 펼쳐서 설명한다는 것은 사실은 굉장히 어려운 것입니다.

그러니까 지난 시간에도 한번 설명했지만 어떤 씨앗으로 하나 규정이 되면 아마 다음 쪽에 프로세스라고 하는 말 속에 포함되어 있습니다만 예를 들어서 날씨가 썩 좋지 않은 봄일 때에도 싹을 만드는 쪽으로 자라난다는 것입니다. 물론 좋지 않은 날씨 즉 運의 간섭을 받습니다.

그다음에 꽃을 피운다면 또 꽃 피우기에 좋지 않은 날씨라 하더라도 꽃을 피웠다는 겁니다. 단지 꽃 상태가 좀 시원찮을 겁니다. 그다음에 열매 맺는 모양으로 바뀌어 나가는 것도 '외부적인 조건이 좋으냐? 안 좋으냐?' 하는 것을 떠나서 '좀 빠르냐? 늦느냐?'를 두고 계속 그 프로세스로 주욱 간다는 것입니다. 이것이 내재적으로 만들어가는 運의 모양새가 되는 것입니다.

그래서 인자가 어떻게 생겼느냐를 잘 관찰한 다음에 '봄이 봄

다우냐? 여름이 여름다우냐? 가을이 가을다우냐?' 이런 것을 가감해서 해석을 해주게 되는 것입니다.

　실제 필자의 해석에서는 샘플들을 보면서 이런 것들을 정리할 겁니다. 그래서 큰 제목에 부수하는 이런 작은 제목들 여기에만 해당하는 샘플만 딱 추출하기 어려운 겁니다. 물론 가급적이면 그 주제에 맞는 샘플들을 정리를 할 겁니다.

[그림 4-8]

　수박을 잘라도 모양을 완전하게 다 설명하기 어렵고 수박의 속을 파서 다루어도 수박 전체를 다 설명하기에는 어려움이 있습니다. '잘라서 보느냐 속을 파서 보느냐?' 그런데 그 두 개 다 방법이 온전하지는 않습니다. 그래서 다양하게 지금 슬라이스를 내어 보기도 하고 전체를 포괄적으로도 한다고 보시면 됩니다.

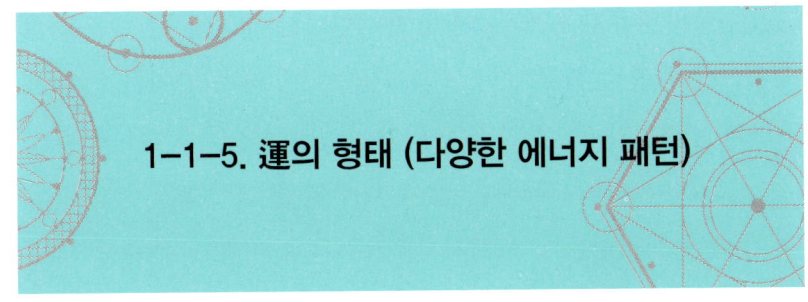

1-1-5. 運의 형태 (다양한 에너지 패턴)

물리적 변동

　運의 형태도 간섭하는 인자가 워낙 다양한 것인데 가급적이면 최대한 단순화하려고 큰 단위만 지금 쓰는 것입니다.
　물리적(物理的)인 변동이냐? 이 동(動)자와 그다음에 화학적인 변화와 이 화(化)와 동(動)을 여러분이 문자적으로 구별을 좀 해 둘 필요가 있습니다.
　동(動)은 예를 들어서 간단하게 刑, 冲, 破, 害에서 그 모양이 손상되지 않기 위해서 冲을 했을 때 움직이는 것입니다. 그다음에 刑도 모양의 변화라는 측면에서는 변동(變動)에 가깝습니다.

(생)화학적 변화

　그다음에 화(化)라고 하는 것은 말 그대로 자주 쓰는 용어 속에는 합화(合化) 이런 말을 씁니다. '무엇 무엇이 合해서 化하였다.' 그다음에 '六合에 의해서 어떻게 되었다.' 또 '三合에 의해서 어떻게 化하였다.'

화(化)의 종류도 사실은 여러 가지입니다. 하나하나 샘플을 해 봐야 되겠지만 三合, 六合, 干合 기타 등등 여러 가지가 있고 또 그것이 '합이 되느냐? 안 되느냐? 간섭만 하느냐? 견인만 하느냐?' 그것은 실제로 사례를 많이 다루어서 케이스를 하면 조금 더 감각이 생겨나는데 하여튼 큰 키워드로 이렇게 분류를 해 두십시오.

지금은 관념적, 개념적으로만 이렇게 정리를 할 수밖에 없으니까 그런 점을 사실은 양지를 하시기 바랍니다.

 한열(寒熱), 조습(燥濕)

[그림 4-9]

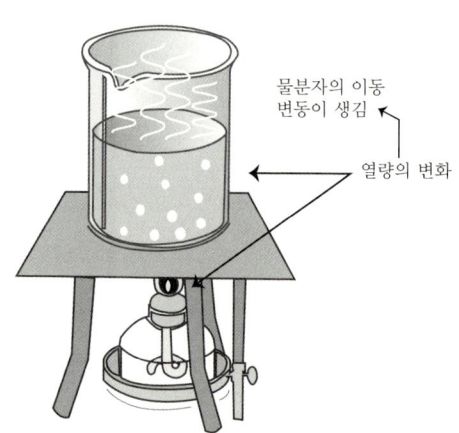

그다음에 화학적 변화에 간섭하는 인자가 소위 寒熱燥濕인데 밑에서 불을 만들어서 지폈을 때 무엇의 변화가 발생합니까? 열량의 변화가 발생합니다. 열량의 변화가 발생하면 그 열량이 서로 이동하는 것에 의해서 물 분자의 이동, 변동이 발생합니다.

그다음에 생명이 있는 것을 기준으로 비유한다면 씨앗에 햇볕이 자꾸 비치면 싹이 터 버립니다.

이런 것들이 결국은 생화학적인 변화양상으로도 같이 가니까 이것이 물리적 변동, 화학적 변화를 일으킬 수 있게 하는 조건으로써 寒熱燥濕이라는 것이 중요한 기준이 되고, 그것을 보고 추리를 하는 측면인 것입니다.

보편적으로 그런 논리를 팔자 내에서는 당연히 다 쓰고 있는데 '運에서 오는 것을 어떻게 우선순위를 매길 것이냐?'하는 것이 실제 사주를 볼 때 열량 변화와 또 燥濕의 왕래 이런 것들을 차근차근 다 분류한다는 것이 어떤 점에서 보면 큰 기준으로써 버릴 수 없고 또 그것을 완벽하게 나누기에는 부족함이 있다는 것입니다.

'춘하추동 신사주학' 앞부분에 대전제 되어 있는 것이 있습니다. '디지털, 아날로그' 기억나십니까?

[그림 4-10]

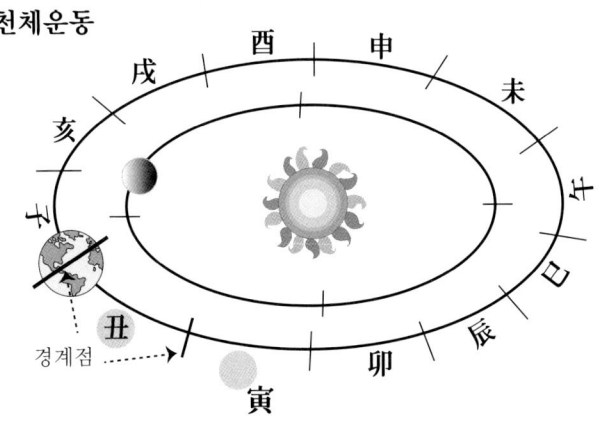

그러니까 천체 운동을 통해서 해달별이 뜨고 지는 것에서 이 것을 천체운동이 발생하고 있는 기운들을 구분 지웠는데, 실제로 0.001초 전과 0.001초 후의 이 경계점은 또 어떻게 할 것인가?

子와 丑을 어느 한쪽으로 배분을 완벽하게 할 수 있겠느냐? 그다음에 이것이 무리 지을 때는 좀 덜하다 치더라도 丑과 寅 또 寅과 卯 이런 구간에서 丑, 寅을 경계 짓는다는 천체 역법적인 기준은 되더라도 그 편차가 상당히 많이 날 경우에 寒熱燥濕의 정도로써 구분해 넣는 것은 굉장히 만만치가 않은 것입니다.

예를 들어서 寅월이라고 한다면 寅월의 경우에 한기(寒氣)가 남아 있어서 불기운이 올 때 그러니까 '木, 火의 運이 올 때 발달하였다.' 이런 식으로 설명해 놓은 것이 있고 그다음에 '寅중 丙火의 작용으로 실조하여….' 이런 식으로도 설명된 것도 있습니다.

물론 寅이 경계점에 있는 것은 맞습니다. 三陽三陰으로써 陽의 기운이 서서히 솟구쳐오는 작용은 분명한데, 이 안에서도 어떤 때는 한기(寒氣)가 있는 것으로, 어떤 때는 또 조기(燥氣)가 있는 것으로 또는 열기가 있는 것으로도 취급하고 있는 책에서 보면 '그 양반들도 책을 만들 때 아마 무슨 결론을 보고 만들었지 않겠느냐?' 하는 생각을 하는 겁니다.

물론 이 중간 절기에 보면 '雨水節 전을 木이라도 陰의 기운이 많은 것으로 볼 것이냐?' 또는 '雨水 이후를 陽의 기운이 많은 것으로 볼 것이냐?' 결국은 아날로그한 것을 디지털로 바꾸었고 그 디지털 문자를 통해서 다시 아날로그한 것으로 적용해서 해석하는 그런 측면에서 글자나 문자 형태의 함정에 좀 조심할 필요가 있다는 것입니다.

꽃이 피는 이유가 뭡니까? 번식이라고 하는 궁극의 목적을 향하여 이미 내재해 있는 運의 방향성이 있습니다. 그러니까 냉동실에 있는 씨앗은 발아가 쉽게 되지 않습니다. 그러면 결국은 외부에 있는 어떤 물리나 화학적 환경이 필요한데 거기에 熱이라고 하는 것이 어느 정도 간섭하고 있느냐는 것입니다.

그다음에 생명활동에 필요한 '濕이라는 것이 또 얼마나 간섭하고 있느냐?' 이런 것들을 문자에만 완전히 의존해서 해석하기보다 그 사람의 현실적인 프로세스를 같이 체크를 하면서 해야 된다는 겁니다.

확연하게 편차가 있는 경우에는 물어볼 필요가 없습니다. 그 경계점에서 모호한 단계가 있습니다. 물론 모호하다고 해석해도 됩니다. "모호하다." 이러면 듣는 사람도 "예 맞습니다. 저도 모호합니다." 그런 식으로 갑니다.

그래도 결국은 그 사람 손에 뭔가를 쥐어주고 현실적 감각이 있는 답을 주려고 하면 '그것을 예언한다.' 또 '뭘 완전히 맞추기만을 한다.' 이런 것보다 그 사람이 일어났던 일들을 차라리 체크하면 됩니다.

그런데 그 사람이 그렇다고 해서 그것이 특별히 분석을 못 한다고 느끼는 게 아닌 것이, 그 시기에 일어날 수 있는 그 두세 가지 속성을 체크하는 것이기 때문에 분석을 못 한다고 느끼는 것이 아닙니다.

그래서 궁극은 자기한테 가장 현실적인 답을 만들어 줘야 되는 것입니다. 그 현실적인 답을 만들어 주기보다는 '자꾸 맞춰야지! 내가 알아야 하는데!' 이런 식으로 에너지를 자꾸 쓸 필요가 없다는 것입니다. 그런데 자꾸 보다 보면 알게 됩니다.

물론 분석적으로 어떤 인자의 작용을 양적(量的)으로 비교할 수 있게 됩니다. 그것을 통해 할 수 있는데 '그 편차와 기준을 무엇으로 잡을 것이냐?'하는 그런 측면에서 저절로 감각이 생겨나는데 결국 디지털화가 안 되느냐 하면 디지털화가 됩니다.

디지털화되고 수치화가 되기는 되는데 그 수치와 그 사람의 현실 사이에는 시간 왜곡이 항상 잘 놓이더라는 겁니다.

[그림 4-11]

물이 많은 것과 적은 것 중에 똑같은 열량에 대해서 반응을 하는 것에서 편차가 많이 생깁니다. 그래서 심한 경우 아주 단위가 큰 부동산 변동 이런 것은 1년 몇 개월씩도 편차가 납니다.

'大運, 歲運 나누어서 큰 大運이 바뀌었고 또 歲運이 이 정도 왔으므로 이쯤에는 크게 활동환경이나 주거나 부동산에 관한 변동이 발생한다.' 이렇게 단정적으로도 보는데 실제로 그 사람이 무엇을 팔고 나가고 할 때 보니까 예를 들어서 단위가 작은 수억짜리 이런 것이라면 모르지만, 단위가 큰 몇십억짜리 부동산 이런 것들이 움직이는 것은 1년 몇 개월까지 가서 결국은 매매가 되고 팔리게 되고 움직여지고 그런 식으로 현실에 드러난다는 것입니다.

그래서 그런 것을 가지고 "선생님 올해 안 팔리던데요?" 이러면 그럴 때 자유가 없으면 '그러면 내가 좀 잘 못 봤나? 어떤 해석을 놓쳤지?' 이렇게 생각하는데 뒤에 연결할 수 있는 논리가 좀 정연해지면 "그것은 덩치가 커서 그렇다. 덩치가 큰 것은 1년 내외의 시간 왜곡이 생긴다." 이렇게 그 사람에게 가장 제대로 된 해설을 해 줄 수 있는 것입니다.

실제로 보면 그런 것이 많습니다. 그러니까 어떻게 보면 맞는 것 같고 어떻게 보면 안 맞는 것이고, 어찌 보면 한 개도 안 틀리는 것입니다. 그런 식의 운명감정이나 해석이 늘 일어난다고 보시면 됩니다.

1-1-6. 命과 運의 복합적 작용

◎ 命과 運의 복잡성 / 命과 運의 상호 작용

샘플이 안 나오니까 조금 지겨운데, 그다음에 '복합적 작용'입니다. 복잡성이라고 하는 제목만 봐도 복잡합니다. 앞에서 제가 비유적으로 표현해드린 여러 가지 기준이나 비율을 통해서 유추를 해보시면 될 겁니다.

格用說에서 취하는 것을 보면 月의 地藏干 투출에 굉장히 의미를 많이 둡니다.

[그림 4-12]

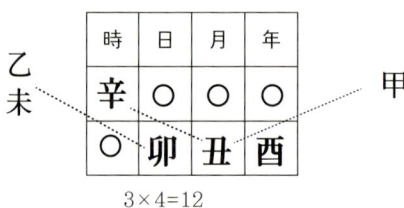

예를 들어서 丑월인데 時에 辛이 드러나 있다면 이 자체로 하나의 格을 취합니다.

물론 이 형태는 雜氣이긴 하지만 時에 드러나도 하나의 格을 취한다는 것은 내부적으로 있는 것이 위의 구성일 때 유년에서 甲이 드러나도 어떻게 합니까?

日支에 있는 내재적인 기운이 밖으로 드러난 것이지 않습니까? 그러니까 이런 모양일 때는 자기가 뭔가 '그쪽의 이벤트를 만들었다.' 이렇게 보는 것입니다. 地支속에 깔린 것들이 즉 호주머니에 들어있는 무슨 키도 되고 그다음에 여러 가지 지갑, 수첩, 칼 이런 것도 다 포함된다는 겁니다.

그래서 상대방이 칼을 끄집어내기만 하면 나도 칼을 끄집어낸다는 겁니다. 그런 부분에서도 命 내에 변화성을 조장하는 인자가 드러난 놈도 자기 지분이 정확하게 있고 그다음에 숨은 놈도 지분이 드러나 있기 때문에 상당히 복잡성을 팔자 안에 가지고 있다는 것입니다.

그다음에 運에서도 혼자 안 옵니다. 天干 地支가 다 같이 옵니다. 그러면 乙未년이 왔다면 卯안에 있는 놈이 또 비집고 나옴으로써 태어난 날 또 배우자 이런 것에 관한 여러 가지 변화성이 현실로 드러난다는 겁니다. 運에서는 주로 조건을 만들어 준 것입니다.

그다음에 행위적으로는 자기가 거기에 대한 어떤 방향성을 가짐으로써 이루어지는 이런 방식입니다. 그러면 地支에는 地藏干이 확률적으로 최대 3개가 기본으로 있는데 ×4하면 몇 개입니까? 12개나 되니까 해마다 다 드러나는 패턴도 있습니다. 해마다 다 드러날 수도 있는 확률적인 범주 안에 있기 때문에 복잡한 것입니다.

그런데 대체로 12개까지는 아니고 대부분 다 干支가 쏠려있기 때문에 보통 경험치로 보면 한 7개~8개 됩니다. 그러면 10년이라고 하는 하나의 1주기로써 甲, 乙, 丙, 丁, 戊, 己, 庚, 辛, 壬, 癸가 돈다고 했을 때 여기에 호응해서 변화라든지 변동이 활발해지는 것은 언제입니까? 地支 내에서 있는 7~8개가 움직일 때 변화나 변동이 활발해집니다.

예를 들어서 年支에 辰이 있다면 辰중에 있는 乙과 그다음에 卯에 있는 乙 두 개다 움직이려고 하는, 이벤트를 만들려고 하는 경향성이 발생합니다.

그러면 '국가시책이 부동산을 팔게 했다. 그러잖아도 나도 팔고 싶었다. 그래서 팔기로 했다.' 이런 식으로 현상이 드러납니다.

하여튼 '그 경향이나 인자가 곳곳에 있느냐? 없느냐?' 이런 것을 가지고 팔자 내에 변화성 인자를 미리 봐두는 것입니다. 미리 보면 머리는 좀 아픕니다. 그냥 運에서만 올 때 乙未년에 이 양반이 '卯, 未, 辰 이런 것들이 있느냐? 없느냐?' 보면 됩니다. 그래서 올해 乙未년에는 팔자 내에 卯, 未, 辰 이런 것이 있는 사람은 그 위치 따라서 그것에 관련된 이벤트가 생깁니다.

이것이 조상으로도 나누기도 하고 또 큰 단위의 자기가 속해 있는 어떤 조직으로 나누기도 합니다.

그다음에 年支가 辰이라면 乙未년에서 未는 이 자체로 12神殺 상 天殺에 걸립니다. 또 天殺의 무리 지음에서 六害로 보기도 합니다. 그러니까 辰을 將星으로 처리하면 未는 六害도 됩니다. 그래서 六害가 된다는 것은 驛馬, 六害, 華蓋가 무슨 작용입니까?

三災작용을 주는 三災와 흡사한 식의 여러 가지 인자가 조장이 되는 것입니다.

그것을 답을 하나로 함축하지 마시고 그냥 다 해설하면 됩니다. 이것을 투망식 감정법이라고 하는 것인데 많이 떠들면 걸린다는 겁니다.

"선생님은 투망식 감정을 한다. 선생님처럼 보면 다 맞추겠다." 이럽니다.

"그래도 이것도 피하는 사람이 있다."

"저는 진짜 중요한 것은 잠시 이것 때문에 왔는데 뭐 다른 것 한두 개는 맞기는 맞는데 그것보다 이것 때문에 왔습니다. 이것 전부 다 걸리네!" 이렇게 이야기합니다.

"다 있으니까 하는 말 아니냐? 강약 차이만 있을 뿐이지 다 있으니까 올해 일어나는 이벤트에 반드시 이런 속성이나 경향이나 이벤트가 생긴다."

그래서 空亡 걸리면 空亡도 그대로 집어넣고 空亡의 의미를 그대로 또 부여해주고 그런데 사람들이 느끼는 것은 이렇습니다.

[그림 4-13]

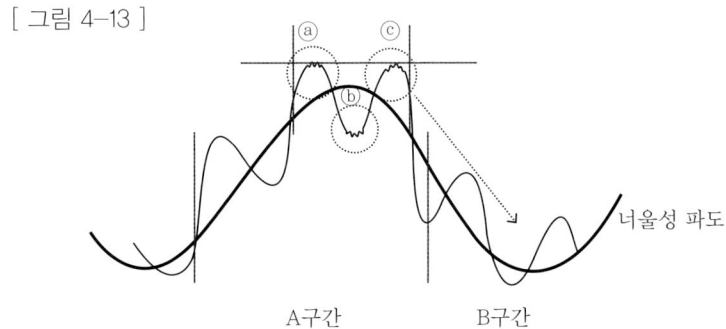

뒤에 좀 큰 단위로 運을 해설할 때 너울처럼 파도가 있으면 이 위에도 사실은 이렇게 되어 있는데 사람들은 ⓐ, ⓑ, ⓒ에서 느낌을 더 많이 가지고 있습니다.

적절한 비유에 해당하는 것이 있는데, 연봉 1억 받다가 갑자기 7천을 받았다면 이것이 심리적으로 망했다는 느낌을 가지는 겁니다. 그러니까 얼마 전에도 임금 피크제로 하고 뒤에 차근차근 삭감해가는 것인데 심리적으로 1억 받다가 7천 받으면 망한 느낌입니다.

그런데 실제로는 이 전체 그래프에서 보면 ⓑ정도입니다. 그러니까 잘 나가는 중에 지금 골짜기에 들어와 있는데 심리적으로 자기가 느끼는 것은 망할 것처럼 느끼고 있다는 것입니다. 이것이 뭐냐면 기준으로 생각하는 겁니다.

1억 받는 것은 당연하다고 해 놓고 나는 1억 밑으로 내려왔으니까 이것이 엄청난 고통의 흐름 속에 그것을 감당하고 있다고 생각합니다. 그런데 거기에서 사람들이 심리적으로 더 많이 끌려가고 있기 때문에 이것을 여러분들이 머릿속에 그림을 항상 그려 놓아야 합니다.

옛날에도 그런 표현들을 '춘하추동 신사주학'에서도 설명해 놓았습니다.

"선생님, 올해는 망했습니다."

"왜요?"

"5억밖에 못 벌었습니다."

"그래 언제부터 5억 벌었다고…"

실제는 그림의 ⓑ와 같은 것입니다. 그래서 사실은 감명이나 감정을 편하게 하려면 5년 도사 이렇게 해서 딱 5년 전 것까지만 봐주고 5년 뒤에 있는 것까지만 봐주는 겁니다.

그렇게 해서 A구간이든 B구간이든 그렇게 해서 미세한 어떤 움직임에만 더 치중해서 해설을 해줘 버리고 5년 뒤에 오라고 하는 겁니다. 그런 식으로 해도 그 사람이 받아들일 때는 늘 잘 해석해주는 사람으로 생각한다는 것입니다.

새끼고래가 온갖 파도 다 맞으면서 어른 고래가 되고 바다에서 새끼를 낳는 이런 모양을 그대로 머릿속에 여러분이 상상해서 '이 사람은 지금 갑자기 길을 가다가 횡풍을 맞았구나!' 이런 것들을 보고 있어야 한다는 겁니다.

그다음에 정말로 눈앞에 드러난 현상은 ⓒ와 같은 구간이 위험한 것입니다. 눈앞에 지금 조건은 大吉이라는 겁니다. 그런데 큰 맥락에서 보면 B구간으로 하락해 가는 구도 속에서 화려한 유혹이 있는 것입니다. 그런 것들을 전제하고 ⓒ의 시기를 파악을 해주지 않으면 이 양반들은 한마디로 골병이 드는 겁니다.

복잡한 것을 최대한 단순하게 해보려고 애를 쓰고 있으니까 조금 지루해도 앞부분만 정리를 잘해 봅시다. 다른 질문 있습니까?

학생 질문 – 앞에서 攀鞍殺이 나쁜 뜻입니까?

선생님 답변 – 아닙니다. 攀鞍殺을 '좋다, 나쁘다.'로 해석하지는 않습니다. '좋다, 나쁘다.'는 것은 아닌데 대체로 좀 현실적 실리적인 면에서는 좀 더 긍정적이라고 보면 됩니다.

그러니까 攀鞍이라는 것은 하늘 즉 天殺과 제일 멀리 있습니다. 그러니까 참호 속에서 조심조심 다니는 것인데 그때는 내가 하늘을 쳐다볼 일이 없다는 겁니다. 그러니까 어이없는 일을 당할 그런 기운은 아니라는 겁니다. 그다음에 안전하게 하나하나 기반을 만든다는 의미가 됩니다. 그러니까 군인이 참호 안에 있으면 답답하지만 어떻게 됩니까? 총알 맞을 일이 없습니다.

학생 질문 - 대부분 사람한테는 태평한 시기가 되지 않습니까?

선생님 답변 - 대체로 편한데 아주 액티브한 사람들은 攀鞍을 만나면 굉장히 답답해합니다. 자기는 총알을 맞든 안 맞든 막 싸돌아다녀야 하는데 攀鞍을 만나면 주저앉아 있는 모양이 되니까 굉장히 답답함을 느끼는 사람도 있습니다. 그런데 실리면에서 대체로 긍정적이라고 보면 되고 大運에서 攀鞍을 만나있는 경우 재물을 보통 계단식으로 잘 축적합니다.

왜냐면 하늘 같은 존재가 없으니 국세청이 누구인지 모르겠고 검찰이 누구인지 모르겠다는 겁니다. 그곳에 갈 일이 없다는 말은 너무 힘들이지 않고 조용히 챙길 수 있다는 말이 됩니다. 그런 식의 運으로 해석하기 때문에 실리 면에서는 긍정적이라고 보시면 되고 그런 불편함이 있다고 보시면 됩니다.

학생 질문 - 그렇게 되면 攀鞍殺이 辰戌丑未인데 그 地支에 따라서 또 攀鞍殺의 의미를 다르게 봅니까?

선생님 답변 – 그렇습니다. 뒤 시간에 다룰 겁니다만 가중치 같은 것이 당연히 좀 있습니다. 그다음에 攀鞍과 무리 짓는 놈이 있습니다. 그러니까 앞에서 용띠라면 未가 六害도 되는 것처럼 子午卯酉 寅申巳亥도 그 일지를 將星으로 삼았을 때 將星 그다음 글자가 됩니다. 그러니까 辰생 같으면 巳가 攀鞍이 됩니다. 거기에도 攀鞍의 의미를 절반은 무조건 깔고 가버려야 됩니다.

학생 질문 – 띠에 적용합니까?

선생님 답변 – 그렇습니다. 자기 띠 바로 그다음 글자 그것을 그대로 攀鞍이라고 하는 것입니다. 그것이 '춘하추동 신사주학'에 보면 皆花論이라고 제가 제목을 붙여서 그렇게 의미를 항상 부여하라고 말씀드렸습니다. 조금 쉬었다가 또 하겠습니다.

1-2 命과 運의 상관관계

1-2-1. 명내 (命內)의 고유 運 인자
　　　　天干의 성분
　　　　地支의 성분
　　　　六親의 성분
　　　　神殺의 성분
　　　　地藏干의 성분 및 분포
1-2-2. 명내(命內)의 고유 프로세스
　　　　格에 따른 길흉
　　　　喜氣에 따른 길흉
　　　　좌표에 따른 길흉
1-2-3. 命과, 내인(內因)과 외인(外因)
1-2-4. 運의 質的인 측면
1-2-5. 運의 量的 측면
1-2-6. 運의 속성
　　　　干支의 속성과 흐름
1-2-7 運의 종합
　　　　복합적 접근 및 해석

1-2. 命과 運의 상관관계

1-2-1. 명내 (命內)의 고유 運 인자

　큰제목에서 두 번째 제목 '1-2 命과 運의 상관관계' 이것이 샘플을 집어넣어서 설명을 하면 듣기는 좀 더 편하실 것 같은데 시간이 너무 잡힐 것 같습니다.
　'命과 運'이라고 하는 것이 주제가 사실은 너무 큽니다. 命과 運이 전부 다 입니다. 팔자 해석의 전부를 한꺼번에 뭉치는 작업도 되고 또 나누는 여러 가지 기법이나 방법들을 전체적으로 포괄적으로 하고 있으니까 조금씩 제가 샘플을 집어넣어서 해 보겠습니다. 진도가 좀 처질 것 같아서 뒤에 샘플들을 몰아서 하면 훨씬 더 효과적이지 않을까 생각됩니다.
　지금은 거듭 이야기하지만 기준에 대해서 기준의 개념, 측면 이런 것을 다루고 있는 것입니다.
　요즘 '집 밥 백선생'이 있습니다. 그러니까 그 프로그램을 늘이려면 주방기구를 소개하기보다 요리 한 개, 한 개를 이렇게 계속 샘플을 다루면서 거기에 대해서 노하우나 중요한 팁을 섞어 넣는 방식으로 하면 공부하기에는 좋지만 시간이 너무 늘어지는 것입니다. 시간이 너무 늘어지는 단점을 없애려고 앞부분에 조금 지루해도 주방기구 중심으로 나열을 하고 양념의 종류를 나열하는 식으로 강의하고 있습니다. 설명 방식이 다르다고 생각하시면 됩니다.

그리고 도구, 논리, 이론 이런 것만 너무 다루면 지루하니까 중간 중간에 조금씩은 케이스를 끼워 넣어 드리겠습니다. 진도에 방해가 안 되는 수준으로 하겠습니다.

天干의 성분

命과 運의 상관관계에서 명 내에 고유 운의 인자나 앞부분에서 살짝 언급이 된 것이기도 합니다. 그러니까 天干의 성분이라는 말이 전체를 좀 포괄적으로 표현하기 위해서 썼는데 그냥 제목 자체를 天干으로 달아도 됩니다. 그러니까 天干에 차지하고 있는 甲, 乙, 丙, 丁...壬, 癸까지 어떤 것을 가지고 있느냐?

그러면 이것도 운과 관련된 어떤 인자로 보는 이유는 甲일주가 투출되어 있을 때, 운에서 甲이 오면 내외가 같이 활발해지는 작용이 생기는 것입니다. 그러니까 팔자 안에 있는 甲도 활발해지고 그다음에 운에서 오는 甲도 활발해지는 그런 작용이 발생합니다.

소위 이것을 五行的으로 묶어서 간단하게 생각한다면 팔자 내에 木氣라는 것이 있는데 운에서 木氣가 오면 그 움직임이 활발해지는 것입니다.

[그림 5-1]

그러니까 년에 甲이 드러나 있거나 월에 丙이 드러나 있거나 이렇게 되어 있는 이것이 甲년이나 丙년에 어떤 이벤트, 일, 속성 이런 것에 의해서 드러난 대로 天干에 辛이 있다면 辛년에 그대로 대응해서 이벤트나 의미가 커진다고 기본적으로 보시면 되는 거니까 그래서 天干에 있는 어떤 성분을 干支의 형태로 먼저 봐줄 필요가 있다는 말입니다.

地支의 성분

그다음에 地支의 성분도 마찬가지입니다. 地支도 子, 丑, 寅, 卯로 이루어진 地支 성분이 결국은 운이 도래했을 때에 운에 호응되는 인자로써 강하게 작용한다고 보시면 됩니다.

六親의 성분

그다음에 六親의 성분 이런 것은 그 사람의 格이나 직업으로써 처리를 하고 있습니다.

예를 들어서 년지에 偏財라는 인자가 드러나 있을 때 운에서

偏財가 오면 여러 가지 변화인자로써 그대로 호응된다고 보면 됩니다. 그러니까 일종의 공명현상처럼 집밖에서 기타 줄을 치는데 집안에 있는 기타 줄도 같이 공명이 되는 그런 작용과 똑같아서 干支 자체가 다 운에 호응되는 수단이라고 이해하시면 됩니다.

[그림 5-1-2]

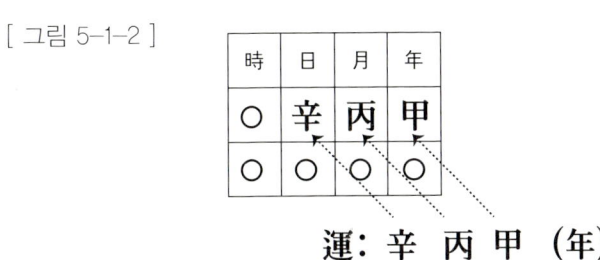

그러니까 예를 들어서 甲子가 甲子년을 만나거나 또는 子년 또는 甲년을 만났을 때 전부다 다 그 글자의 호응성이 크게 발생한다. 이렇게 기본적으로 봐 두는 것입니다.

神殺의 성분

神殺도 마찬가지로 神殺도 지금 앞으로 사례별로 적용되는 것을 많이 해볼 겁니다.

[그림 5-2] **神殺**

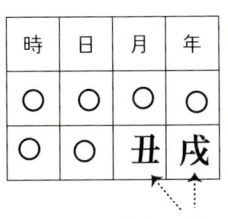

神殺의 성분도 그대로 다 호응되는 인자가 되는데 예를 들어서 이런 경우에 호응은 아니지만 干支 내에 戌과 丑이 있으면 표준적인 三刑의 刑殺에서 未가 오면 三刑의 형성에 따른 여러 가지 변화성이 생긴다는 것을 이미 알 수 있는 것이잖아요?

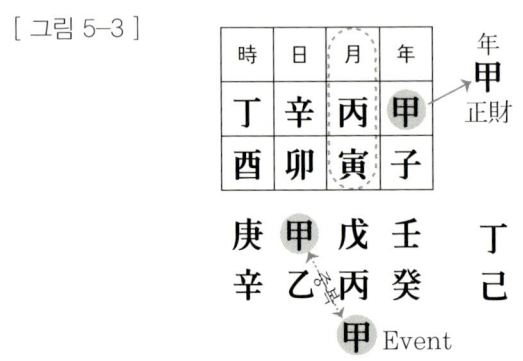

[그림 5-3]

地藏干의 성분 및 분포

그다음에 地藏干의 성분 또는 분포인데 地藏干 성분은 앞 시간에 제가 잠깐 언급을 해 드렸지만 地藏干 안에 숨겨져 있는 것들을 보면 子에는 壬과 癸가 들어있고 寅에는 戊, 丙, 甲 그다음에 卯는 甲과 乙 다음에 酉에는 庚과 辛이 들어 있습니다.

그래서 丁, 戊, 己가 빠지고 그다음에 庚, 辛, 壬, 癸가 다 들어와 있습니다. 그다음에 寅中 甲과 卯中 甲이 중복이 일어납니다.

이런 것들은 甲이 正財星이니까 財星에 관해서 甲년에 굉장히 많은 변화성을 도모하게 되고 실제로 내외가 같이 호응이 되면서 손뼉이 마주쳐야 소리가 나는 것처럼 그 사람에게서 이벤트가 크게 일어난다는 것입니다.

그것이 寅월의 寅중 甲도 설치고 卯일의 卯중 甲이 설치니까 부모나 형제의 자리에서 동요성이 발생하게 되니까, 자기가 소속해있는 조직 또는 가까운 가족에서 재물에 관한 방향성 이런 것을 제시하게 되고, 그다음에 남자라면 부인까지 같이 '우리 그렇게 합시다.' 이런 것이 생깁니다. 그럼으로써 결국은 형님도 와이프도 그쪽에 관해서 다 같이 방향과 행위를 만듦으로써 나도 떠밀려서 그것을 한다는 것입니다.

왜냐하면 자기 안에 있는 어떤 인자이니까 그렇게 되는 것이고 자기도 자발성이 많이 부여되어 있는 운의 변화라는 겁니다.

실제로 여러분이 팔자를 볼 때 地藏干과 마주치는 이런 해에는 나름 상징성이 있는 것이 올 것이고 큰 단위는 보통 어디에서 주로 많이 오느냐 하면 년월에서 더 많이 옵니다.

큰 단위의 환경이니까 '나라의 법이 바뀌었다.', '우리 회사가 남의 회사에 팔려버렸다.' 이런 식의 큰 이벤트를 의미하는 것이고 그다음에 일과 시에 있는 것은 뭡니까? 보통 본인이 그냥 작은 단위로 활용하고 있는 주거 그다음에 시는 보통 부동산으로 볼 때는 임대용으로 활용하고 있는 부동산 그런 것이 庚년이 오거나 또는 辛년이 왔을 때 년월이 바탕이라면 일과 시는 도구적인 측면에서 생활에 관한 여러 가지 변화를 주는데, 이때 부동산을 한다면 六親의 속성을 그대로 해석해 주어야 합니다. 그러면 庚이나 辛이 붙어 있다는 말은 좋은 조건의 움직임이 아니라는 말이 되는 겁니다.

'친구가 팔아라 해서' 아니면 '친구 소개로 팔아라' 해서 팔아버렸다가 되는 것입니다.

그런데 六親의 기본적인 속성은 그대로 해석해줘야 되기 때문에 財 분탈이라고 하는 것이 깔려 있는 것입니다. 그래서 손해를 보고 그냥 임대하던 것을 팔았다. 거기다가 시의 酉를 충동하게 해주는 辛卯년 이런 인자들이 들어왔다면 그 기운이 더 뚜렷해집니다. 이렇게 辛卯년 이런 것이 들어오면 원래 冲에 의해서 동요성이 발생해 있는 것인데 辛卯년이 오면 어떻게 됩니까?

'누가 옆에서 자꾸 팔라고 해서 그냥 큰 재미도 못보고 약간의 손해를 감당하면서 정리를 했다.' 이런 식으로 이벤트가 만들어지는 것입니다. 그것이 어디에 있습니까?

내재적인데 辛卯년이라는 것은 그 자체로 또 뭡니까? 이 일주 자체도 여기에 辛卯일주 그냥 그대로 호응이 되는 인자를 가지고 있습니다. 그래서 그런 것을 지나면서 辛卯년 이 자체가 일간에 대해서는 군신대좌(君臣對坐)라는 특별한 의미를 부여합니다.

그래서 그런 요소들을 내재적으로 적용해 보면 대체로 약간씩은 편중성이 생깁니다. '어느 글자가 좀 더 많다.' 하는 것인데 그 많은 글자가 드러날 때는 동요성이나 이벤트가 '커진다. 많아진다.' 이렇게 볼 수 있습니다. 보통 테마별로 나눌 때에도 자식의 출현 또 이성의 출현 이런 것들도 이런 인자의 영향을 많이 받는다고 보시면 됩니다.

[그림 5-4]

실타래

그래서 어떻게 보면 표현이 좀 그렇지만 원래 팔자 내에 있는 그 자체가 운을 그대로 뭉쳐놓은 것이기도 하다고 보면 됩니다. 그러니까 '운의 타래' 실타래가 모여 있으면 실이 여러 개가 얽히고설킨 것입니다. 그런데 에너지의 타래 또 운에서 발생될 수 있는 기운을 '타래' 지워놓은 것으로 이해 하셔도 됩니다. 팔자 자체를 이렇게 자세히 보고 있다는 것이 '어느 운에 가면 이벤트가 생기겠구나!' 바로 이런 것을 연결하는 키워드가 바로 이 자체에 있는 것이기도 하다는 겁니다. 이해되십니까?

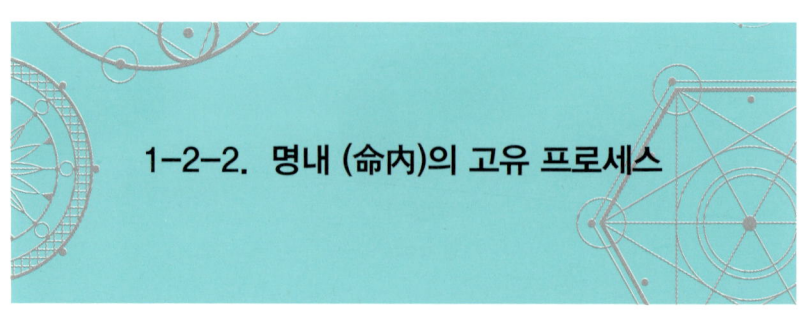

1-2-2. 명내 (命內)의 고유 프로세스

[그림 5-5]

     봄   여름   가을

그다음에 '고유의 프로세스'라는 것이 뭐냐면 전 시간에 설명한 바와 같이 어떤 씨앗이 외부 환경이 좋든 나쁘든 한번 발아(發芽), 싹을 틔울 수 있는 조건이 주어져 버리고나면 그다음 프로세스가 꽃피우고 또 꽃피운 자리에 열매 맺는 이런 프로세스를 그대로 끌고 간다는 것입니다.

◎ 格에 따른 길흉

格에 의해서도 결국은 오래오래 그 모양을 구현해 나가는 고유의 프로세스를 가지고 있기 때문에 그것도 결국은 운과 끝없이 반응을 하지만 자기가 가지고 있는 고유의 에너지 패턴을 구현해 나가는 것입니다.

그러니까 제일 먼저 정형화 된 예를 들어서 正官格이라면 이 正官이라고 하는 것이 외부여건이 여의치 않을 때는 잘 쓰지 못할 뿐이고, 이 正官을 써먹을 수 있는 운이 되어서 결국 직장이나 사회참여를 했다면 그것을 그대로 지탱하거나 키우려고 하는 운동으로 가게 됩니다.

그러니까 현실 속에서는 偏財가 드러나면 財星의 속성을 正財나 偏財의 혼잡성을 줌으로써 결국은 형태상 正官을 취하고 있다고 하더라도 偏財라고 하는 사업성을 추구하게 됩니다.

[그림 5-6]

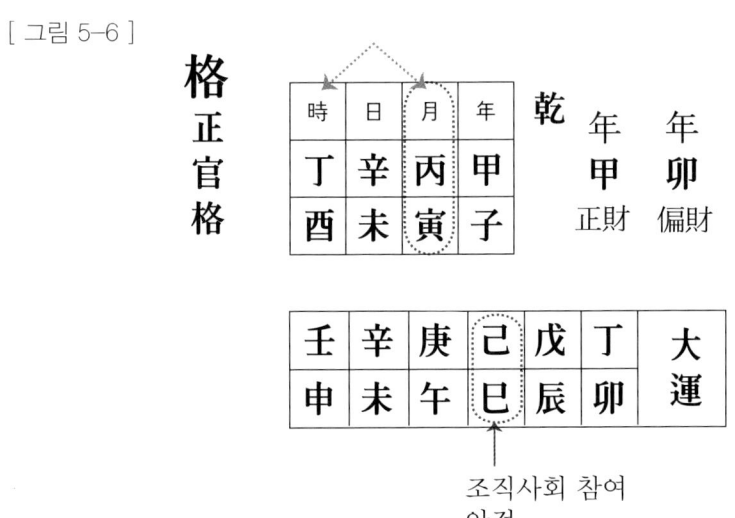

조직사회 참여
안정

辛未 일주라고 해 보겠습니다. 이렇게 되면 丙,丁 官星 혼잡에 의한 格의 훼손은 조금 있기는 하지만 형태상으로는 正官格이 됩니다.

예를 들어서 남자로 친다면 대운 흐름이 丁卯, 戊辰, 己巳, 庚午, 辛未, 壬申 이렇게 나갈 때 보통 巳운쯤 되면 丙火의 세력이 현실화되는 힘이 충분해 집니다.

이럴 때 보통 조직사회에 참여되고 안정이 됩니다. 안정이 된 이후에는 다른 글자가 와서 간섭을 하든 말든 그 조직에서 그냥 그대로 뭔가를 구현해 나가려고 하는 경향이나 운동이 格에 의해서 그대로 드러난다는 것입니다.

그러니까 이양반도 똑같이 干支 변화를 겪을 수밖에 없잖아요? 그러면 偏財가 들어온다든지 乙木의 출현이라든지 그다음에 卯의 출현이라든지 이런 것이 올 때, 상기 명조는 未중에 있는 乙이 출현함으로써 재물활동에 관한 적극성이나 동작이 발생합니다. 그다음에 卯가 未를 끌어안음으로써 이런 경우에 대체로 부동산에 관해서 즉 五行的으로 土와 木의 조화성을 통해서 財星을 구현한다는 것은 주로 갖고 있던 땅에 뭘 짓는다든지 이런 것들이 발생하기는 하지만 그것이 굉장히 제한적이라는 겁니다.

왜냐하면 팔자 안에 있는 고유의 운의 타래 속에 강한 것이 아니므로 제한적이라는 것입니다. 그래서 格 자체에 대한 官星 내지는 추구성이 특별히 운에서 훼손하지 않는 한에는 그것을 더 우선하고 지탱해 나간다는 것입니다.

예를 들어서 卯년이 와서 이양반이 그동안 방치해 놨던 부동산에다가 임대용 목적으로 무슨 가건물을 짓거나 또는 건물을 지은 겁니다. 지었는데 거기서 들어오는 수입을 생각하니까 내가 구태여 직장이나 조직에 메이지 않아도 되겠다.

"이 참에 선생님 때려치울까요? 어떻게 해야 하겠습니까?",

"그래 운도 그러니 때려치우시오."

이것이 맞습니까? 아니면 格의 官星을 그대로 인정해 주어야 합니까? 의견을 한 번 말씀해 보십시오. 이렇게 해설해 줬다고 해서 이양반이 쉽게 그만 두지도 않습니다.

결국은 무게 중심을 格의 官星이나 프로세스에 더 두고 무엇의 간섭으로? 偏財의 간섭으로써 '이런 이벤트가 발생한다.' 이렇게 비중이나 강약을 두고 해석해줘야 되는 것입니다. 그 개념을 아시겠습니까?

상대적으로 이런 正官格이야 워낙 안정성을 보여주는 표준이지만 예를 들어서 偏財의 출현이라든지 傷官이 그대로 格을 갖추었다든지 이랬을 때 그때는 어떻게 됩니까?

傷官이라는 것이 官과 가장 반대로 동선이나 방향이 없는 것입니다. 이럴 때는 어떻게 합니까? 이양반이 묻는 것이 운에서 正官이나 傷官이 기본적으로 득세를 해서 일종의 格과 같이 자리 잡고 있을 때, 官星이 왔을 때 안정을 취하려고 하면 일시적으로만 가능합니다.

官星의 기운이 꺾이거나 훼손되어 버리면 바로 돌아갑니다. 그래서 그때도 실관을 해줄 때 어떤 표준이나 기준을 잘 관찰하면서 해줄 필요가 있는 것입니다.

그래서 '格에 의한 길흉'도 뒷날에 샘플들을 다루어 보면서 운의 간섭 정도나 범주 이런 것들을 실례를 통해서 한 번 다루어 볼 겁니다.

喜忌에 따른 길흉

그다음에 '喜忌에 따른 길흉'은 일종의 格用 개념도 될 수 있는데 제일 뚜렷하게 보이는 것은 調候 측면에서 보통 그 길흉의 변화 이런 것들이 잘 발생하는 것입니다. 그러니까 調候는 샘플들을 몇 개 더 비슷한 것을 봐야 될 것 같은데, 調候란 것이 큰 개념은 喜忌가 됩니다. 喜忌에 의해서 쫓아가는 것이 예를 들어서 샘플을 한 번 만들어 보겠습니다.

[그림 5-7]

格用

調候   喜忌

時	日	月	年	乾
丙	癸	丁	甲	
辰	丑	丑	子	

이런 干支 구성을 가지고 있다면 子, 丑이 調候상으로 기울어져 있는 모양이 되는데 시에 辰이 이르러서 丙火와 辰에 대한 어떠한 추구성이 발생하게 되는 겁니다. 추구성이 발생될 때 이것을 끝까지 따라 가려고 한다는 것입니다.

예를 들어서 戊戌이라는 다른 인자들의 운이 와서 간섭을 한다 해도 즉 癸水가 戊를 官星으로 취하고 또 辰이 戌을 동요하게 해도 끝까지 이 丙辰시를 쫓아가는 그런 추구성, 작용력이 발생한다는 것입니다.

그런 것이 주로 직업, 행동분야 또 자기가 다루려는 종목이나 아이템 이런 것들로 가는데, 이런 추구성도 결국은 운에 의해서 간섭받는다 해도 다 되는 것이 아닙니다.

그런 것들이 이미 명 내에 있음으로 추구성 인자를 그대로 유지하려는 관성이 운을 떠나서 내부의 어떤 기운으로써 그대로 따라 다닌다는 것입니다.

좌표에 따른 길흉

[그림 5-7-2]

格用

調候　　喜忌

時	日	月	年
丙	癸	丁	甲
辰	丑	丑	子

乾　　年
　　　　甲
　　　　丁財

乙	甲	癸	壬	辛	庚	己	戊	大
酉	申	未	午	巳	辰	卯	寅	運

좌표에 의해서 년월과 일시로 나누면 이것은 희기도 되고 좌표도 되는데 년월에 있는 것을 제대로 잘 쓸 수 없으니 대운의 흐름에서 戊寅, 己卯, 庚辰, 辛巳, 壬午, 癸未 이렇게 흘러간다고 했을 때 대운의 앞부분에서 오는 戊寅, 己卯 대운의 인자가 調候에 관한 여러 가지 기운을 해소하고는 있지만, 년월에 있는

인자가 좌표에 의해서 간섭하고 있는 것입니다.

그러니까 제대로 戊寅, 己卯 대운을 잘 쓰지 못하는 모양으로 가게 되는 것이고, 그다음에 일과 시에 있는 인자들이 서서히 座標論的으로 긍정적인 작용을 일으키는 것이 됩니다.

예를 들어서 대운이 癸未, 甲申, 乙酉가 들어온다 해도 甲申, 乙酉 이 자리에서 五行的으로는 調候가 무너지고 있지만 丑일과 辰시를 그냥 그대로 끌어안고 있다는 겁니다.

그러니까 이것을 운에 의해서 병든 마누라라고 해 보겠습니다. 丙이 申을 만나면 12운성으로 病地에 이르니까 모양은 있으되 기능은 부실해집니다. 그런데도 시간의 丙을 따라 갑니까? 대운의 申, 酉를 따라 갑니까? 병든 마누라를 보듬고 있겠습니까? 아니면 병든 마누라를 버리겠습니까?

申과 酉가 印星입니다. 印星을 쫓아가면 어떻게 됩니까? 년지를 기준으로 하면 申이것은 地殺이 됩니다.

'나는 초야에 묻혀서 도를 닦든지 조용하게 은거를 하겠다.'

이런 모양새에서 부인이 만약에 남편의 운을 물을 때 申대운에 들어가면서

"자꾸 떠나고 싶다. 산으로 갈란다. 개 한 마리 데리고 저 산속에 집짓고 살련다. 어찌해야 되겠습니까?"

이렇게 물었을 때 운의 글자가 우세이냐? 명 내의 글자가 우세이냐? 이랬을 때 오히려 년월을 보면 되는 겁니다.

년월을 볼 때 소위 水氣에 의한 여러 가지 고충스러움을 겪었고 또 젊은 날에 감당했다는 말입니다. 중년부터 그 작용력을 통해서 인연이 맺어진 배우자와 자식 자리쯤 됩니다. 자식을 어떻

게 합니까? 그대로 그냥 관성적(慣性的)으로 끌고 간다는 것입니다. 그러니까 마누라 당신을 버리지는 않을 것이라는 것이죠.

원래는 干支 모양은 어떻게 됩니까? 운의 형태가 먼 길을 떠난다는 것입니다.

甲申대운의 甲은 정신적으로 傷官이 된다는 것은 새로운 세상을 추구하는 쪽으로, 새로운 삶을 추구하는 쪽으로 정신적으로 짜져 있는 것이고 행위적으로는 또 印星과 地殺이 되므로 도닦으러 산으로 간다. 그런 행위를 하는 것이 기본적으로 맞음에도 불구하고 가지 않는 것이 명 내의 좌표에 의한 흄믄입니다.

이것은 두 가지가 다 겹치는 것입니다. 흄믄측면에서도 이것이 좋고 좌표에 의해서도 말년의 모양새를 관성적(慣性的)으로 끌고 간다는 것입니다. 실제 실관을 할 때는 이런 것이 굉장히 많습니다.

그러니까 그런 것을 그냥 다 읽어줘 버리면 대충 그 사람의 특성은 다 규정지어 주는데 결정적으로 갈 것이냐? 말 것이냐? 보통 이럴 때 운에 있는 것을 통해서 행위를 합니다. 산속에다 아니면 적당히 시골 같은 곳에 뭘 사두는데 왔다갔다 내지는 그곳에 더 많이 머무를 거라고 봤는데 처음에 왔다갔다 조금 하다가 그대로 그냥 머물러버리는 또는 가도 배우자와 같이 가는 식의 속성이 좌표에 의해서 그 개성을 그대로 유지해 나가는 속성 때문이라고 그런 식으로 보면 됩니다.

마누라는 따라다니기에 아파 죽겠는데 같이 가자는 겁니다. 그런데 그것이 자기한테 큰 문제일 수 있는 겁니다. 남이 볼 때는 '따라가면 되지!' 이렇게 편하게 생각할 수 있지만 묻는 사람

입장에서는 이것이 굉장히 피곤한 상황으로 볼 수 있는 것입니다. 그래서 크게 아울러서 표현한다면 팔자가 규정하는 틀, 제한하는 측면 그런 것들을 그대로 보실 필요가 있다는 것입니다.

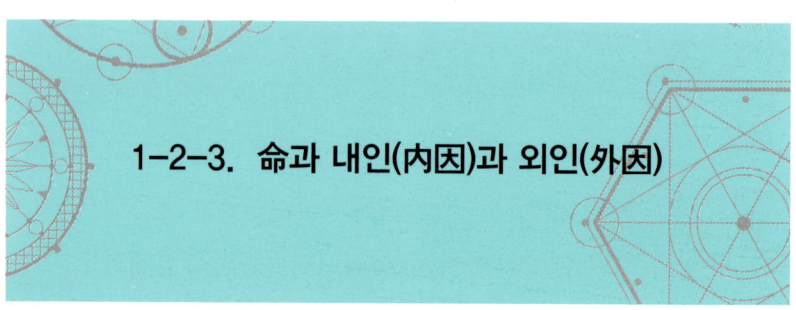

1-2-3. 命과 내인(內因)과 외인(外因)

그다음 항목은 앞에서 설명한 투출되고 있는 天干과 地支 그다음에 透干이라는 것이 원래 地藏干에서 드러난 것들입니다. 地藏干에서 드러난 것들 그다음에 운에서 발생하는 干支 구성을 통해 내인(內因) 즉 내부적으로 뭔가 에너지가 원인이 되었느냐? 외부에서 오는 것이 원인이 되었느냐? 하는 것들을 기준으로써 여러분이 생각해 놓고 거기에 대한 상담이나 답을 구하는 그런 것이 기준이 되어야 한다는 것입니다.

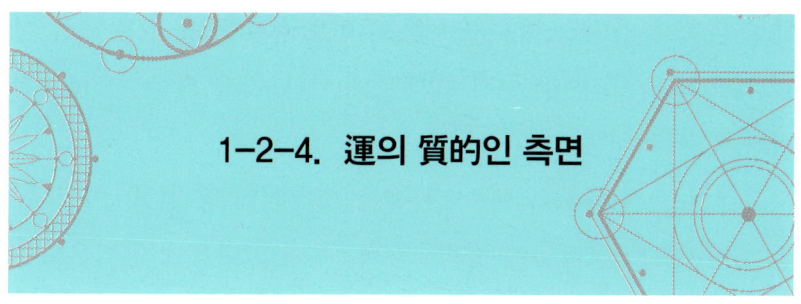

1-2-4. 運의 質的인 측면

그다음에 '운의 질적인 측면'

사람팔자가 소위 시간문제라고 할 때 질적(質的)으로 변하는 것이 있고 양적(量的)으로 변하는 것이 있습니다. 그래서 질적인 변화, 양적인 변화 두 가지에 간섭하는 것들을 이것도 사실은 구분을 할 필요가 있습니다.

[그림 5-8] 운의 질적인 측면

질적 : 건달 ──주변, 가족──▶ 직장인

질적	×	×	○	○
양적	○	×	×	○

질적인 것은 이런 것입니다. '건달에서 직장인' 이런 것들이 질적인 변화입니다. 그러니까 직장이 없이 왔다리 갔다리 하다가 직장을 갖게 되었다. 여기서 오는 큰 편차 이런 것들을 구분할 필요가 있습니다.

그런데 건달이었는데 건달이라는 것이 안정된 직장이 없는 상태를 말한다면 양적(量的)으로는 주변 또는 가족들을 통해서 어떤 경제적인 보상이라든지 혜택은 또 무난하게 잘 누렸다는 겁니다.

그래서 질적(質的)으로는 안 좋은 상태인데 양적(量的)으로는 또 좋은 상태, 그다음에 질적, 양적, 부실 그다음에 질적으로는 좋지만 양적으로는 부실한 것, 질적 양적 두 개 다 좋은 것, 이것이 조금은 구별이 되면서 운세해석을 해줄 필요가 있다는 겁니다.

거기에 간섭하는 인자들이 어떤 것들이다 하는 것인데 질적인 면, 양적인 면을 또 문자적으로 잘 구별해줄 필요가 있지만 실제로 어떤 측면이냐 하면 변화량이라고 하는 것도 사실은 함축하고 있는 것입니다.

[그림 5-8-2]

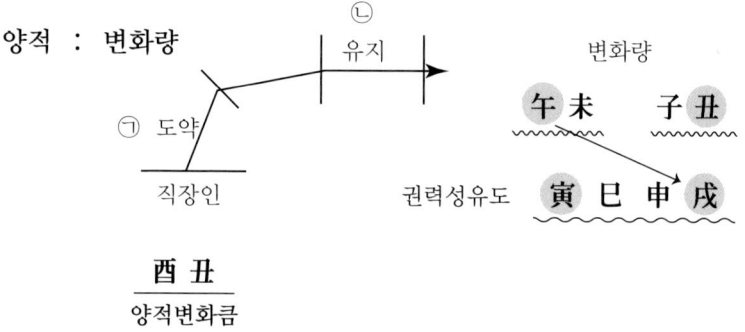

그러니까 운에 쓰일 때 우리가 직장인으로써 지낼 때 계급장 중심이라면 도약을 하던 기간 또 완만하게 올라가던 기간, 오히려 유지만 하는 구간 이런 식으로 구분이 되는데 이것은 변화량

적인 측면입니다.

　변화를 10년 동안 확 도약하다가 그다음에 찔끔찔끔 올라가다가 그 이후에는 그냥 진급이라든지 발전도 못하고 유지만 하고 하는 이런 변화량 개념에서 또 양적(量的)인 어떤 측면이 실제 상담 중에는 다 뒤섞여 있는 겁니다. 그러니까
"왜 나는 빨리빨리 진급이 안 됩니까?"
　이런 것을 볼 때 기준을 취직을 한다 못한다는 질적인 요소를 할 것이 아닙니다.

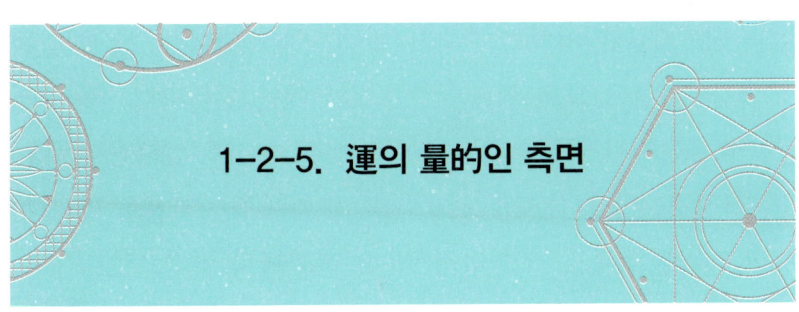

1-2-5. 運의 量的인 측면

　그다음에 양적(量的)으로 사회적인 성취를 이룩해내는 정도를 나누기도 하지만 이 구간(그림㉠)동안 이렇게 도약하느냐? 그냥 유지하느냐? 그러니까 묻는 사람은 간단하게 묻는 것이지만 성격은 사실은 복잡한 것입니다.

　그런데 그런 것 생각 없이도 '正官오면 되고, 偏官오면 자리가 좋아진다.' 이렇게 六親이나 五行의 흐름 정도만 가지고 해설을 해줄 수도 있지만 실제로 일어나는 것을 보면 공직생활이든 일반적인 직장생활이든 도약을 잘해주는 구간이 있고 조금씩 발전

하는 하는 구간이 있고 그냥 유지만 하는 구간이 있습니다.

그러니까 변화량을 많이 만드는 것은 어떻습니까? 식물이나 이런 것의 성장을 기준으로 하면 午, 未 이런 것들이 사실은 변화량 인자가 되는 것입니다.

그다음에 調候가 허물어진 경우에는 子, 丑, 午, 未입니다. 이 중에서도 午나 丑 이것이 좀 더 많이 간섭하는 것입니다. 그다음에 어떤 권력성을 유도해주는 인자로써 팔자 내에서도 이런 寅, 巳, 申, 戌을 취했었습니다. 寅, 巳, 申, 戌을 취했었는데 운에서도 이런 것들을 취해 준다는 것입니다.

寅, 巳, 申, 戌 이때는 변화가 '많겠다 적겠다' 하는데 주로 地支 전체를 놓고 보면 寅午戌같은 경우에는 陽태과의 午와 寅, 巳, 申, 戌 여기에 寅午戌이 무리지어 있습니다. 그다음에 酉나 丑 이런 것들이 양적(量的)으로는 많이 바꿔주는 작용을 합니다.

그러니까 양적(量的), 질적(質的) 변화에서 양적으로는 많이 좋아졌는데 하는 일은 똑같거나 질적인 변화는 없고 양적(量的)으로는 변화가 있었다는 것이 사업을 해도 마찬가지입니다. 똑같은 엿 장사를 했는데 이 시기에는 많이 벌었고 다음시기에는 완만하게 벌었다. 이것이 뭐냐면 양적(量的)인 변화의 편차입니다.

사람들이 겪는 고통은 옛날에는 장사가 잘 되더니 장사가 지금은 덜 된다는 겁니다. 이것을 어떻게 받아들일 것이냐는 겁니다. 여기서 사람들이 더 궁금해 하는 부분이 많이 발생한다는 것입니다.

그러니까 내가 엿 파는 것은 내가 알고 있습니다. 내가 엿장수

운명이라는 것도 아는데 옛날에 장사가 되던 것 보다는 지금 덜 하다는 겁니다. 여기서 오는 불안 이것을 나는 해소하고 싶어서 왔다는 겁니다.

그런데 이것을 구분을 안 짓고 크게 뭉쳐서
"그래도 장사 잘하고 있네!"
이렇게 그냥 묶어서 해설을 해 버리면 그 사람 입장에서는 또 갸우뚱 하게 되는 겁니다. 그래서 진짜 상담해주는 것이 피곤한 이유가 장사가 좀 잘되다가 좀 완만하게 되어나가도 자기한테는 큰 근심거리니깐 이런 것을 와서 물으니 할 수 없이 이런 것을 나누는 논리나 기준을 자꾸 찾을 수밖에 없는 것입니다.

그래서 질적(質的)인 요소가 변하고 있는지 양적(量的)인 요소가 변하고 있는지 그것을 좀 구분할 필요가 있고 그다음에 양적인 요소의 변화 면에서는 변화 자체도 어느 정도 속성을 따지겠지만 변화량입니다.

이 변화량 개념에서 해석을 해줄 필요는 있는데 그것이 六親 그다음에 五行, 神殺 등 큰 단위의 陰陽 이런 것을 가지고 구분 지어서 구간을 나누어 본다는 것입니다.

[그림 5-9]

그리고 그림5-8-2의 'ⓒ유지'하는 구간에 이르면 대부분 질

문의 내용이 나름대로 좀 벌기는 벌었는데 장사가 더 잘되는 것도 아니고, 그냥 더 꺼지는 것도 아니다. 그러면 어떻게 하면 좋겠느냐? 할 때 이 터닝점을 잡아주는 문제 이런 것들이 실제로 실관 할 때 많이 쓰여지는 부분이니까 여러분이 그런 기준점이나 이런 것을 감각적으로 새기고 있다가 '이 측면에서 나누어 보자!' 그리고 모르겠으면 물어보면 됩니다.

"이때 이때는 어떠했느냐?"

물어보면 그때는

"뭐 그러니까 이랬다."

그러면 그 이유는 뭘까? 이렇게 분석적으로 정리를 해 볼 수 있습니다. 그것이 하나의 논리를 터득하는 과정이 되고 또 비슷한 케이스나 닮은꼴 케이스가 왔을 때 이야기를 해줄 수 있는 것입니다.

그런 측면에서 발생하는 질문과 답 이런 것들이 많이 발생하기 때문에 그래서 질적인 변화요소, 양적인 변화요소 그런 것들을 조금 구별하면서 가야 합니다. 질문과 답들이 많이 발생하기 때문에 질적인 변화요소, 양적인 변화요소들을 조금씩 구별하면서 가야 합니다.

[그림 5-8] 운의 질적인 측면

질적 : 건달 ─── 주변. 가족 ───▶ 직장인

질적	×	×	○	○
양적	○	×	×	○

보통 질적으로 좋은데 양적으로 불리한 경우가 있습니다. 이런 경우로는 보통 두 세가지 케이스입니다. 주식투자를 좀 해서 10년 동안 부지런히 차곡차곡 모은 것을 다 까먹기도 하고 좋은 것 있다고 투자하라고해서 그동안 실컷 번 것을 털어버리기도 합니다.

그러니까 질적으로는 괜찮지만 양적으로는 상태가 상당히 좋지 못한 그런 것들이 정말 많습니다. 퇴직금 정산과 동시에 빚잔치를 하는 경우가 진짜 많습니다.

물론 상식적으로 퇴직을 하면서 어느 정도 경제적인 세이브가 있겠다고 생각하지만 실제로 그렇지 않은 경우가 훨씬 많으니 이것을 구별해서 보는 훈련도 될 것이고 방식도 될 것이고 그런 것을 여러분이 좀 고안을 하시라는 겁니다.

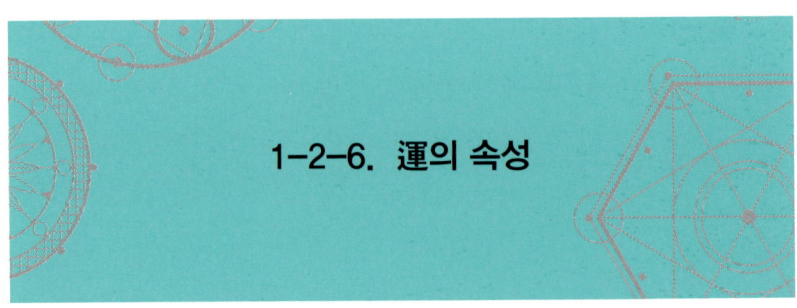

1-2-6. 運의 속성

◎ 干支의 속성과 흐름

그다음 속성은 질적(質的), 양적(量的) 측면과 또 다른 측면이 있습니다. 속성은 질적, 양적인 요소와는 다르게 어느 구간에는 부동산을 샀다가 팔았다를 할수록 영양가가 없어진다 하는 식의 이런 속성적인 기준점이 있습니다. 뒤에 실제로 甲, 乙, 丙, 丁 글자 자체를 놓고 해 볼 겁니다.

보통 대운이나 세운에서 木氣의 출현이 속성적으로, 있는 것을 자꾸 훼손해놓는 작용을 하는 것입니다. 그래서 天干에서는 甲, 乙이 될 것이고 地支에서는 寅, 卯가 될 것인데 아무리 喜忌論的으로 또는 格으로 안정되고 좋은 모양을 가지고 있다 해도 이런 것들이 출현하면 막 삐져나옵니다. 틀이 자꾸 깨어집니다. 그래서 '하는 수 없이 보통 고친다.' 또 조금 강하게 표현하면 '훼손한다.'는 것입니다. 이런 식으로 木氣가 드러났기 때문에 발생하는 속성적인 면이 있다는 것입니다.

학생 질문 – **自刑 작용과는 좀 틀립니까?**

선생님 답변 – 작용은 조금 다릅니다. 그러니까 봄이라고 하는 계절을 만났을 때 만물이 소생한다고 했습니다. 봄, 여름 이럴 때는 만물이 보통 길어나는 것이 일반적이지만 만물의 소생이라는 속성에 의미부여를 많이 하게 되는 것이 이런 木氣의 출현이라고 하는 것인데, 다 새로 만들려고 하는 것입니다. 그것이 가정, 직장, 자산 여러 가지들을 새로 만들려고 하는 것입니다.

학생 질문 – 그 글자가 왔을 때는 리메이크 작용입니까?

선생님 답변 – 그렇습니다. '고친다.'라는 것이 가장 일반적이고 좀 더 좋은 운을 가다가 꺾이는 운에 들어갔을 때 저런 것을 만나면 훼손이 됩니다. 훼손 되는 것이 뭐냐면 '가정이 훼손된다.', '자기가 일하는 어떤 무대가 훼손된다.' 이런 식의 훼손이 이루어진다는 것입니다.

그러니까 木의 성질대로 가만히 있지 않고 펼쳐져서 떠돌아다니는 그런 일을 하는 사람에게는 비교적 직업적인 것으로 해소가 되어서 무난하지만 나머지 목적이라든지 방향성 이런 것을 가지고 가야 되는 사람은 흔들리거나 훼손되거나 고치거나 하는 이런 것들의 간섭이 속성상 따라다닌다는 것입니다. 그래서 그런 속성에 따른 문제가 있다는 것입니다.

그러니까 '질적, 양적인 부분은 알겠고 그냥 돈은 안 되지만 직장생활을 하고 있습니다.' 이런 식으로 질적인 측면, 양적인 측면에서 언밸런스는 알고 있는데 이상하게 자꾸 주거 안정이 안 된다. 그다음에 이사만 갔다하면 다른 문제가 생겨서 자꾸 또 훼손하고 고치고하는 이런 일이 생긴다든지 하는 경우 그런 것에 관한 내용들과 기준을 가지고 해석해줄 그런 상황도 많이 발생하기 때문에 그래서 운에서 항상 운의 속성을 조장하는 인자에 대한 정리를 조금 해둘 필요가 있는 겁니다.

干支의 연결성을 가지는 흐름에서도 파악할 수 있고 또 干支 자체의 속성일 수도 있습니다. 그다음 六親은 워낙 그런 것을 다 포괄하고 있으니까 별도로 제목을 달지는 않았습니다만 六親의 속성 그런 것이 잔재주에 많이 쓰이긴 쓰입니다.

예를 들어서 대운 자체가 天干이든 地支든 印星이 드러났다면 印星의 속성이 있는 공간 그러니까 대운이라는 것이 일정기간 머무르는 어떤 공간 또 활동무대를 상징합니다. 그러면 대운에서 印星의 간섭이 있으면 어떤 곳이겠습니까? 공간으로 치면 시장판이겠습니까? 학교 옆이겠습니까? 학교 옆이라는 말입니다. 그다음에 財星이 간섭하면 사람들의 활동이나 교역활동이 빈번한 곳입니다. 그래서 시장, 역(驛)입니다. 역이라는 것은 활동이 빈번한 곳입니다. 그런 속성을 쫓아서 있는 것입니다.

官星은 가까운 곳에 관청 또는 교회나 사찰 이런 것이 되는데 의미는 뭐냐면 시비분별을 하는 것이니까 그것은 하늘의 관청에 속한다는 것입니다.

그 시비분별은 '옳다 그르다.'를 나누는 행위가 되는데 시비분별을 하는 공간이니까 관청, 교회, 사찰 등이 되는 되는 것입니다. 예를 들어서 官星대운에 살고 있는 공간을 보면 인접해서 교회가 있든지 사찰이 있든지 아니면 실제 동사무소가 있든지 이런 식의 간섭을 받는 것입니다.

그다음에 官星이라는 인자를 힘들게 쓰면 행위적인 면에서는 남들에게 시달리든지 구설 또는 시비, 관재에 시달린다는 의미도 됩니다. 또 그것이 질병적으로는 官星 자체가 偏官처럼 편중성이 심할 때는 수술과 같은 일을 겪기 쉽고 또 일반적인 官星일 때에도 官星 자체가 결국은 움직임을 좋게 하지는 않습니다.

그러니까 활동성에 저해를 하는 만성적인 질병 그런 것들이 속성으로써 간섭을 하게 되는 것입니다. 六親에 의한 간섭만 하더라도 사실 설명할 것이 많습니다. 六親에 의한 간섭은 다들 공부하셔서 알고 계시니까 干支 자체의 속성 이런 것들을 운에서도 전제를 해놓을 필요가 있다는 겁니다.

그다음 흐름에서는 12운성적으로 財星이 펼쳐지고 닫히고 官星이 펼쳐지고 닫혀지고 이런 모양이 있죠? 그런 것들도 그 사람에게 계속 속성으로 간섭을 한다는 것입니다. 그러니까 설명을 하려고 하면 설명할 것이 얼마나 많습니까?

질문을 받았을 때 이것을 빨리 분류하는 것이 중요합니다. 이 사람이 어떤 취업의 여부를 묻는다면 이것은 질적으로 변화되는 시점을 일러줘야 되는구나! 그다음에 '언제 좀 돈을 벌겠느냐?'

[그림 5-10-2]

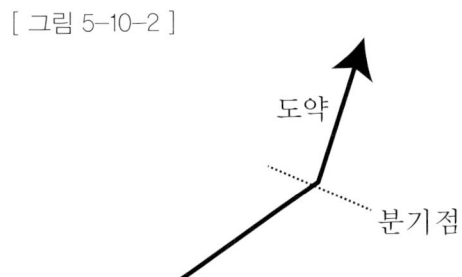

그러면 턴이 되는 어떤 분기점을 찾아줘야 되는 것입니다.

그다음에 사실은 팔자 내에 있는 그릇의 문제 또 도구의 문제 이런 것을 묻는 것도 많습니다. 그러니까

"도대체 뭐해서 먹고 살아야 되겠습니까?"

이것은 어디에 있습니까? 두 군데 다 있습니다.

우선적으로 命內에 강화되어 있는 인자, 格 그다음에 六親的으로 어떤 것을 도구로 써야 하느냐? 그다음에 운에서 그것을 쓸 수 있느냐, 없느냐? 하는 겁니다.

[그림 5-10]

대운이 아마 丁未 대운에 아마 걸려있을 겁니다. 아마 丙午대운에서 丁未대운 사이에 걸려있는 정도로 기억을 하고 있습니다. 지금 바로 종합을 할 시간은 아닌데 한번 연습을 해 보겠습니다.

이 팔자에서 기본적으로 형태상으로 正官이 格으로 취해져 있

는데 格을 훼손한 것이 偏官의 출현. 그러니까 混雜格 즉 '官殺混雜格'이 되어 버렸습니다. 그다음 또 偏財의 출현이 되었습니다. 財星은 또 혼잡되어 있고 이런 사람은 그다음에 寅中에 丙火가 있기는 하지만 印星의 투출이 없습니다.

이런 사람은 일시적으로 당연히 官이 세력을 가지고 있으므로 조직생활에 가담을 하지만 조직생활을 계속 하겠습니까? 못하겠습니까? 못한다는 겁니다.

그래서 독립적인 일을 구할 수 있는 시기가 오면 독립을 하게 되는데 그 중간에 아마 戊寅년쯤 될 겁니다. 戊寅년 서른일곱에 독립을 했습니다.

이 戊일주가 戊寅년을 만나면서 정신적으로 독립성향이 오는데 이십대 중반부터 서른여섯까지 직장 생활 형태를 하다가 印星이 없으므로

"내가 뭐하는 짓이고? 내가 머슴이가?"

하면서 그런 피해의식을 가지는데 그 이유는 뭡니까? 印星이 드러나지 못하고 食傷의 투출이 없다는 겁니다. 그러니까 일단 반항은 못하겠고 나가보니 맨날 종처럼 살아야 되고, 그래서 보통 祿을 띄울 때나 天干에 군신대좌(君臣對坐)가 드러날 때 독립인데, 초창기에는 조금 고전을 하다가 그 이후에 발전을 해 오고 있습니다.

그다음 干支 구성을 보면 99 己卯년, 2000 庚辰년, 2001 辛巳년, 2002 壬午년 이렇게 운이 흘러가는데 癸未년 정도에서 서서히 財星과 天乙貴人, 攀鞍 이런 작용을 통해서 서서히 기반을 만들기 시작합니다. 그 이후에 꾸준히 발전을 해오고 있습니다.

이런 것이 있습니다. 자기 사업으로 왔을 때에는 보통 월에 있는 官星이라는 것은 주로 거래처 작용이라는 것입니다. 그런데 官星이 혼잡되어 있으니까 주 거래가 있어도 부 거래가 있습니다. 그래서 여러 군데를 보통 상대를 하는 모양이 되고 지향하는 지향점은 어떻게 됩니까? 亡身과 무리를 짓는 시에 있는 소 丑자로 갑니다. 그러니까 天殺이 됩니다. 그러니까 天殺그룹이라는 것은 뭡니까? 내가 정복하면 내가 사회적인 지휘나 신분을 바꿀 수 있는 분야가 됩니다. 그런데 丑 중에 있는 성분이 뭐가 들어 있습니까? 辛이 들어 있습니다.

물론 時干의 癸水는 당연히 투출되어 있으니까 그렇고 그다음에 己土의 속성은 당연히 있는 것이고. 丑중에 辛이 추구성 속에 포함이 되어 있다는 것입니다. 傷官이라는 것이 부가가치가 높은 제조, 생산 이런 것을 추구하게 되는데 그래서 제조도 가능하고 유통도 가능합니다.

실제로 임가공이나 제조형태의 일을 하다가 대운의 간섭 때문에 어떻게 하겠습니까? 국내에서 안하고 해외에다 만들어두고 그다음에 양이 많아지면 그냥 이렇게 OEM방식으로 만들어 와서 파는 그런 방식이 된다는 것입니다.

그러니까 결국은 운의 간섭도 배제할 수 없고 물론 丁未대운 넘어가면 어떻게 됩니까? 戊申, 己酉 대운을 쓰면 본격적으로 제조를 하려고 할 것입니다. 그러나 명 내에 없으니 규모가 있으려면 국내 말고 해외입니다. 국내에서는 어느 정도만 모양을 갖추는 식의 모양으로 가는 것이 좋다고 설명을 해 주는 것입니다.

2013년 癸巳년에 祿의 위치에 이르고 또 주기성에 의해서 자기가 지배를 할 만한 財星의 흐름이 됩니다. 그러니까 身旺, 身弱을 기준으로 하면 이 팔자에서 寅卯辰이 木氣와 水氣로 무리지음으로써 祿을 보면 폼 잡고 싶은 겁니다. 힘을 쓰고 싶어 합니다. 거기에 財星을 갖추고 있으니까 모양을 갖추어서 뭘 세우는 겁니다. 실제로 빌딩같은 것을 만들었습니다. 사옥 형태에 준하는 것을 만들어 놓고 보니까 머리가 조금 뜨끈뜨끈한 겁니다.

그 이유는 무엇이겠습니까? 운의 주기성 속에는 물론 그 다음에 더 디테일하게 나누어서 보는 기준이 있지만 팔자 안에 印星 자체에 대한 지배력이 약하니까 운의 흐름이 印星에 대한 지배력이 떨어지기 시작하면 자꾸 불안해지기 시작하는 겁니다.

"어떻게 하면 좋겠냐?"

운에서 잘 보완이 된다면 모르지만 운에서 그런 기운이 약화되기 시작하면 사업이 나름대로 잘 되더라도 오히려 직접 부동산 소유를 통해서 관리하는 것 보다는 임차를 해서 쓴다든지 하는 것이 더 바람직하다고 보는 것입니다.

그러니까 복합적으로 사실은 팔자보고 운보고, 팔자보고 운보고 해서 대화가 이루어지는 것입니다. 그것이 워낙 훈련이 많이 되어 있으니까 노타임으로 대답할 때가 있고 조금 생각해서 해 주는 것도 있고 합니다.

그래서 결국은 1-2-7이 뭡니까? '1-2-7. 운의 종합'입니다. 결국 복합적으로 할 수 밖에 없다는 겁니다. 그래서 하나의 측면만 꿰어서 할 수 있는 것은 틀리지 않고 그 사람의 운명적인 특성 또 운의 특성을 봐줄 수는 있지만 전체를 온전하게 다 표현해 주는 데는 한계성이 있다는 겁니다.

그래서 六親을 보느냐? 神殺을 위주로 보느냐? 뭘 위주로 보느냐? 다 봐야 된다는 겁니다. 다 봐야 되는데 도구나 기준이 분류되어 있으면 그렇게 번거로워 할 필요가 없다는 겁니다.

'이 기준에 적합하고 저 기준에 적합하지 않으므로 이러하다.'

이런 식으로 기준만 잘 설정해두면 상담을 하더라도 그 사람이 원하는 답에 그래도 80~90% 다 커버를 해낼 수 있다는 것입니다.

모르면서 하려니 머리가 아픈 겁니다. 그러니까 전 시간에 예제로 했던 己酉일주를 했었습니다.

"왜? 乙未년이 안 좋은지 알 수 없다."

도구들을 딱 찍어서 분류해 보면 안 좋은 것이 5~6, 좋은 것이 1~2 밖에 없습니다. 그러면 그런 속성들을 그냥 그대로 파악하고만 있으면 충분히 설명할 수 있는 것입니다.

운의 종합 맨 마지막 제목에 어떤 '복합적 접근 및 해석'이라는 타이틀을 달아 둔 것에 대한 개념을 여러분이 정리를 해 두시고 제가 다음 시간에는 서서히 샘플을 조금씩 끼워 넣어서 그 주제에 부합되는 것들을 통해서 조금 더 감각이 생겨나도록 진행하겠습니다. 질문 있습니까?

학생 질문 – 地支에 寅, 卯가 있을 때 木이 왔을 때 리메이크나 훼손 작용이 온다고 했을 때 天干의 경우는 地支에서 만큼 강하지는 않습니까?

선생님 답변 – 강하진 않습니다. 이것은 주로 현실 면에서 그런 속성이 잘 발생하고 天干은 생각적인 면입니다. '생각 면'이니까 자기가 속해있는 조직이나 상황에 의해서도 항상 생각이 번잡스럽고 뭔가 새로운 것을 자꾸 꿈꾸고 있는 것입니다. 그래서 부분적으로 행위도 일어납니다.

주로 정신적인 것이 위주가 되는데 단위가 클 때는 행위도 일어난다고 보면 됩니다. 단지 그것이 현실적인 대세를 바꿀 정도는 아니라는 것이고 강약 차이만 있고 행위적인 면도 좀 드러난다고 보시면 됩니다.

예를 들어 여자운명에서 甲, 乙이 傷官이 아니고 財星이라고 쳐도 그 운을 지나갈 때 이것을 좀 벗어나야 된다고 생각하고 지냅니다. 그것이 운에서 오는 지속적인 기운 때문에 또는 속성 때문에 그렇다는 겁니다.

학생 질문 – 선생님 책에서 '춘하추동 신사주학'에서 봤을 때는 地支에서만 강하게 나타나고 天干은 생각만 하고 그친다고 하셨는데?

선생님 답변 – 주로 현실 면은 地支가 대세적이고 위주가 됩니다. 현실을 바꾸지는 못하니까 일단 그렇습니다. 그러나 거기서 오는 현실적인 자기 고충이라는 것이 있는 것이라는 겁니다. 그렇게 보시면 됩니다.

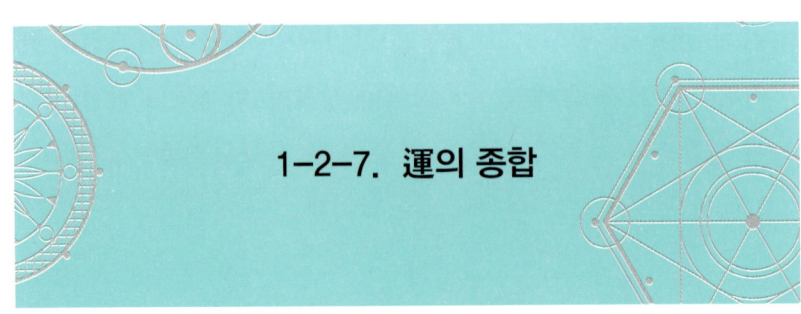

1-2-7. 運의 종합

　개념중심이라서 상당히 내용이 딱딱하고 연결고리를 다 정리하기가 번거로울 것입니다. 그러니까 살아 움직이는 동물을 다리 하나 설명하고 꼬리 설명하고 뛰는 것 설명하고 또 몸속의 뼈를 설명하고 이런 식으로 범벅이 되어있는 그런 식의 이해나 접근을 한 것은 어쩔 수 없는 측면에서 했기 때문에 그 부분에 대한 터치나 기준을 조금 다루었다면 干支의 속성도 디테일을 다룬 것은 아니고 속성에 대해서 '있다. 없다.' 이것만 설명해 드렸습니다. 뒤에 다시 디테일한 부분을 다루는 것에서 하나하나씩 간단간단하게 다루어 보겠습니다.

◉ 복합적 접근 및 해석

　오늘은 내용을 보신다는 개념이 아니고 명조를 파악할 때 어떤 인자의 순서를 가지고 봐야 되겠다는 것을 한번 연결해 보겠습니다. 운세에 관해서 아주 정밀한 방식으로 다루는 것은 뒷날에 종합적으로 할 때 해보기로 하고 지금은 연결고리만 차근차근 정리를 한번 해보자는 겁니다.

[그림 6-1]

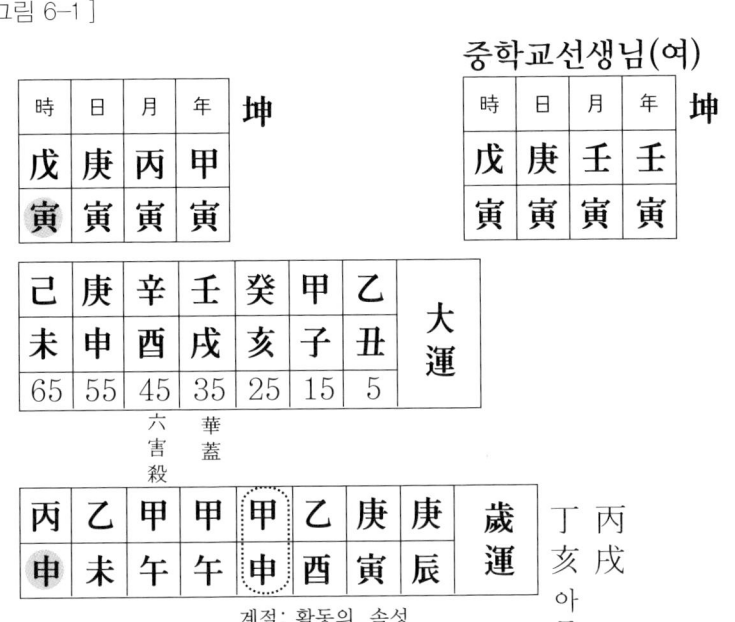

여자인데 大運이 壬戌 大運에 와 있습니다.

예를 들어서 이런 명조가 있다고 칩시다. 지금은 답을 찾는 것이 아니고 어떤 측면, 어떤 측면 이것을 쇠꼬챙이를 사용해서 '어디에 찔러보고 어디에 찔러본다.' 이런 수순도 될 수 있고 다른 측면도 될 수 있는 것입니다.

물론 직업적으로 프로로 계신 분들이 많으니까 이 명조를 보는 순간 자기 나름대로 기준을 잡아서 운세를 해설해 나가는 기준을 가지고 있을 것인데 제일 먼저 命을 나누는 우선순위에서 범 寅자가 이렇게 네 개 겹치는 것은 제가 이때까지 두 번 봤습니다.

물론 다른 것은 짝퉁들도 있습니다. 범 寅자가 세 개까지 있는 것 그런 유사한 것들은 많이 봤는데 이 명조를 보는 순간에 떠오르는 것이 있습니까?

학생 질문 – "학교 선생님"

비슷한 모양의 壬寅생 팔자가 기억에 있습니다. 甲寅생 庚寅日柱는 壬寅생 패턴과는 조금 다릅니다. 壬寅생은 드러난 年干에 간섭자가 食神이고 甲寅생은 偏官이라는 속성이 드러나 있습니다. 그래도 地支에 기본 구성 성분인 寅木이 거듭거듭 에워싸고 있으니까 寅木의 대표적인 속성과 직업이나 활동무대에 연관되어 있다는 것입니다.

그래서 정리해보는 차원에서 그냥 해 보겠습니다. 甲寅생은 활동하는 분야가 기본적으로 天干에 寅중에 있는 地藏干 甲丙戊가 다 드러나 있습니다. 이것은 자격, 교육입니다.

그다음에 偏財의 속성을 결국 무리 지어 쓰는 것이 月干의 丙 偏官이라고 하는 글자를 쫓아서 써먹고 있고 그다음에 天干 자체에서 年干의 甲 때문에 財星에 대한 추구성이 있습니다.

壬寅생의 경우에는 天干에 드러나 있는 壬 食神이라고 하는 추구성이 기본적으로 부여되어 있다면 甲寅생은 甲이라는 추구성이 부여되어 있으니까 조건만 맞으면 사업성을 발휘할 수 있는 그런 흐름으로 들어간다고 보고 그것을 우선순위로 제가 자격, 교육, 전문기술, 어학 그다음에 사업성을 발휘하러 갈 때는 이것이 甲寅생의 甲과 地支 寅이 같이 어울립니다.

寅이라고 하는 것은 주로 건축, 건설 그다음에 여자들은 주로 상업예술이 됩니다. 그리고 甲寅생 丙월의 偏官이라고 하는 것이 사람을 많이 상대하거나 큰 곳과 손을 잡고 하는 속성의 분야로써 직장형태의 활동도 가능하고 자기사업도 가능합니다.

甲寅생은 처음에는 뭘 했느냐면 영어선생을 했습니다. 이 경우에는 제도권 선생이 꼭 될 필요는 없죠? 영어 선생을 하다가 2000년 庚辰년 27살에 피부샵을 합니다. 어떤 인자로 인해서입니까?

그러니까 運에서는 庚辰년이 가지는 의미를 한번 보자는 겁니다. 물론 庚辰년이 癸亥 大運에 걸립니다. 癸亥 大運에 걸리면서 偏財 長生의 기본 조건이나 흐름을 가지고 있으면서 결국 庚이 庚을 만나면서 새로운 모양새 정립 그다음에 辰이 무슨 작용을 합니까? 驛馬작용을 일으킵니다. 그래서 무대를 새롭게 옮기거나 주거나 일의 속성을 바꾼다는 것이 庚辰년에 부여가 되고 그때부터 꾸준히 현재까지도 계속하고 있습니다.

庚寅년이 들어오면 이때가 37살이 되는데 壬戌 大運 들어오면서 외국인을 주로 상대하는 임대사업 쪽으로 뛰어듭니다.

자기가 어학이 되니까 미군들을 상대로 하는 용역업을 하다가 아예 금융을 일으켜서 원룸을 사서 연결해주는 일을 했습니다. 거기에는 돈을 선불로 받는가 봅니다. 그래서 2010년부터 지금은 일을 겸해서 하고 있습니다.

"더 넓히고 키우면 어떻겠느냐?"

"오케이!"

天干에 財星이 甲申년이나 乙酉년 이럴 때도 보통 財星의 속성이 寅중에 있는 甲이 다시 또 運에서 만나면 자기가 주동하려는 인자가 드러난 것입니다. 거기다가 三災가 들어오면서 이것 저것 옮기고 바꾸고 하는 주로 주거변동 이런 것을 하면서 무대를 넓혀나가는 것이고 다시 庚寅년 그다음에 올해 다시 甲午년, 乙未년에 또다시 甲, 乙이라고 하는 글자가 뜨니까 다시 자기 비즈니스에 관해서 확장성을 갖거나 새롭게 하려는 운동이 일어나는 것입니다.

그래서 이때 확장이나 무대를 넓힌다고 설명을 했더니 본인도 '안 그래도 하나 더 할까? 외국인 상대로 하는 원룸 임대사업을 하나 더 할까?' 하는 문제로 물으러 온 것입니다. 그래서 결과적으로는 '오케이! 해도 좋다.' 이런 식의 결론을 가지고 갔습니다.

제가 중간에 설명을 해주면서 '삼거리에 대장 먹는 사람 팔자'라고 표현을 해 준 겁니다. 자기가 머무르는 속성을 여러 가지 따지는데 寅이 주로 교통의 요지나 교통중심이 되고 寅을 숫자로 하면 3입니다. 그러니까 본인이 실제로 삼거리에 자기 가게가 있습니다. 샵도 있고 원룸은 거기서 약간 떨어진 곳에 있는데 삼거리를 지키고 있는 겁니다. 삼거리에 왜 대장이냐 하면 범이기 때문입니다. 사거리도 아니고 삼거리에서 자기가 길목을 차지하고 있는데 그것은 命 내에 있는 것입니다. 運에서는 어느 지역입니까?

훼손하는 자가 없으면 보통 그런 것을 구현을 해나가는데 庚申 大運 이때가 되면 크게 활동무대나 의식주의 모양새를 바꾸게 됩니다. 그전까지는 삼거리를 어슬렁거리면서 우악스럽게 남의 돈을 뺏습니다.

우악스러운 것은 어디에 있습니까? 陽八通 인자에다가 丙있고 庚있고 범있고 이러니까 우악스럽게 재물을 이룩하게 되는 것입니다. 우악스럽다는 표현을 하니까 자기는 우악스럽지는 않다고 하는데 운명적으로 보면 우악스러운 기운을 가지고 있는 것입니다.

그러니까 그 大運을 어느 정도로 보면 되느냐 하면 제일 크게는 계절로 보면 된다고 했습니다. 기본적으로 계절로 보면 되는데 보통 해석에서는 그 활동의 속성인데 주로 활동국면을 제일 많이 나누는 것이 六親국면입니다. 六親의 속성을 말할 때는 또 다른 말로 제한성을 동시에 가지고 있는 것입니다.

팔자 자체에 食神이 없는데 大運에서 와서 食神의 세력을 만들어 주니까 사람을 여럿을 두고 하는 피부샵입니다.

그러니까 사람을 상당한 숫자를 고용해서 하는 피부샵을 하게 되는 것이 大運의 큰 계절, 환경, 속성 이런 것들의 영향 하에서 그런 작용이 이루어지게 됩니다.

辛酉 大運으로 넘어가면 사람을 많이 쓰는 일을 서서히 줄이게 됩니다. 그러니까 申 大運까지는 食神이 세력을 상당히 남기고 가져가는 모양이지만 가장 강한 시기는 서서히 벗어나기 시작하니까 사람을 오히려 적게 쓰는 구조로 가게 되는 것입니다.

속성상 가을이라고 하는 속성을 빌려서 큰 재물을 장악할 기회가 많다고 하는 측면에서 기본적으로 분류할 수 있고 또 그다음에 六親상으로는 주로 比肩, 劫財라고 하는 것이 경쟁이나 경합이 많은 분야 또는 그런 속성의 일 이런 것에 노출되어 갈 것이라고 볼 수 있는 것입니다.

그다음 神殺까지 집어넣으면 戌 大運이 華蓋에 들어갑니다.

華蓋라는 것이 변화성을 활발하게 끌어내는 것은 아니지만, 실리를 하나하나 다지는 그런 속성에서 華蓋라는 것이 대체로 긍정적인 작용을 많이 하게 됩니다.

물론 타고난 명조마다 다릅니다만 華蓋에 하는 일 똑같은 직장생활을 하는 사람도 있고 그다음에 실리를 꾸준히 만들어 나가는 사람도 있고 심지어는 사실은 옥중 생활하는 사람도 있습니다. 감옥생활을 하는 것입니다.

그러니까 틀에 갇혀 반복적인 것을 감당하는 그런 것을 하는데 그런 측면에서 壬戌 大運에 기반을 만들고 辛酉 大運으로 넘어가면서 다시 경쟁이 많은 분야로 뛰어들게 되는데 경쟁이 많으면서 궁극적으로는 어디로 나갑니까?

大運이 印綬 大運으로 다가가니까 주로 임대사업인데 다른 사람도 여러 사람이 하고 있는 임대사업을 쫓아간다는 겁니다. 그것이 어떤 것을 통해서입니까? 六親의 속성 또 제한성 이런 것을 통해서 그렇게 미리 유추해 볼 수 있는 겁니다.

거기에다가 辛酉 大運은 六害殺이니까 12神殺상으로 六害에 걸려 있다는 것은 여러 가지 주변의 사람이라든지 또 눈에 잘 노출이 되지 않는 모양의 희생, 소모 이런 것들이 잘 발생합니다. 그래서 辛酉 大運에 사실은 금전적으로는 기회가 많다고 봅니다.

다음에 또 정리하겠지만, 여자가 寅午戌 亥卯未를 지나는 것과 또 申子辰 巳酉丑을 지나는 것에서 프리미엄이 있고 없고 하는 것을 나누어서 본다면 辛酉 大運에는 六害의 작용, 陰 大運의 작용이 발생합니다. 그래서 어지간히 많이 버는데 또 이곳저곳에 많이 희생을 해주어야 되는 국면이 같이 뒤섞이는 흐름이 발생하기 쉽다고 보는 겁니다.

그다음에 뒤에도 다시 다루어 볼 겁니다만 '干支의 성분'이 있었습니다. '天干의 성분', '地支의 성분' 그것이 命 내에 있는 것 또 運에 의해서 발생하는 干支의 성분에서도 이 申과 酉라고 하는 것이 재물에 대해서 여러 가지 기회를 많이 가지는 것을 의미하지만, 또 여자들은 그것으로 인해서 여러 가지 희생 국면도 생깁니다.

이럴 때 굉장히 악착같이 재물을 축적하는 사람들을 보니까 주로 몸이 많이 무너집니다. 시름시름 해서 만신이 아픈 그런 과정이 발생하는 것도 干支 자체의 작용에 의해서 그런 것이 많이 발생하더라는 것입니다. 그래서 그것을 다 언급하면 됩니다.

"劫財니까 주변에 경쟁이 많습니다."

그다음에 辛酉 大運은 위아래로 바지저고리를 입고 있고, 金의 인자를 가지고 있다는 것은 재물에 관한 여러 가지 좋은 기회가 자주 출몰한다는 의미도 됩니다. 그다음에 劫財가 득세하였으므로 또 재물을 많이 벌어들인다 하더라도 또 인간관계나 금전 거래로 인한 여러 가지 희생이나 소모도 발생합니다.

눈에 보이고 드러나는 여러 가지 작용들은 그대로 다 강약 차이만 두고 있다는 것입니다. 그런데 대부분 다 자기가 통증을 느끼는 것만 이야기합니다. 그러니까 자기가 辛酉 大運 이런 시기에 나름대로 임대사업을 잘해서 매달 2~3천씩 들어오는데도 늘 아까운 것은 할 수 없이 돈을 대주고 있는 남편이든 아니면 주변에 자기가 도와주는 사람이든 여동생이든 그것 때문에 나가는 돈에 통증을 느낀다는 것입니다. 그러니까 '좋은데!' 해도 맞고 '안 좋은데!' 해도 맞습니다. 이해되십니까?

사실 남이 보면 이것이 좋은 시기로 들어가는 것입니다. 재물을 많이 벌어들이는 좋은 시기로 들어가는데도 자기는 그것에 대해 통증을 느끼고 있으니까 "왜 이리 힘드냐?" 이렇게 표현하는데 거기에 감명을 해주는 사람들이 많이 꼬입니다.

[그림 6-2]

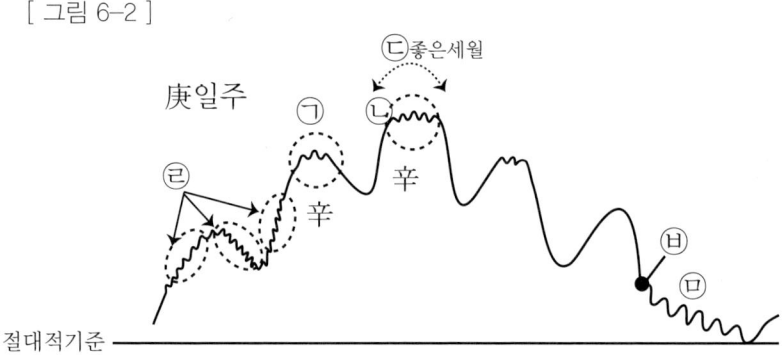

운세가 그림의 흐름처럼 좋아졌다가 안 좋아지면 ㉠과 같은 시기에도 힘들어 죽겠다는 표현을 합니다. 실제로 힘이 들기는 하는데 절대적인 기준에서 보면 나름대로 잘나가는 과정속에 있는 것입니다. 그런데 자기는 항상 출렁임에서 오는 통증이나 힘든 면을 자꾸 이야기하게 되는 거니까 힘들다고 생각하는 것입니다.

그림㉠ 부분의 특정 부분 있는 일부 구간과 닮은 모양이 그림 ㉡의 상승기 포인트가 있다고 칩시다.

그러면 이때 庚日柱가 다시 그림㉢의 좋은 흐름 속에서도 어차피 10년 단위로 끊어 나간다면 또 辛을 만났을 때와 같은 글자가 들어옵니다. 辛 劫財운을 무조건 나쁘게 설명해도 물론 틀린 것은 아닙니다. 나쁘긴 나쁜데 사실은 조금 더 큰 단위로 본다면 그림ⓒ 이때가 또 좋은 세월이라는 것입니다. 그래서 그것을 머릿속에 그리면서 봐줘야 되는 것이 상당히 번거로운 일입니다.

그러니까 그런 것이 싫으면 아예 작은 곡선만 봐주는 겁니다. 그러니까 그 歲運에 와 있는 어떤 글자들의 六親, 속성, 神殺 이런 것만 조금씩 봐주더라도 결국은 자기가 제일 가깝게 느끼고 있는 현상적인 국면이기 때문에 공감을 한다는 것입니다.

그래서 여러분이 손님들을 많이 끌어모을 뜻을 가지고 있으면 너무 디테일할 필요는 없지만 한 2년에서 5년 정도 것만 봐주는 겁니다.

그러니까 그림㉠에서 오는 흔들림은 모르겠고 본인이 멀미를 느낀다 하니 흔들림만 계속 읽어 나가주는 방식으로 가도 고객들이 그냥 거기에 대한 해답을 자기 나름대로 얻어 가니까 또 찾게 되고 또 찾게 됩니다.

오늘 온 손님이 여자 분인데 작년과 올해 건축을 해서 원룸 같은 것을 여러 채 지어 팔았습니다.

[그림 6-3]

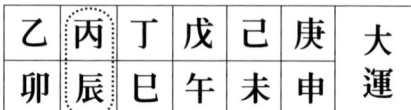

羊
刃

여자이고 아마 丙辰 大運 정도에 걸릴 겁니다. 보통 陰干은 官星이 좀 더 어우러져서 여러 가지 행위라든지 활동이 더 활발해지는데 甲午년, 乙未년에 사건이 있었습니다.

물론 그전에 壬辰, 癸巳년 이때부터 원인 발생은 되어 있습니다. 癸巳년~甲午년 이 시기에 원룸같은 것을 여러 채 지어서 팔고 해서 올해도 많이 팔았습니다. 하여튼 원룸을 4채 정도 팔았습니다. 대충 원룸을 거지같이 지어도 한 15억은 들어갑니다. 그러면 총 공사비는 얼마입니까? 그것이 4개라 치면 60억 아닙니까?

아무리 대충 장사를 해도 15억짜리를 20억에 팔았다고 하면 세금 떼고 차 떼도 한 3억은 남지 않겠습니까?

그래서 亥중에 있는 甲木이 甲午년의 甲을 만났으니까 작년도에 사실상 상당한 활동을 막 일으켰을 겁니다.

"이때 폼 잡고 돈도 좀 제법 쥐어야 하는데….”
"선생님 힘듭니다.”
이렇게 이야기를 하는 겁니다.
"힘든 것이 뭐가 있느냐? 돈이 들어올 건데….”
하니까 그건 그것이고 자기는 未年의 羊刃만 부각해서 이야기 하는 겁니다. 未가 羊刃이면서 食神 隔角이 됩니다. 그다음 未가 申에서 보면 天殺이 됩니다. 그래서 이런 神殺 작용에 의해서 답답하다는 겁니다.

팔기는 팔았는데 또 새로 진행하려고 하는데 진행이 빨리빨리 안 된다는 겁니다. 진행이 빨리빨리 안 되는 이유는 뭡니까? 기본적으로 天殺의 작용이 되고 天殺운에 원래 부동산 매매라든지 이런 것은 잘 이루어지는 것이 기본적인 속성입니다. 매도, 매수가 되는데 주로 매도 속성이 좀 더 강하게 이루어집니다.

그러니까 사람의 손으로 다루기 어려운 것들에 관련해서 진행되거나 해결이 된다는 뜻이므로 일반적으로 天殺의 의미는 부정적이지만 天殺운에 부동산이 잘 팔립니다.

그런데 새로 뭔가를 진행하려고 하니까 天殺작용, 亡身殺작용, 食神 隔角 작용 이런 것들이 있고 그다음에 비록 命의 五行的인 강약에 의해서는 좀 약하다 하더라도 羊刃은 또 羊刃작용이 있습니다. 그래서 피곤하다는 겁니다. 그러니까 나름대로 상당히 많은 성과와 보상을 얻고 있는데도 불구하고 자기는 "그러면 내가 좋으면 왜 왔겠습니까?" 이러는 겁니다.

그러니까 늘 이러한 컨디션 속에서 자기가 힘들거나 멀미를 느끼는 것만 어필을 한다는 겁니다.

'진짜 그러면 안 좋은 건가?'

이런 식으로도 생각할 만큼 자기 자신의 감각이라든지 이런 것만 주로 어필을 하기 때문에 그런 것을 잘 구별을 할 필요가 있는 것입니다.

새로 일이 진행이 안 되어서 갑갑해서 왔다는 겁니다.

"갑갑하기는! 작년 올해 이래저래 일을 벌여서 목돈을 좀 쥐고 지금 스탠바이 할 건데."

이러니까 대답을 안 하는 겁니다. 옆에 친구가

"야 너 원룸 네 개나 팔았잖아?"

"그거는 그거고!"

그렇게 되는 겁니다. 옆에 사람이 안 찌르면 말을 안 합니다.

큰 단위로 나누어서 분류하는 것도 필요하지만, 사람들의 감각은 늘 運의 굴곡성에 더 많이 집중되어 있기 때문에 그 유기적인 관계를 그 사람이 지금 무엇이 정말로 필요해서 왔느냐 이런 것들을 구별해줄 필요가 있습니다.

그것을 실제로 바닥에 있는 사람도 '전체적으로 지금 이 시기가 힘든 것은 어차피 스스로 알고 있는데 가까운 運의 굴곡이 어떻겠냐?' 하는 식의 질문 속에서 '작은 굴곡의 運에 맞출 것이냐?' 아니면 '큰 運의 굴곡성을 봐 줄 것이냐?' 하는 문제가 있다는 것입니다.

[그림 6-2-2]

時	日	月	年	坤
丙	乙	丙	甲	
戌	卯	子	午	

庚	己	戊	丁	丙	乙	歲
子	亥	戌	酉	申	未	運

이분이 올해 乙未년이 되고 작년 甲午년 하반기에 午가 午년을 만나는 작용과 午가 子월을 冲하는 작용으로 인해서 인생궤도 수정이 어차피 일어난다고 보는데, 甲午년에 기본적으로 劫財작용을 통해서 보통 이직을 하게 되었습니다.

歲運이 丙申년, 丁酉년, 戊戌년 이렇게 흘러갑니다. 올해가 乙未년인데 큰 흐름으로 볼 때는 己亥년, 庚子년까지도 사실은 별로 재미없는 운입니다. 傷官은 원래 空亡이지만 傷官 자체를 아주 반겨 쓰는 속성을 가지고 있습니다.

물론 이미 한 6~7년 전부터 大運 자체가 껍데기 運으로 들어왔습니다. 알맹이 없는 運으로 들어와 있는 데다가 작년 올해가 됐는데 사실은 辛丑년 정도까지도 별 재미없는 운입니다.

그런데도 이분은 어떤 생각을 하고 있느냐면 "내년쯤에는 丙申년의 官이 들어와서 좋은 자리가 새로 나오지 않겠느냐?" 하시는데 사실 잘 봐야 되는 것도 그런 것이고 그럴 때가 참 딱한 것입니다.

[그림 6-2]

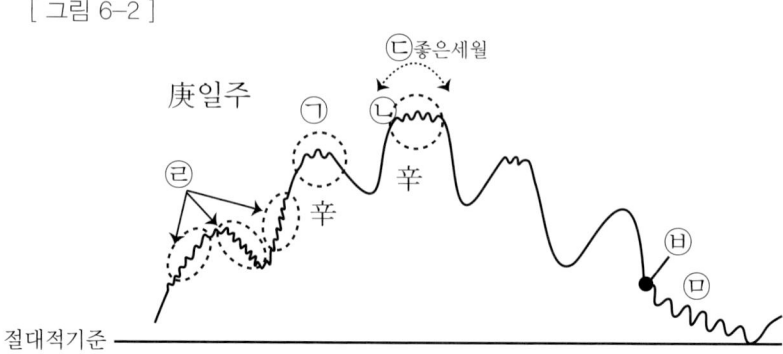

　이분이 큰 주기 속에서는 그림ⓜ중 하락기에 들어와 버린 상태인데 지금 그림ⓑ의 상태에서 물어보고 있는 것입니다. 그런데 일단 내년에 계약형태 정도입니다.
　丙申年이 들어오면서 天乙貴人 작용, 正官작용, 驛馬작용, 食神 隔角 작용, 壬水 長生작용 그다음에 傷官 病地작용 이런 것들이 다 복합적으로 들어있습니다.
　그런데 그림ⓜ 단계에서는 이분은 그런대로 괜찮은 것이 오지 않겠느냐 생각하고 있는데 실제로 계약직 또는 파견직 이런 식으로 해서 사실은 안정감이 많이 떨어지는 식으로 이루어지게 되어 있습니다.
　그럴 때 그림ⓜ의 주기중에 상승기만을 가지고 너무 지나치게 희망적으로 해석을 해준다거나 하면 안 되는 것입니다. 안 되는 이유가 바로 큰 주기상으로는 좋지 않은 흐름 속에 있다는 것입니다.
　그다음에 歲運으로 辛丑년까지는 어떻게 보더라도 좋은 모양이 되기 어렵습니다. 그래서 이런 실관을 할 때 괴리감이 상당히 많이 생깁니다. 그러니까 작은 運의 성쇠 흐름만 너무 봐주는 식의 운세 분석을 하다 보면 현실과의 괴리감이 많이 발생하는 것입니다.

"좋다고 했는데 이러면서 왜 이것밖에 안 되느냐?"

이런 것들이 상담할 때 그 사람에게 풀이해준 내용과 격차가 생길 수 있다는 겁니다. 그림ⓒ에서 하락하는 모양일 때

"안 좋거든요."

이러면 이것도 사실은 맞습니다.

"안 좋다 하더니 사고가 나서 차가 부서졌네."

"그래서 어찌했습니까?"

"보험으로 처리하고 보험처리 하는 김에 내가 새 차를 하나 뽑았지."

그런 경우야 좋은 컨디션 속에서 조금 희생이 생기는 것이니까 그렇긴 한데 엄청나게 나쁘다는 식의 표현을 하기에는 큰 단위를 조금씩은 분류하고 있어야 된다는 것입니다. 그런 측면에서 大運의 기본적인 맥락이나 흐름을 항상 전제를 좀 해놓고 갈 필요가 있습니다.

[그림 6-4-3]

時	日	月	年	坤
戊	庚	丙	甲	
寅	寅	寅	寅	

己	庚	辛	壬	癸	甲	乙	大
未	申	酉	戌	亥	子	丑	運
65	55	45	35	25	15	5	

이 팔자에 배우자 결정은 어떻게 되겠습니까? 결혼이 쉽겠습니까? 쉽지 않겠습니까? 쉽지 않습니다. 이유는 食傷을 유도하는 인자가 약한데 그래도 이렇게 범 寅자 이것이 두 개 정도만 중복되어도 이 두 글자가 견인해오는 자가 뭡니까? 돼지 亥자입니다.

돼지 亥자가 자식을 만들어 내려는 에너지가 이면에서 자리를 잡고 작용을 하게 되는 것입니다. 그래서 보통 亥水가 長生을 하는 申년 또는 亥년에 기회가 발생합니다.

결혼시기를 체크를 한 것이 甲申년인데 甲申년이 서른하나가 됩니다. 그다음에 丙戌년에 丙자가 드러나서 官星의 작용이 활발하게 이루어지는데 실제로는 丁亥년에 결혼하고 그해에 바로 아들을 낳았습니다.

丁亥생 아들을 두게 되는데 실제로는 丙戌년부터 벌써 결혼을 위한 기운이 유도되었다고 봐야 됩니다. 그런데 이것은 또 命 내에 있는 것으로써 丙寅년에 丙의 모양새로 봐서는 배우자의 사회적인 활동력이 변화가 많지 않은 조직생활이거나 아주 안정적인 일이라고 봅니다. 그것은 地藏干의 위치, 투출 여부의 모양새에 의해 구분이 되는 것입니다.

옛날에 「정진반」 강의에서 해 드렸습니다. 그러니까 庚日柱에 짝이 될 수 있는 것이 干支형태로 丙, 丁, 巳, 午 그다음에 숨어 있는 것 중에 寅중 丙火 그다음 戌중 丁火, 未중 丁火 이런 식으로 분류했던 것 기억나십니까?

그래서 그것은 명조 내에 있음으로써, 생긴 모양으로써 가늠할 수 있는 것이고 大運으로 봐보면 癸亥, 壬戌 大運 이때는 자식을 유도해주는 기운으로써 결국은 배우자 인연이 癸亥, 壬戌 大運 이 시기에 열렸다고 보면 될 것입니다. 辛酉 大運 시기에 들어가면 이것은 劫財이면서 陰 大運으로 들어갑니다.

酉 大運 여기에서 丙火가 어떻게 됩니까? 合을 만나면 丙火가 색깔이 퇴색합니다. 색깔이 퇴색되는 거니까 배우자의 활동이 약화되거나 제한되고 그다음에 辛酉대운 시기에 배우자를 통한 여러 가지 희생 소모가 복합적으로 일어날 수 있다는 겁니다.

丙辛 合이 자체는 원래 劫財를 없애주는 것이지만 辛이 運에서 와 있는 것이므로 劫財가 없어지는 것이 아닙니다. 그러니까 복합적으로 작용하면서 두 사람의 애정 관계에도 여러 가지 불안한 과정이 올 수밖에 없다는 뜻이고, 그다음에 月干의 丙이 劫財를 껴안기 시작한다는 말은 남편이 다른 여자를 껴안기 시작한다는 말입니다. 차마 그 말은 못 해줬는데 이것이 애정적으로 결국 상당한 문제가 발생합니다.

그다음에 巳酉丑이나 天干 辛자 자체가 끊어지는 작용입니다. 끊는 작용입니다. 辛酉 大運 이 시기에 갈등 분란이 생기면 끊는 작용이 잘 발생하기 때문에 배우자하고만 아니라 여러 주변에 시가 가족들과도 다 끊는 작용이 잘 발생해 버림으로써 돈은 자기가 장악하고 있을지라도 관계는 그런 식으로 끊는 작용으로 잘 가버리게 됩니다. 지금은 그것을 물을 때가 아니라서 그 말은 하지 않았습니다.

甲午년과 丙申년의 甲과 丙이 전부 다 팔자 내의 범 寅자 내의 인자로써 원인이 되는 것입니다. 그러니까 내인(內因), 運에서 작동할 때도 외인(外因)에 의한 것도 기본적으로 있지만 내가 이미 준비하고 있는 거라는 겁니다. 준비하고 있는 것이 甲년 丙년입니다. 丙申년에 들어가니까 내년에 옮기고 넓히고 키웁니다.

그러니까 申 자체의 冲 작용에 의해서 동요, 재편 그다음에 食神 長生이 이루어집니다. 食神이 長生됨으로써 새로운 밥그릇의 형성 그다음에 자기 자신이 어느 모로? 연월일시 전부 다 작동을 하는 것입니다.

그러니까 '온몸으로 사랑한다.' 이런 것과 같습니다. 생각으로는 사랑하는데 '몸이 안 되요.'가 있는데 그런 식으로 '그 동인(動因)이 좌표에 의해서 어디에서 왔느냐?' 하는 것인데 전부 다입니다.

이것저것 전부 다 새로운 변화를 이끌어내기 위해서인데 주로 丙, 庚이 마주칠 때는 주로 새로운 폼을 만드는 것이므로 새로운 폼, 食神 長生 그다음에 驛馬작용, 寅申相冲이 일어납니다. 이 寅申相冲 작용이 또 어떤 것을 잘 조장합니까? 그러니까 배우자 자리도 결국은 冲의 작용에 노출되는 것입니다.

'寅申相冲' 이것은 기본적으로 六氣에 의해 나눌 때는 뭡니까? 少陽 相火입니다. 기억나십니까? 주로 寅이 둘 다 묶어서 보통 '少陽相火'로 표현하는데 寅申이 일어나면 寅을 주로 '少陽之氣' 申을 '相火之氣'라고 합니다.

이것이 둘 사이에 冲에 의해서 결국은 또 활발하게 형성되는 기운으로 보는데 그래서 결국은 寅申이 부딪치면 주로 '갈수현상(渴水現象)'이 잘 발생합니다. 물이 마른다는 것입니다.

물이 마른다는 것은 일반적으로 명조 내에도 '寅申相冲'이 있으면 무조건 애정에 골치 아프다고 보면 됩니다.

팔자 내에 '寅申相冲'이 있는 사람 치고 애정적으로 편안한 사람은 거의 제로라고 보면 됩니다. 한 명도 안 편하다고 보면 됩니다. 그래서 그것도 내년에 조금씩 문제가 되기 시작할 것입니다. 그런 것들이 간섭하는 인자나 전체 맥락에서나 하여튼 있는 것들은 전부 다 해석을 해 주면 됩니다.

그러니까 배가 있는데 위에는 바람 불고 있고 더 위에는 구름 끼어 있고 간혹 눈발도 떨어지고, 파도는 파도대로 앞에서 치고 뒤에서 치고 하는 이런 여러 가지 運의 인자들이 다 작용한다고 보면 됩니다. 그래서 고개 들어 보면 구름, 땅 보면 흔들림 그러니까 좌로 우로 앞으로 뒤로 흔들리게 되어 있는 것입니다.

그 파도가 '크냐? 작으냐?' 하는 것은 경중을 보고 그대로 다 읽어 줘야 되고 파도는 치고 있다고 봐야 되고 바람은 불고 있다고 봐주고 그대로 다 설명해 주면 되는 겁니다.

그런데 본인이 거기에 통증을 느끼고 있는 것은 따로 있다는 겁니다. 구름이 끼어서 추워서 왔다고 하면 辛酉 大運 이 시기에 본인이 힘들어하는 그런 인자는 주로 무엇이 되겠습니까? 주로 재물적으로는 기회가 많이 옴으로써 재물은 갖추어지지만, 주변의 인간관계, 인덕, 남자 덕 이런 것에 관해서 여러 가지로 희생을 당하고 있는 것에서 오는 고충을 어필하게 되어있는 겁니다.

그러니까 만사형통이 원래 말이 안 되는 겁니다. 무슨 만사형통이 됩니까? 하여튼 에너지의 극단성 속에서 '되게 좋다. 여러 모로 좋다.' 이런 것은 있을 수 있어도 반드시 어느 쪽으로 좋은 면이 있으면 안 좋은 면이 있다는 것입니다.

햇빛을 골고루 비추면 그림자는 어디로 갑니까? 그림자는 밑으로 솟는다는 겁니다. '동서남북 다 좋다.' 이러면 어떻게 됩니까? 동서남북 상하가 있으면 상(上)이 좋다면 하(下)는 오히려 그림자가 더 강하게 형성되니까 너무너무 어둡다는 겁니다. 그것이 오히려 실제적인 표현이라고 봐야 되는 것입니다.

학생 질문 – 저 경우에는 食傷이 없는데 丙申년을 반겨 씁니까?

선생님 답변 – 大運의 보호 작용이 있기 때문에 그렇습니다.

학생 질문 – 사주팔자에 食傷이 없는데 丙申을 반겨 쓴다는 말입니까?

선생님 답변 – 그것이 丙申년 자체가 좋다는 개념보다는 壬戌 大運이 華蓋라고 하는 것 속에서 이것이 陽 大運이지 않습니까? 그러니까 여인들이 편리하게 무엇을 할 수 있는 날씨와 같다고 보면 됩니다. 우리가 낚시하러 가면 낚시하기에 좋은 날씨가 있습니다. 직접적으로 배에 영향을 주는 파도라고 보기보다는 날씨 개념으로 보면 되는데 날씨가 좋은 것이 펼쳐져 있을 때 이 相沖의 작용이 오면 오히려 이 글자들의 긍정적인 면을 더 쫒아 쓰게 된다는 겁니다.

학생 질문 – 壬戌 大運에 속해있는 歲運이기 때문입니까?

선생님 답변 – 그렇습니다. 壬戌 大運 7년 차쯤 됩니다. 올해 42세입니다. 그래서 壬戌 大運에 들어오면서 상당히 많은 여러 가지 기반을 닦고 있는 중입니다.

물론 辛酉 庚申 大運은 여자는 고달프게 씁니다. 이런 것과 같은 것입니다. 고달프게 쓰는데 아주 잘 드는 칼을 들고 있는 것과 똑같습니다. 그다음 庚申은 주먹을 꽉 쥐고 있는 것입니다. 짱돌을 쥐고 있는 것입니다. 그러니까 한방을 때리면 상대방이 자빠지는 겁니다. 그렇게 파워풀하게 변화라든지 보상을 끌어낼 수 있는 運에 들어와 있다는 겁니다.

학생 질문 – 그러면 선생님 저런 경우에 건강상으로는 어떻습니까?

선생님 답변 – 이때부터는 이 辛酉운에 전투를 벌이면서 재물을 어느 정도 장악을 하는데 저것이 '끙끙 앓는다.' 입니다. 寅과 酉가 鬼門이 됩니다. 鬼門이 되면서 낮에 나가서는 업을 해서 나름대로 좀 벌고 해야 하는데 저녁이 되면 와서 자기가 끙끙 앓는 식의 신경성 질환 또 끙끙 앓는 질환에 노출되기 시작하는 겁니다.

학생 질문 – 申 大運에 그렇습니까?

선생님 답변 – 辛酉 大運에 그렇습니다. 이것이 뭐냐면 구멍

낸다는 것입니다. 辛과 酉는 살살 긁어낸다는 겁니다.

학생 질문 – 수술도 합니까?

선생님 답변 – 원래 원국 자체에도 寅이라고 하는 것은 파워풀입니다. 한번 흔들릴 때는 호랑이가 뛰다가 다치면 대부분 다 중상에 가깝습니다.

학생 질문 – 그러니까 목숨이 많이 위태롭습니까?

선생님 답변 – 그 정도는 아닙니다. 그 정도로 보지는 않는데 저녁만 되면 이렇게 '아이고! 저 인간 저것들' 하면서 한탄하는 겁니다. 그래서 소화기 쪽에 치면 소화기에는 긁어내는 통증이 올 것입니다. 그다음에 신경성, 쑤신다는 겁니다. '쑥쑥 쑤신다. 온몸이 쑤신다.'

학생 질문 – 그러면 金 大運에는 여자들은 日干에 상관없이 다 그렇습니까?

선생님 답변 – 기본적으로 그런 것에 노출되는 것입니다. 강약차이만 있는 것입니다. 그러니까 陰 大運이면서 金 大運에 이런 글자들이 세력이 몰려 있습니다. 그러니까 좀 더 강하게 작용하는데 찬스도 큰 것을 주지만 또 시달리는 것도 더 강하게 시달리는 것입니다. 그래서 큰 칼을 쥐고 휘두르니까 한방

들어가면 큰 것을 하는데 또 자기도 그 칼의 무게를 계속 감당해야 합니다.

그러니까 그런 것들도 실제로 보면 또 몸이 안 좋아서 이 시기에 오는 사람도 있고 또 형제, 자매 때문에 오는 사람도 있고 또 남편이 자꾸 엉뚱한 생각을 해서 오는 사람도 있습니다. 그래서 돈 버는 이야기는 안 합니다. 돈 잘 벌고 있다는 이야기는 안 하고 '그것이 문제다.' 하면서 그것만 해결되면 소원이 없겠다고 합니다.

그래서 실제 상담할 때 여러 가지 측면을 두루두루 고려해야 한다는 것입니다. 그래서 일단 大運의 큰 맥락적인 요소가 그냥 '계절이 좋으냐? 또 조건이 좋으냐?' 여러 가지 큰 틀 측면에서 大運의 어떤 측면을 항상 염두에 둘 필요가 있습니다. 그래서 지금 제가 강조하는 것은 내용을 보시라는 것이 아니라 어떠한 연결고리를 차근차근 정리해 봐야 되겠다는 것을 체크를 하시라는 겁니다.

[그림 6-4]

時	日	月	年	坤
丙	庚	辛	乙	
戌	午	巳	巳	

甲	乙	丙	丁	戊	己	庚	大
戌	亥	子	丑	寅	卯	辰	運

六害   14   4

丁	丙	乙	甲	歲
酉	申	未	午	運

명조가 상기와 같고 大運이 逆 大運으로 가는데 丙子 大運에 들어왔습니다. 저런 모양은 직업구성에서 시가 空亡이지만 형태상으로는 巳월에 丙戌시가 되어서 偏官格입니다.

보통 수적으로 보면 요즘 현대사회에서 제일 많은 것은 남자들은 주로 공학 기술입니다. 공학 기술 중에서 뱀 巳자가 그 자체로써 하나의 세력을 드러내는 거니까 항공, 통신, 컴퓨터, 방송 이런 것에 관련된 기술 분야에 조직생활을 하는 사람입니다.

그다음에 과거 사회를 기준으로 하면 주로 법무, 치안, 외교, 군무에서 印星의 소통이나 食傷의 소통이 없으므로 고급관리자로 스타트를 하기에는 또 한계가 있는 그런 모양입니다. 실제로 지금은 방송국에서 근무하면서 국장까지 올라와 있습니다. 남들이 보면 누가 봐도 방송사 국장까지 올라와 있으니까 앞으로 더 남은 것이 방송국에 임원 내지는 잘하면 또 대표까지 꿈을 꾸는 그런 코스 속에 있으니까 부러울 것이 별로 없는데 "내가 뭐 때문에 전화했을까요?" 하는 겁니다.

물론 그전부터 아는 분이라 맞추어 보라는 식으로 장난하셨습니다. 실제로 팔자를 본 적은 없는 분인데 '뭐 때문에 전화했을까요?' 그것이 몇 가지가 됩니다.

그러니까 반드시 때려잡으려고 하면 스타킹처럼 촘촘히 짜면 되고 그다음에 파괴력을 주려면 채찍으로 그것만 때리면 됩니다.

그래서 丙子 大運에 丙子운의 속성을 기본적으로 잘 봐야 되고 그다음에 유년(流年)에서 지금이 乙未년 그리고 내년이 丙申입니다. 그러니까 올해가 51세니까 丙子대운 7년 차쯤 됩니다.

丙子 大運의 子라고 하는 것이 원래 이런 겁니다. 모든 것과 분리된 상태, 모든 것과 등 돌린 상태 이런 것을 의미합니다. 子 大運이 六害 大運입니다. 六害에다가 '쥐처럼 엎드려 있다.' 또는 씨앗에다 子자를 붙이지 않습니까? 그래서 주로 子 大運에 잘 발생하는 것은 애정 관계입니다.

어두운 공간이 되니 내가 더듬기도 하지만 상대도 나를 더듬게 됩니다. 그런 측면에서 굉장히 불편함이 많이 발생한다는 것입니다. 또 더 나아가서는 피해의식도 잘 발생한다는 뜻인데 올해 乙未년에 이사는 했습니다. 驛馬작용이 와서 이사는 했고, 乙未년에서 丙申으로 넘어가는 그런 運에 또 뭐가 발생합니까? 巳 중에 있는 丙火가 발생하니까 명예에 대한 추구성이 발생하게 되는 것입니다. 자기는 진급하고 싶다는 말입니다. 거기에 대한 추구성이 발생해 있는 상태인데 이 쥐 子자의 작용이 무엇이 되든지 전체가 다 어둡다는 것입니다.

원래 子운은 남녀 애정 관계로는 대체로 좀 잘 씁니다. 그것도 사실은 남에게 비밀스러운 애정입니다. 그래도 일단 애정 관계는 긍정인데 남자와 남자, 여자와 여자 이 사이에서는 서로 불편하게 더듬음으로써 결국은 인간관계에 오해가 많이 발생한다고 했습니다.

그렇게 하면서 제가 유도를 했습니다. 유도하면서 '언제 떠드나?' 하면서 비켜 봤습니다. 분명히 이것과 관련이 되는데 꼭 단순하게 酉년에 드러난 것은 빤한 것입니다. 올해 이사, 天乙貴人 이런 것에 의해서 오랫동안 가지고 있게 될 부동산을 잡는다든지 이사 등의 일이 발생하고 귀인(貴人)을 만난다는 의미도 있습니다.

그다음에 내년에 뭡니까? 丙火의 작용에 의해서 드디어 자기가 속에 숨겨놓았던 기운을 누르고 에워싸고 있던 것을 밖으로 내어 진급하고 싶어한다는 것입니다. 그래도 자기가 지금 원하는 답은 아닌 것 같아서 계속 이야기가 겉돌았습니다.

실제 내용은 지금 사장이 마음에 안 들어서 미치겠다는 겁니다. 그게 불만입니까? 하니 진짜 불만이 많아 스트레스받아서 못 있겠다는 겁니다.

물론 충분히 일어날 수 있는 일이 일어난 것입니다. 그러니까 자기도 행위적으로 어떤 행위가 많습니까? 子의 六親이 뭡니까? 그러니까 자기도 휘하를 좀 거느리면서 내 마음대로 하고 싶다는 것이 깔려 있습니다.

자기도 원인 발생을 시켰는데 子의 기본 속성 때문에 사장이 마음에 안 드는 겁니다. 조직 자체도 자기가 마음에 안 드는 그런 것이 깔려있는 것입니다. 그래서 '이 아픔을 자기가 어떻게 이해를 하면 좋겠느냐?' 하는 것입니다.

歲運이 흘러가는 것을 볼 때 결국 그만둘 사람도 아닙니다. 내년에는 오히려 丙申, 丁酉 이럴 때 庚午日柱의 午에서 있는 놈도 丙, 丁 다 튀어 올라옵니다. 내년 내후년에 경쟁상황은 있지만, 진급되기는 됩니다. 되기는 된다고 보는데, 기존 오너와 이런 문제 때문에 질문을 한 것입니다.

참 상담이라는 것이 종류, 패턴이 너무나 다양하기는 하지만 질문이 "내가 왜 전화했게?" 하는데 계급장이 깡패라고 이거야 얼마나 황당한 질문입니까?

이 양반한테 설명해준 것이 이런 것입니다. 세상을 구동하는 여러 가지 힘, 에너지, 바람 이런 것에서 보통 답을 안다는 것 이것이 합리적인 인과(因果)성, 이런 것들을 아는 것이 학문을 통해서 얻으려 하는 것 아닙니까? 그것보다 더 중요하기도 하고 레벨이 조금 나은 상태에 있는 것이 이것을 구현하는 능력이라는 겁니다.

[그림 6-4-2]

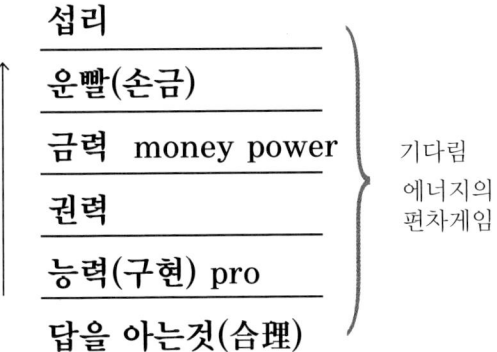

상기의 팔자에서 사주를 보면 특히 답만 아는 것은 이런 것입니다. 사주첩경(四柱捷徑)에 보면 벼슬을 구하여도 등과하지 못하고 평생글공부만 하다가 가는 명조에 대한 풀이를 첩경에서는 '외로운 官星이 일점 혼자 무력하게 있다.' 이런 풀이만이 답만 아는 인생들입니다.

그것을 '록록종신(碌碌終身)'이라고 해서 고전에는 별도로 나누고 있습니다. 그런데 답을 아는 것이 중요한 것이 아니라 그것을 구현하는 능력이 있어야 된다는 겁니다.

그래서 보통 그림에서 '능력'의 단계 정도에 가면 보통 직업적 프로가 됩니다. 능력이 있으니까 뭘 만들 수 있고 할 수 있고 이런 능력이 직업적 프로로 가는데 대부분 이 구도에서 갈등을 많이 합니다. 능력과 권력은 겹치는 부분도 있지만, 또 다른 구도에 있는 겁니다.

제가 왜 이것을 써 드리느냐 하면 여러분이 상담할 때 실제 이 기준을 조금 파악하고 있을 필요가 있기 때문에 그렇습니다.

그런데 저에게 질문한 이 양반은 '나는 능력자입니다.' 그런데 지금 위에 있는 이 양반은 능력을 봐서는 '저래가 무슨 사장이라고?'

자기가 보기에는 사장의 능력으로 보기에는 좀 그렇다는 겁니다. 그런데 권력자라는 겁니다. 그래서 오히려 능력보다는 권력이 좀 더 상위 개념이라는 겁니다.

이 부분 상담이 매우 많습니다. 오늘도 마지막 손님이 바로 그것이었습니다. 앞에서 예제로 했던 甲午생 있었죠? 이 양반도 국책금융기관하고 무슨 준 국가기관에 근무하다가 파워게임에 밀려서 자기가 토사구팽을 당했습니다. 팽을 당해 억울하다는 겁니다. 억울한 것은 맞습니다. 그러나 세상을 끌고 나가는 이 구도에서 진 거라는 겁니다. 이런 것이 굉장히 많습니다.

그러니까 어느 대기업에 근무하던 분이 대표까지 된 겁니다. 물론 한 계열사 중에 하나의 대표입니다. 자기는 정말로 열심히 30년을 조직을 위해서 헌신했고 또 조직을 성장시켰고 그래서 말 그대로 대단한 능력자라는 겁니다.

그런데 좀 챙겨주는 것을 좋아하는 회장 사모님한테 찍혀 버린 겁니다. 그래서 자기는 조직을 위해 열심히 하는데 "왜?" 하니까 그 사모님은 "난 저 인간하고는 못 지내겠습니다. 꼭 저 인간과 해야 돼요? 영감!" 이러니까 영감이 계속 잔소리 듣기 싫으니까 팽을 시켜버립니다. 그래서 찾아와서 물어보는 겁니다.

"원장님 제 인생이 왜 이렇습니까?"

그것이 다 손금에 있다고 말해 주면서 '당신은 이 구도를 몰랐다. 그래서 당신이 능력을 갖춰야 될 때가 아니고 권력을 가져야 되는 자리에 가서도 능력을 갖추고 있으면 된다고 착각했으니 당신은 그만두는 것이 맞다.'는 겁니다. 이 권력 위에는 뭐가 있는지 아십니까? 이것을 알고 계실 필요가 있어서 해드리는 데 금력(金力)입니다. 머니파워입니다. 그래서 권력 위에는 금력(金力)이 있다는 겁니다.

이 구도도 상담하다 보면 많이 발생하는데 그것이 하여튼 돈이면 다가? 이러면 '돈이면 다.' 이러면 됩니다. 금력(金力) 위에는 뭐가 있습니까? 이 위에는 운빨이 있습니다. 손금에 나와 있습니다. 운빨 위에 또 뭐가 있습니까?

운빨 위에는 신의 섭리든 하여튼 인간의 합리성과 그것이 연관성이 떨어진다 하더라도 자연의 섭리 같은 것이 있습니다. 저런 구조를 두더라도 대부분 굉장히 갈등하는 것이 젊은 친구는 능력과 답을 아는 것입니다.

최근에 서울대생 자살 사건 보셨습니까? 이 친구가 이 강의를 들었어야 합니다. 이 위에 아직 '운빨'도 안됐고 돈도 없고 아직 권력도 없는데 세상에 뛰어나가 아직 자기 뜻을 구현할 때도 아닌데 불구하고 현명하지 못한 선택을 해 버렸습니다.

유서의 일부가 인터넷 보니까 있었습니다. 자기가 추구하려고 했던 것이 합리입니다. 얼마나 가슴 아픈 이야기입니까? 세상을 구동시키는 여러 가지 힘이 층층이 있는데 본인이 아무리 본인의 합리로 그것을 극복하려고 해도 뛰어넘을 수 없음을 알았다는 것이죠.

그것은 정확하게 진단하고 파악을 한 것이지만 봄 여름 가을 겨울이 있다는 것을 알았더라면, 그 금수저들의 할아버지도 흙수저에서 출발했다는 것을 알았더라면, 결국은 세월을 두고 좀 기다렸지 않겠느냐 하는 겁니다.

우리는 지금 상수역(象數易) 중심으로 역(易)의 학술적인 원리를 공부하지만 실제로 의리역적(義理易的)으로 인생의 철학, 이것은 인생을 바라보는 철학입니다. 그러니까 그런 친구들은 이 사회의 손실이라는 겁니다. 그런 친구들에게 조금만 일찍 이런 사실을 알려 주었다면 좋았을 것입니다.

"야야 이런 것이 있거든? 자네는 답을 아는 것과 능력(구현)에 있으니까 그것을 너무 지금 비교함으로써 자기 자신을 규정을 짓지 마라. 너는 절대 못난 사람이 아니다. 단지 우리도 지금 여기서 허우적 허우적거리고 있다."

권력하고는 완전히 한참 거리가 남았는데 그래도 버티는 힘은 운빨, 섭리가 있다는 것입니다. 그것을 좀 가르쳐 줬더라면 '얼마나 좋았을까?' 하는 생각이 듭니다.

하필 요즘 드라마 중에 '육룡이 나르샤'라고 하는 드라마를 합니다. '육룡이 나르샤'는 S모 회사에서 합니다.

이분에게 이 이야기를 하면서

"당신 회사에 요즘 드라마 좋은 것 있던데. 육룡이 나르샤."
 "내가 문자로는 이해가 돼."
 우연히 채널 돌리다가 그 장면을 본 겁니다. 어떤 장면을 봤느냐면 고려 제일 검이라고 하는 '길태미'라고 있습니다. 고려에서 제일 검이라는 사람이 오만방자한 생활을 하다가 결국은 '삼한 제일 검'에게 죽는 장면입니다.
 그 길태미가 완전히 쌍코피 터지면서 죽습니다. 그러면서 멋있는 대사를 하고 죽습니다. 자기가 거의 마지막 칼을 받을 장면에 사람들이 '왜 그렇게 살았느냐?' 하는 식의 시선을 보내니까 자기는 이렇게 대답을 하는 겁니다.
 "내가 아는 역사에 변하지 않는 진리는 강한 자는 약한 자를 병탄(倂呑)한다. 강한 자는 약한 자를 인탄(躪呑)한다."
 그러니까 이 병자가 아우를 병(倂)자이고 탄자는 삼킬 탄(呑)자입니다. 그러니까 남의 것을 아울러서 결국은 삼킨다는 말입니다. 린(躪)은 인권 유린할 때 린(躪)자로 짓밟는다는 겁니다. 그러니까 짓밟고 삼킨다는 말입니다. 이것이 천 년 전이나 지금이나 천 년 후에도 변치 않을 진리라는 겁니다. 결국은 자기는 이 권력과 금력(金力)의 세계를 넘나들고 있었는데 결국은 뭐가 다했습니까?
 결국은 에너지의 편차게임이라는 겁니다. 그래서 당신 회사에서 나오는 드라마가 그렇더라 하니까 '아!' 하면서 납득을 하는 것이었습니다.
 "당신 내년 내후년에 좋은 일이 있을 겁니다. 진급되는 運입니다. 진급되니까 지금 사장을 미워하지 마십시오. 지금 사장이 당신과 너무너무 코드가 안 맞다 해도 결국은 이 세계에 있지 않습니까? 당신도 이리로 가려면 결국은 운빨이라고 하는 큰 흐름의 힘을 입어서 올라가야 되는데 미워해서 남을 것이 뭐 있습니까?"

"술 살게요."

"오늘 강의해야 됩니다."

물론 그릇 자체도 어찌 되었든 주변에 官星이 에워싸여 있으면 그 자체로 여러 사람 일을 돌봐 주면서 머슴처럼 사는 내용도 있지만, 또 주변에 여러 사람의 관계 능력을 통한 보상도 여러 곳에서 온다는 말입니다.

이 己卯, 戊寅 大運이야 머슴살이 많이 해야 되는 세월이고 丁丑, 丙子 大運에 자기가 나름대로 사회 참여도 하고 죽 잘 밟아 왔다는 겁니다. 앞으로도 乙亥 大運의 중반부 정도까지는 좋은 흐름으로 주로 쓰게 되는데 고민은 남들이 매우 부러워하는 자리에 있으면서도 그런 고민을 묻는 것이 운명감정이니까 여러분이 다양한 기준이라든지 측면이라든지 이런 것을 나름대로 어느 정도 표준을 정리하고 있어야 된다는 겁니다.

오늘은 내용적인 것보다는 연결고리 그 키워드만 여러분이 좀 잘 기억을 하시고 조금 쉬었다가 하겠습니다.

1-3. 命의 해석, 運의 해석

1-3-1. 命과 運의 비중 비교

1-3-2. 케이스 비교

1-3. 命의 해석, 運의 해석

　결과적으로 큰 개념에서 이해한다면 命을 떠나서 運을 해석하기 어렵고 또 運을 떠나서 命을 해석하기 어렵습니다. 그래서 거의 사람의 운명도 살아있는 생물과 비슷해서 끝없이 변화되는 요소를 가지는데 결국 어느 한쪽을 완벽하게 기준으로 삼아서 정하기가 어렵다는 것입니다.
　그다음에 命도 생긴 모양은 사실 복잡다단합니다. 해석의 어떤 방법이나 융통성이 굉장히 많은데 運은 더하다고 보면 됩니다. 문자가 복잡하다 해서 생각마저 복잡할 필요까지는 없는데 일단 命을 떠난 運은 없습니다. 命과 運은 상호 밀접한 관계 속에 있습니다.
　그다음에 명의 모양새도 기본적으로 복잡성 그러니까 컴플렉스 형태의 구조를 가지고 있고 또 運의 형태도 굉장히 복잡에다가 좀 더 강조하면 복잡다단합니다.
　이렇게 대강의 틀을 도식화한다면 이렇게 될 것입니다. 그래서 '어느 쪽에 더 비중을 두느냐?' 하는 문제도 당연히 있는 것이고 또 運의 干支 문제도 있는 것이고 또 비중의 차이에 관한 정리도 차근차근 앞으로 해봐야 된다는 겁니다.

물론 실제 사례를 보면서 命의 비중이 큰 패턴들을 보면 대체로 破格이라도 정도가 심하지 않은 것들 있습니다.

[그림 7-1]

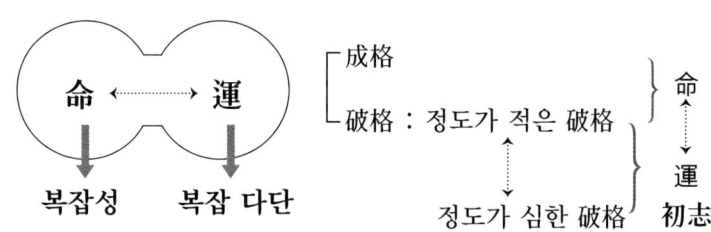

정도가 적은 破格의 정도에 따라 심한 것까지 주욱 이어집니다. 정도가 심한 破格이 있을 것이고 대체로 정도가 적은 쪽에 가까이 오면 成格 옆집으로 취급을 해주게 되고, 成格과 깨어진 정도가 적은 破格에 있는 것은 어떻습니까? 대체로 命의 속성을 좀 더 우선적으로 해석하는 것이 좋습니다.

그다음 실제로 정도가 적은 破格과 심하게 깨어진 破格의 경계점에 있는 것들이 있습니다. 경계점에 있는 이런 것은 물어보면 됩니다.

"뭐하노? 니 이것 아니면 이것 아니면 이건데 뭐하노?"

물어보면 직업적 안정성이 있는 직업을 이미 확보하고 있는 사람이 있습니다. 그것은 일반적인 기준에 의해서 보통 분류해야 되겠지만, 하여튼 공직이라고 하면 成格에 준하여 기본적으로 命에다 좀 더 비중을 둔다는 겁니다.

그런데 역시 破格과 섞인 사람들은 또 運에 의해서 좀 많이 흔들립니다. 그러니까 배로 친다면 골격은 딱 맞는데 나머지 디테일이 좀 엉성하게 짜져 있어서 成格은 成格이되 완전하지 않은 모양의 成格들이 있습니다.

파도가 치고 바람이 불고 흔들고 하면 소음이 심하든지 앞뒤로 왔다 갔다 하든지 흔들림이 훨씬 더 심하게 오는 거니까 정도가 적은 破格 사이에도 약간씩 비중 차이를 두어야 됩니다.

그다음에 정도가 심한 破格의 팔자들은 破格이 뚜렷하게 이루어져 있는 상태에다가 또 그것이 이중삼중으로 空亡에 冲 맞고 거듭거듭 格이 손상된 경우에는 결국은 運의 흐름에 더 많이 간섭을 받을 수밖에 없다는 겁니다.

그래서 命과 運의 비중 차이를 규격화된 레벨을 정하기 어렵지만, 어느 정도 成格이 확실하다면 命을 위주로 봐서 命이 적어도 한 60~70% 고정되어 버리는 겁니다.

삶의 내용에 변화가 오는 것도 그냥 10년 중에 한번 오는 식입니다. 그다음에 사적으로 부동산 좀 산 것, 투자 좀 한 것 이런 것 정도로 삶의 내용이 거의 고정성이 대부분을 차지합니다. 그다음에 한 레벨, 한 레벨 내려오면서 중간층도 있고 그다음에 완전히 破格도 있습니다.

破格중 심하게 깨어진 破格들이 사실은 굉장히 보기가 어렵습니다. 사는 내용도 굉장히 변화가 무쌍합니다. 그런데 命이 더 중심이 되든지 運이 더 중심이 되든지 대체로 큰 성공은 보이지 않는 '초지(初志)'의 에너지가 있다는 겁니다.

'초지일관(初志一貫)',

어느 한 분야에서 10년을 그 바닥에서 열심히 해서 독립을 한 패턴과 이것저것 다 해봤는데 잘 안되어서 결국 뛰어들었다는 패턴들도 있습니다.

오늘 온 손님 중에 丙日柱였는데 그런 패턴이 한 명 있었습니다. 완전히 핫바지 운명은 아니었습니다. 하여튼 2010년이나 11년부터 大運도 교차하고 있고 歲運도 같이 교차하는 겁니다. 이 분보고 이때부터 장사하면 된다고 했습니다.

그 大運이 앞에서 申 大運 酉 大運 지나면서 원래 시집을 갔다가 풍파를 한번 겪고 애 데리고 다시 아주 부자 남편한테 시집을 갔는데 이건 더 피곤하더라는 겁니다.

결국은 그 피곤함의 원인을 상대방이 원인인 것처럼 본인이 몰아세우는 겁니다.

"그게 아니다. 당신도 원인이 있다. 운명적으로 원인이 있으니까 2011년 정도까지 견디라."

한 10년 전에 이렇게 봐 드린 분입니다. 그런데 '2011년도에 (사업이나 장사를) 시작해도 좋다.' 이렇게 했는데 14년도에 결국은 이혼을 합니다. 지금 기억에 丙子日柱인가 봅니다. 甲午년에 때려치운 겁니다. 그러니까 다시 부부간에 안정이 되어 가려고 하는데 자기는 도저히 못 견디는 겁니다.

이 流年이 辛卯년 이후에 壬辰, 癸巳, 甲午, 乙未 이렇게 들어가니까 辰, 巳, 午, 未에서 五行的으로 水가 제대로 작동할 수가 없습니다. 그러니까 계속 갈등이 남아있는 겁니다. 그런데 큰 大運은 2010년~11년부터 바뀌는 겁니다.

"조금만 더 견뎌라! 丙申년 중반부 정도 넘어가면 서서히 안정되기 시작할 거다." 이렇게 말했는데 못 참겠다 해서 작년에 때려 지우고 나와서 올해 초에 뭐를 했느냐면 먹는장사를 한 것입니다.

[그림 7-2]

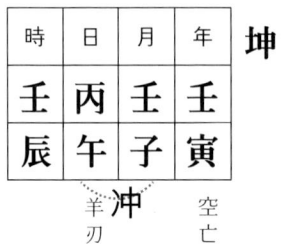

범띠에 이런 구성인데 돼지고기 장사를 한 겁니다. 하여튼 장사가 잘 되는 겁니다. 그다음 時에 아마 壬辰이 있었습니다. 大運이 어떻게 됩니까? 逆大運으로 흘러가니까 亥, 戌, 酉, 申, 未 이렇게 빠져나옵니다. 기본적으로 접객성 인자가 있습니다.

거기에다가 食神이 무리 짓고 있고 일지에 羊刃 칼을 들고 있습니다. 칼 들고 '어서 오십시오.'하고 있으니까 먹는장사를 해도 되고 가공업을 해도 되는데 뒷날에는 시설임대를 하는 것으로 가기 쉬운데 이분은 뭘 하게 되느냐면 좀 더 수월한 運으로 흘러들어 가면 목욕탕업, 모텔업 이런 것을 하게 됩니다.

그래서 2011년부터 작게 시작하라고 했습니다. 하여튼 그때는 그런 갈등이 덜 끝나서 작년에 그만두고 올해 시작을 했는데 장사를 24시간 하는데 24시간이 왜 가능합니까? 官星이 어디에 있습니까? 야중에 있습니다. 그래서 거기 직원 두 사람에게 맡

겨놓는데 밤장사만 하루 매출이 백만 원이고 낮 장사는 밝힐 수 없다고 합니다. 그러니까 하여튼 장사가 아주 잘 되고 있는 겁니다.

이 경우에도 년 空亡에 子午相冲으로 사실은 복잡한 팔자입니다. 그러니까 年과 月이 冲 맞고 印星소통은 또 空亡으로 들어가 버립니다. 그다음에 寅午와 申子가 무리 짓고 있어서 복잡한 양상을 띠고 있는데, 결국 좋은 運이 大運에서 어느 정도 들어오기 시작하면서 실속이 만들어지는 것인데 運과 命의 편차가 크다는 것입니다. 辛卯년~壬辰년 전까지는 정말로 갈등을 심하게 많이 겪고 본인이 희생 국면을 많이 가지고 있었습니다.

運이 좋을 때 편차가 큰 것은 뭡니까? 이것이 일종의 破格이기도 하지만 무엇을 붙들고 있습니까? 偏官 있고 羊刃 있습니다. 偏官은 주먹을 쓴다는 겁니다. 그러니까 호랑이가 물려고 오면 주먹을 쥐고 때립니다. 그다음에 주먹 있고 칼 있으니까 사실 집안에 있어도 주먹과 칼은 쥐고 있으니까 이 팔자도 깡패 팔자입니다.

이 패턴에서 사이좋은 부부는 어떤 부부겠습니까?

학생 질문 - **같이 안 사는 부부 아닙니까?**

선생님 답변 - **그렇습니다. 바로 마도로스 남편, 외교관 남편, 무역하는 남편입니다.**

하여튼 삶의 내용을 보면 자기가 시달리며 가다가 좋아질 때 확 좋아지는 것이 결국 命 내에 인자가 기본적으로 있기도 한데 또 破格으로써 이런 변화성이 많이 되어 있습니다.

그래서 장사가 너무 잘 되어서 사실 남들에게 소문도 못 내겠다고 합니다. 그러니까 그것도 직원 둘에게만 맡겨놓는 밤장사만 하루 백만 원이니까 휴일도 없이 벌고 있습니다. 그러면 그것만 해도 얼마입니까? 한 달 3천에 낮장사는 곱하기 2하면 돼지고기 하루 3백을 팔면 한 달에 얼마를 판다는 말입니까? 9천씩 파는 겁니다. 그래서 시작한 지 10개월밖에 안 됐는데 지금 하나 더 할까 말까 그것 물으러 온 겁니다.

내년에 丙申년이 들어옵니다. 군신대좌(君臣對坐)가 들어오니까 또다시 모양새를 만들려 하는데 어디부터입니까? 寅에서 튀어나오고 午에서 丙이 튀어나옵니다. 두 군데 다 튀어나오니까 꼭 옮기고 싶다는 겁니다. '드디어 내 세상이 만들어지고 있구나!' 어차피 옮기기는 옮길 것인데 "기왕 내친김에 완전히 초대형으로 뭘 하나 차릴까요?"

"그러지 말고 지금 서방과 도장 찍은 지 얼마나 됐다고…."

기존 것 조금 더 하다가 丙申년이 들어오면서 어차피 三災 들어오고 驛馬 들어오고 그다음에 日支 그다음에 年支 隔角, 驛馬 다 걸립니다. 그다음에 三合 들어오니 이런 복잡한 과정들이 어차피 원치 않아도 진행되게 되어 있다는 것입니다.

그래서 올해 년 중이나 연말쯤 가서 그것을 결정해도 좋다고 결론을 해줬는데 저런 팔자들이 아무것도 안 되어서 왔을 때는 진짜 팔자 사나워 보입니다. 완전히 서방한테 한 대 맞아서 눈시퍼렇게 하고 허름하게 와서 문점하면 "너는 羊刃도 있고 뭐 되겠노?" 이런 식으로 봐줄 수도 있다는 겁니다.

그럴 때도 命 내에서 가지는 불안정성이 있지만, 자세히 보면 폭발적으로 뭘 할 수 있는 에너지가 있는 것입니다. 범 있고 羊刃 있고 偏官 있고 冲 있습니다.

冲이 있으면 어떻습니까? 싸워서 해결할 수 있는 것은 물어버리고 싸워버린다는 겁니다. 그래서 강아지 중에도 강한 개는 물어야 합니다. 그렇게 파워가 내부적으로 쌓여있는 것입니다. 앞으로 다가오는 세월은 하여튼 돈을 상당히 많이 벌 것입니다.

그래서 결국은 時의 辰으로 갑니다. 年支를 기준으로 時를 보면 辰이 月殺입니다. 그러니까 달빛 아래서 용은 뭡니까? 이놈 저놈 다 끌어모아 놓은 것입니다. 그러니까 뷔페 음식이 되든 아니면 이놈 저놈 다 오는데 달빛 아래서 이놈 저놈 다 와서 노는 곳이 어디입니까? 룸살롱도 되고 나이트클럽도 되고 그다음에 모텔도 됩니다.

그래서 그쪽으로 결국은 命 내에 이미 運의 방향이 이미 정해져 있습니다. 그러니까 大運이나 歲運에 의해서 '좀 빨리 가느냐, 늦게 가느냐?' 그 차이만 생겨나는 것인데 결국은 팔자 내에 있는 어떤 변화성 인자 그다음에 成格의 여부 이런 것들을 잘 관찰해야 합니다.

1-3-1. 命과 運의 비중 비교

　목차를 보면 '命과 運의 비중 비교' 해놨습니다. 이 팔자는 더 많이 '命을 따라갈 것이냐, 運을 따라갈 것이냐?' 관찰해야 되는데, 공직이라든지 아주 안정적인 직장생활을 하는 사람들은 거의 運 따라서 변화될 수 있는 요소가 없으니 별 따질 것이 없는 모양새가 되고, 상기의 명조같은 팔자들은 정말로 편차가 심하게 생길 수 있는 것입니다. 벌 때 팍 벌고 또 힘들 때 팍 힘들었다 할 수 있는데 大運이 고삐가 잡혀 있다가 바로 놓아주자 말자 붕붕 날아다닙니다.

　그리고 年月日에 있는 壬水 官星들이 전부 다 고객으로서 움직여 줍니다. 하여튼 세월도 그러했지만 집을 지키던 서방님은 별로 잘하는 것이 없는데 지금은 오라버니들이 와서 너무너무 잘해 주는 겁니다.

　大運도 陽 大運으로 바뀌었습니다. 大運이 未 大運 4년 차쯤 됩니다. 그러니까 오빠들이 너무너무 잘해주는 겁니다.
　"오빠 오늘 비좁아 안 된다."
　"기다릴게!"
　저것이 남편으로는 못 써먹어도 또 고객으로서는 잘 써먹는 인자가 되는 겁니다. 결국은 그것이 일종의 분(分)처럼 분류를 해줘야 되는 그런 것이 되는 겁니다.

그래서 일단 지금은 '해석의 틀과 기초'를 한번 정리하는 중이라고 생각하시고 저 사람의 삶의 내용보다는 시각, 측면 이런 것을 처음에 정리해야겠다고 생각하시면 됩니다.

그다음에 마찬가지로 제목의 중복이지만 사실 분류를 해 보려고 나누어 놓은 것인데 다 연결되어 있는 것입니다.

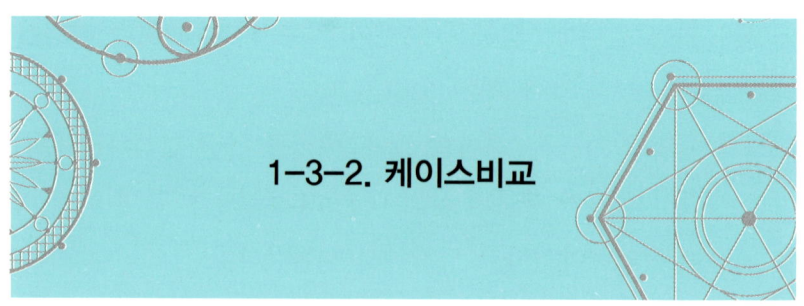

1-3-2. 케이스비교

[그림 7-3] 공직, 국가공사기관, 대기업

大運이 壬申 大運 2년 차에 들어와 있는데 저런 팔자는 형태 상으로 바로 官 자체가 반듯하게 그냥 올라섰습니다. 그래서 보 통 저런 모양에서 변화가 많지 않은 공직인데 공직이 요즘 비율 로 치면 열 명 중에 한 네 명 정도입니다.

나머지가 아주 안정적이고 좋은 직장인데 주로 국가 공사기관 또는 대기업 이런 쪽입니다. 그래서 대기업 쪽으로 나아가는데 格을 크게 훼손하는 인자가 아니면 꾸준히 올라가는데 벌써 임원을 하고 있었습니다. 그러니까 초급 임원까지 지금 올라와 있는 상태입니다.

무엇 때문이겠습니까? 寅 중에 丙火가 어떤 작용을 일으킵니까? 사업성 인자로 작용하게 되고 이것이 드러날 수 있는 여건만 되면 거기에 대한 융통성을 발현할 건데 壬申 大運까지 丙火가 크게 펼쳐져 있는 運이 아닙니다.

펼쳐지는 運이 아니니까 丙子 大運 丙의 運에 잠깐 써먹었는데 그때는 어렸을 때니까 전교 1등 했다는 식의 이런 것입니다. 그래서 이런 경우 運의 변화를 크게 볼 것이 별로 없는 것입니다. 올해 물으러 온 이유는 뭐겠습니까? 壬申 大運의 2년 차에 와 있고 乙未년에 물으러 왔습니다. 乙未년에 일어나는 여러 가지 속성은 기본적으로 傷官의 훼손 그다음에 丑未 冲 또 酉 隔角입니다.

학생 질문 – **직장변동을 의미합니까?**

선생님 답변 – **그렇습니다. 조직사회의 타이틀이나 자리변동 이런 것들이 기본적으로 되고 그래도 大運 자체가 格을 훼손하지 않고 있으므로 그것이 직장을 떠난다 이런 것이 아니고 정신적으로 갈등국면인데, 시간의 庚이 乙庚 합으로 수렴하고 있습니다.**

그다음에 자리 전변인데 작년인가 재작년에 어디 갔다가 올해 초에 복귀했습니다. 복귀하면서 그것으로서 그 기운을 써먹었습니다.

이런 사람이 왔을 때 어떤 것을 꼭 봐줘야 되겠습니까? 왜 왔을까요? 뭐라도 자기가 불편한 것이 있으니까 왔을 것 아닙니까? 이 명조에서 기본적으로 格은 正官格으로 취하지만 五行의 喜忌論的으로 보면 어떤 것을 반겨 씁니까? 일지 寅 食神을 항상 본인이 기운의 소통자로서 늘 추구성을 가지고 있습니다. 乙未년 未가 어떻게 됩니까? 入庫가 되어버리니까 답답한 겁니다.

그래서 이 답답함이 왜 이렇게 막연한 답답함을 자기가 겪느냐 하는 것은 바로 壬寅日柱 食神이 未에 入庫하는 작용 때문입니다.

자기가 자기 기질대로 밀고 나가야 되는데 그것을 고삐를 죄어 놓은 모양입니다. 그것이 언제 풀립니까? 丙申년에 풀리는데 大運이 불리하면 오히려 이런 것들도 부정적인 작용을 많이 합니다. 大運이 안 좋으면 오히려 길 가다가 넘어집니다. 食神이라고 하는 것이 말도 되고 다리도 되고 활동을 여는 수단도 되고 또 인체 내부에서는 소화기도 되는데, 이 소화기에 관련해서 이렇게 相冲작용이 일어나버리면 부정적인 작용도 일어날 수 있습니다.

그런데 다행히 大運이 어떻습니까? 官星의 훼손을 크게 이끌고 있지는 않으므로 과정상 相冲의 작용에 의한 어떤 불안함이 있더라도 다시 안정화를 위한 과정으로 전환되는 겁니다. 그러니까 묶인 것보다 한 대 맞는 것이 더 편하다는 겁니다. 굉장히 힘들어 하는 것이 入庫되는 이런 작용처럼 묶여 있다는 것이 沖 맞는 것보다 오히려 더 힘들다는 것입니다.

그다음에 이 자체로 사실은 丑戌未에 의한 三刑殺 작용이 있기는 있습니다. 그런데 그것은 올해 초에 벌써 진행이 됐습니다. 그래서 그것을 있는 그대로 언급하고 食神이 入庫함으로써 활동성이 매여서 지냄으로써 오는 답답함을 감당해야 됩니다.

내년에는 申이 亡身도 되고 年支의 바로 한 글자 앞이 됨으로써 음욕살(淫慾殺)이 됩니다. 기본적으로 亡身殺이면서 자기 年支의 한 칸 앞이 음욕살(淫慾殺)을 유도합니다. 그리고 大運에도 申이라는 것이 申子라고 하는 것은 주로 水의 운동을 활성화 시켜 냄으로써 애정적으로, 사회적으로 여러 가지 관계가 발생하는 그런 運이니까 그런 것들을 조심할 필요까지는 없다고 말했습니다.

그런데 이런 壬申 大運의 하반기나 大運의 끝자락에 가까울 때는 壬申 大運에 발생시킨 원인이 다음 大運으로 연결되게 되게 되어 있으니까 조심해야 됩니다.

짧게는 5년 길게는 10년까지도 영향을 주지만 壬申 大運이 원인이 되려면 이 辛未운이 官星을 계속 동요하게 함으로써 결국은 해외근무를 한다든지 아니면 별정업무를 하든지 해서 직장생활이나 사회활동을 유지하기도 하는데 개인적인 활동성은 食神이 붙들어 잡혀있는 大運이 되니까 해외근무를 하면서 사회적인 대가나 보상이 떨어지든지 아니면 자기가 개인적으로 굉장히 답답해하면서 보내야 한다는 것입니다.

그다음에 토끼나 양의 運은 가만히 못 있고 자꾸 움직여 돌아다닙니다. 안정성이 많이 떨어지는 그런 모양인데 그나마 저런 運을 잘 쓰는 사람들은 어떤 사람들이냐 하면 건설업 하는 사람들은 잘 쓰더라는 겁니다.

'정처가 없다.', ' 안정성이 떨어진다.'

그럼에도 불구하고 나름대로 잘 활동하는 것은 건설 쪽에 일을 하는 경우입니다. 보통 저럴 때부터 임대사업 같은 것을 서서히 준비해서 뭘 사고 짓고 임대하고 팔고 그런 정도로 한다면 경제적 보상 면에서는 낫지만, 자기만족이나 이런 것은 많이 떨어집니다.

저 팔자도 사실은 破格은 破格입니다. 무엇 때문에 破格입니까? 官殺혼잡 때문에 기본적으로 혼잡요소가 발생해 있으니까 破格은 破格입니다. 그런데 비교적 成格과 破格을 나눈 그룹에서 보면 가장 成格이 잘된 케이스 바로 다음 그룹쯤 되니까 成格에 가까운 破格으로 보면 됩니다.

직장의 변화성은 뒷날에 생기기는 생기겠죠? 결국, 時의 壬戌 쪽을 따라감으로써 壬申 大運에서 辛未 大運으로 바뀔 때쯤 결국 바뀌기는 바뀌는데 己酉생이면 올해가 마흔일곱입니다.

20대 후반에 입사해서 50대 중후반까지 그냥 그대로 가버리니까 근 30년 成格의 형태로써 살고 있는 모양이 되어버리는 것이니까 運이라는 것이 특별히 많이 간섭할 것이 없는 겁니다.

저런 경우에는 命에다가 비중을 많이 두고 格을 훼손하는지의 유무 그다음에 감투의 여러 가지 변화속성 그런 것을 더 위주로 해설을 해주면 된다는 겁니다.

저 양반이 있었던 이벤트 중에 2012년 壬辰년이 癸酉 大運 끝자락쯤 되는데 이때 壬辰, 癸巳 이 두 해가 空亡입니다. 癸酉 大運에 이 양반이 壬子에 군신대좌(君臣對坐)가 걸립니다. 군신대좌(君臣對坐)에 걸리고 그해에 여러 가지가 이벤트가 옵니다.

그다음에 이 壬辰년의 辰이 12神殺로 天殺에 걸립니다. 또 일반적인 六親으로써 辰은 己酉생의 일지 寅과 時地 戌을 흔듭니다. 그래서 저런 경우에는 좀 복잡성이 생겨나는 해입니다. 그래서 큰 흐름이 좋기 때문에 壬辰년에 진급은 하기는 했습니다.

물론 癸酉 전체의 영향을 받지만, 업무상 癸酉 大運에 뭘 했겠습니까? 劫財가 있으면 어떻게 됩니까? 정신적으로 항상 경쟁의식에 싸입니다. 酉는 행위 자체가 正印이라는 인자가 되므로 조직사회에서 성과를 많이 만들어내고 그다음에 12神殺 상으로 將星이 되므로 주요한 업무나 타이틀을 감당하게 되는 것입니다.

그러면서 酉 글자 자체의 행위가 뭡니까? 앞에서 설명했는데 끊어낸다고 했습니다. 그러니까 자기 예하의 납품 밴드업체라든지 이런 곳에 대해서 어떻게 했겠습니까? 칼질을 많이 했으니까 다른 사람의 원망이나 이런 것이 쌓여 있습니다.

그런 것들의 누적으로 壬辰년에 검찰에 가서 조사를 받는데 검찰이 어디 있습니까? 여기 天殺에 검찰에 가서 조사받고 시달리는 과정을 겪었습니다. 그러니까 진급하고 조사받고 했습니다. 실형을 살 정도는 아니었는데 붙들려서 상당히 고생한 것으로 알고 있습니다.

큰 흐름은 무난하고 괜찮은 흐름 속에서도 유년(流年)의 작용이 복잡성을 보일 때 그런 것들이 발생한다고 보면 됩니다. 壬辰년 이때가 나름대로 자기 기억에 상당히 의미가 큰 해가 되었고 그런 여러 가지 사건이 범벅되어서 나타난 해입니다.

그다음에 거꾸로 成格이 아니고 변화성이 많은 것을 한번 보겠습니다. 제가 가진 샘플 중에서 제일 심한 破格이 앞에서 설명했던 뱀띠입니다.

[그림 7-4-2]

時	日	月	年	乾
丙	庚	辛	乙	
戌	午	巳	巳	

이 양반이 官殺混雜으로써 여러 가지 주변의 간섭자로서 그렇고 나머지 가지고 있는 샘플은 전부 다 成格입니다.

成格자들이 보면 나쁜 것이든 좋은 것이든 확실히 구분 지으면서 갑니다. 좋을 때 좋고 안 좋을 때 안 좋음이 확실합니다. 그런데 전형적 破格을 챙기지 못했는데 破格들은 전부 이런 식입니다.

[그림 7-4]

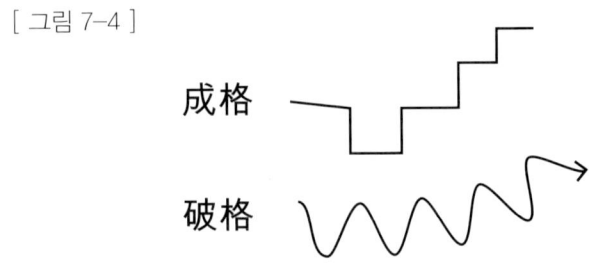

좋다 해도 어디서부터 좋았는지 잘 모르겠고 안 좋다 해도 크게 더이상 나빠질 것도 없고 이런 식으로 갑니다.

아까 설명했던 壬寅생 壬子월 丙午일 壬辰시 여자는 破格 중에라도 에너지가 많이 있음으로써 결국은 긍정적인 작용이 앞으로 많이 펼쳐질 패턴에 해당하는 것이 되고 약간 格이 흐트러진 모양을 한번 보겠습니다.

[그림 7-5]

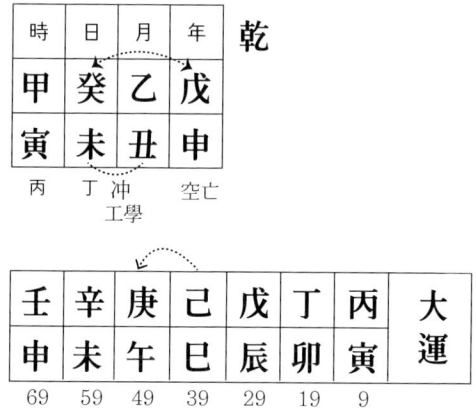

현재 己巳 大運 뒷부분에 와 있습니다. 올해가 49세가 되면서 내년에 庚午 大運에 들어갑니다. 庚午 大運 들어가는데 이 경우에 月의 丑과 日支 未가 冲에 의한 것과 丑중에 癸, 辛, 己의 透干 요소가 명확하지 않음으로서도 그렇고 年이 空亡이 됩니다.

이 경우에 명함이나 직업의 다중성 또는 조건부 이런 것들이 발생하기 쉬운데 묘하게 이것을 잘 조합해서 쓰고 있는 경우에 해당하는 팔자가 됩니다.

이렇게 偏官 丑과 未가 있으면서 서로 冲도 되고 刑도 되는 모양일 때 이 팔자가 印星이 좀 더 세력이 갖추어져 있거나 格이 제대로 갖추어져 있으면 전문자격이나 전문기술 중에서 자타가 공인하는 패턴을 잘 따라갑니다. 그런데 그것이 약간 훼손이 된 모양입니다.

공학을 전공했고 그래도 기본적으로 교육이라는 별을 가지고 있습니다. 공학, 자격도 조금 두드러지지 않아서 그렇지 자격에 가까운 모양이 되고 傷官이나 食神이 에워싸고 있어서 교육, 언론, 驛馬殺에 관련된 조직사회인데, 이 경우에는 공대 교수로 자리 안정을 해서 활동을 하고 있는 팔자입니다. 그러니까 이 戊辰 大運 후반에서 己巳 大運 초반으로 들어가면서 2003년 癸未년에 임용이 되었습니다.

그래서 나름대로 생활을 하고 있는데 이 경우에 未중에 있는 丁火의 씨앗 그다음에 이 傷官 寅 중에 正財 이것은 傷官성을 통한 正財이니까 부가성이 높은 방법을 통한 재물확보의 인자가 됩니다. 그래서 자꾸 벤처사업 같은 것을 하고 싶어하는 겁니다.

당연히 가능한데 庚午 大運까지가 그렇고 辛未 大運 들어가면 格을 복잡하게 쓰기 시작합니다. 그러면서 辛未 大運에 실속이 불안해지는 또 미완성의 모양으로 따라가기 때문에 보통 庚午 大運에 손발을 바삐 움직여서 경제적인 성취를 이룩하는 運으로 연결되니까 일정기간 동안은 벤처사업 같은 것을 해도 좋다는 것이죠.

이런 팔자가 運이 안정된 모양으로 가지 않으면 이 회사 취직했다가 저리로 갔다가 기업에 있다가 연구소 갔다가 또 다른 쪽에 사업할 거라고 왔다 갔다 했다가 뒤에는 하다못해 부동산 할 거라고 왔다 갔다 합니다.

그나마 형태상으로 조금 그렇지만 羊刃이라는 것이 月에 있음으로써 자기가 투철한 직업의식이라든지 또 미션을 완수하는 역량이라든지 이런 것들이 있는데 이 팔자에 단점이 印星이 空亡되어 있습니다.

印星이 空亡되어 있으니까 도덕심이 강한 패턴은 아닙니다. 돈이 된다면 반드시 교수직도 언제든지 멀리할 수 있습니다. 특히 年에 있는 申 金이 무늬는 印星의 모양인데 이것이 午 大運 들어가면 도덕을 버리고 돈을 따르는 쪽으로 갑니다. 이 사주가 제가 가지고 있는 샘플 중에는 제일 破格이 되어있는 겁니다.

학생 질문 - 戊申생이 지방사립대 아닙니까?

선생님 답변 - 공대니까 이 양반은 국립대학입니다. 年干에 戊가 떴습니다. 그러니까 공대가 아니고 일반학과라면 대체로 月支 丑의 간섭이 더 많습니다. 그러면 지방 사립인데 이 偏官이라고 하는 글자를 써먹을 때는 공학, 법학은 국립과 혼용한다는 겁니다. 거기에 좀 더 과장되게 말하면 年干의 戊가 됩니다. 이것이 空亡이니까 서울은 아닙니다. 지방 국립대학 공대 교수입니다.

그래도 프로 인자는 많이 있습니다. 원숭이띠에 범 시에 羊刃, 沖있고 하여튼 붙을만하면 때려 붙어버리는 겁니다. 네가 센지, 내가 센지 붙을 수 있는 그런 팔자니까 비교적 뒤섞인 모양이라도 기본 형태는 원래 羊刃格이 맞기는 맞습니다. 그러니까 제가 다음에 비빔밥을 좀 더 많이 추려서 정리를 한번 해 드리도록 하겠습니다.

일단 큰 개념으로써 제가 정리를 해드렸지만 '命의 고정' 그다음에 제일 첫 번째 타이틀에 있는 것으로 '命과 運에서 고정요소' 또 '命 내에 가변요소'가 있습니다.

그러니까 戊申생 乙丑월 癸未일 甲寅시 이런 팔자들이 사실은 가변요소가 상당히 열려있는 팔자입니다. 원숭이 있고 羊刃있고 범있고 冲있으니까 세다는 것은 나타나 있습니다.

그런데 丑을 좇을지 未를 좇을지 애매한 흐름인데 運의 흐름이 어중간하게 흘러가는 사람들은 戊申을 좇아서 젊은 날에 세월을 엄청나게 보냅니다.

그것이 뭐겠습니까? 빈자리를 자기가 채우려고 하는 거니까 이것이 官星과 印星을 무리 지어 채우는 것이 보통 국가 행정이라든지 공직 쪽에 시험을 칠 거라고 세월 보내는 겁니다.

戊申생 예의 경우 大運의 흐름이 만약에 거꾸로 가버렸다면 실조가 되면서 활동성이 떨어집니다. 그러면 戊申 空亡을 채우려고 가는 사람도 있고 그다음에 丑과 未 두 개 좇아서 이거지 저거지 하는 사람도 있습니다.

"나는 甲寅시 이것이 좋아!"

그러니까 喜忌論的으로 보면 겨울의 물이 봄을 좇아서 그 기운을 소통하려 합니다. 그래서 甲寅시를 좇아가는 사람도 있습니다.

傷官 속성이 있으면 무엇을 하려고 하느냐면 선출직이라든지 또 약간의 봉사 성격과 선출직 이런 것들이 섞인 감투를 좇아가게 되긴 되는데 命 내에 가변요소가 많은 팔자라는 겁니다. 이런 팔자들이 사실은 보기가 좀 번거롭습니다.

실제로 이분이 와서 팔짱을 끼고 사주 잘 보나 안 보나 자세 잡고 말없이 앉아서 사람을 테스트하는 겁니다. 실제로 辰, 巳 大運부터 폼을 잡았잖아요?

그래서 제가 처자인연법부터 해서 언제 결혼하고 무슨 아이 낳고 하니까 그때부터 팔짱을 풀고 자기는 공학 교수로서 완전히 무슨 사기당한 느낌 비슷하다는 겁니다.

그것이 사실 가변요소가 많이 열려있는 이런 팔자들이 굉장히 신경 쓰이고 상그럽습니다. 그럴 때는 저런 요소와 상관없이 활동분야를 하나로 분류하기 어려울 때는 정확하게 분석해 줄 수 있는 것부터 먼저 분석해 주는 겁니다.

그러면 언제 결혼했지 않느냐? 그러니까 결혼을 아마 96년도인가 했을 겁니다. 어느 해 무슨 띠 자식을 낳고, 무슨 띠 자식을 낳고 이렇게 읽어주니까 그때야 빗장을 열면서 "야~ 이것 신기하네!" 하는 것입니다.

己酉생, 丁丑월 壬寅일 庚戌시 팔자가 命의 고정요소가 많은 패턴이 되고, 戊申생 乙丑월 癸未일 甲寅시 팔자가 命의 고정요소가 적고 가변요소가 많은 패턴이 되는데, 이런 것에서 戊申생도 그런 케이스에 해당하는 겁니다. 傷官으로 늘 생각은 甲寅시로 가 있습니다. 그다음에 未중에 있는 丁火라고 하는 것이 다이렉트 陰陽입니다.

물론 戊가 가장 이상적이지만 이 未중에 있는 丁火가 늘 '한건 해야 되는데….' 이러한 생각을 가지게 하는 것입니다.

"호주머니에 있는 것이 뭔지 아느냐? 내가 로또를 쥐고 있다." 하면서 한 방 노리는 마음이 항상 깔려 있습니다.

그런 편향성까지도 같이 섞여 있는 팔자들이 실제 사례에서 굉장히 많기 때문에 그런 것을 여러분이 기준적으로 분류해둘 필요가 있다는 겁니다.

또 神殺 특성에서도 저 경우에는 사실은 좌우로 갈라지는 冲입니다. 丑과 未가 冲이고 申과 寅이 冲이 되니까 붙을만하면 어느 놈이고 내 분야에 대해서 시비를 걸거나 대드는 놈이 있으면 죽일만하면 죽여 버린다는 겁니다. 실제로 보니 성격이 까칠했습니다. 까칠한데 그래도 인사는 90도로 하고 갔습니다.

그다음에 '成格과 破格' 그다음에 '成格에서의 고정 가변', '破格에서의 고정 가변' 이런 것들은 여러분이 키워드로 하나씩 정리할 필요가 있다는 것입니다.

그다음에 '運의 의미', '인자', '환경', '계절'은 앞에서 제가 크게 大運들을 설명하면서 제일 먼저 전제를 하시라고 말씀드렸습니다.

그다음에 '運의 형태'에서 이것이 설명할 것이 사실 제일 많습니다.

[그림 7-6]

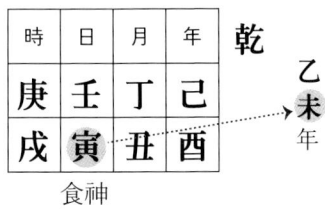

運에서 온 乙未가 己酉생을 만난 것은 물리적 변동이 됩니다.

寅 食神이 未를 만나 入庫되는 것은 물리적 변동일까요? 화학적 변성일까요? 運에서 온 乙未가 己酉생을 만난 것은 물리적 변동입니다. 그다음에 食神 入庫 이런 것은 물리적 변동이라고 하기에도 그렇고 화학적인 변성(變性)이라 하기에도 그렇습니다.

寅이 싹을 틔워서 올라가려고 하는 성질을 가지고 있는 것이지 않습니까? 그런데 食神이 入庫하는 것은 寅이 자기 성질을 잃어버리고 펼쳐지지 못하고 있다는 것은 어떻게 보면 물리적으로 압력 하에 있다고 볼 수도 있는데, 寅木이 未에 누워있는 것은 어떻게 보면 이것이 화학적인 변성이라고도 볼 수 있는데 썩었다는 겁니다. 썩을 놈이 되어 버리는 겁니다. 이 범 寅자가 싹이라면 싹이 未에 入庫하고 있으니까 그것을 변동으로 볼 것이냐? 변성으로 볼 것이냐? 그 경계를 자연과학을 하시는 분들에게 정확하게 한번 물어야 되는데, 아무튼 크게 포괄적으로 말하면 변화(變化)가 될 것입니다.

그다음에 '한열조습(寒熱燥濕)이라고 하는 것이 물리적인 작동을 유도해 내느냐? 또 화학적인 변화를 작동시키느냐?'

그러니까 運에서 財星을 바라보면 화학적인 변성에 가까운 것이 甲이 己를 봐서 '合化 土한다.' 이렇게 씁니다. 이 '化'라고 하는 것이 결국 물리적인 움직임이 아니고 자기가 가진 고유의 성질을 잃어버리고 화학적으로 변성되어 가는 것입니다. 이것이 결국 사는 내용을 크게 방향을 끌고 나간다는 겁니다. 그렇기 때문에 사실 간단하게 키워드로 써 놓은 것이지만 이 부분이 사실 굉장히 중요합니다.

꽃씨 하나가 싹을 틔우고 줄기와 꽃을 만들어 다시 열매 맺고 씨 떨어지는 과정이 일종의 외부적인 계절변화가 되고, 그 계절변화는 결국 열량의 변화를 가져오게 되고 이 열량의 변화가 변동을 시키기도 하고 변화를 시키기도 합니다.

그 변화에서 유도해주는 인자가 財星이나 官星을 만났을 때 그것이 큰 단위에서 볼 때 팔자 보는 것의 거의 태반입니다. 그러니까 가장 간단하게 점을 치는 것 중에 "결혼은 했습니까?"

결혼했다는 말은 화학적 변성요소가 어느 정도 만들어져 있다는 것입니다. 그 궁극은 새로운 것을 생산한다는 겁니다. 새로운 것을 생산하기 위한 '궤도 위에 있느냐, 없느냐? 그런 것에 붙들려 있느냐, 없느냐?'하는 것입니다.

사람을 뽑을 때도 기혼 미혼을 묻는 이유가 그런 '궤도 위에 있느냐, 없느냐?'를 보는 기준이 되기 때문에 이 부분이 삶의 가장 변태(變態) 즉 모양을 바꾸어나가는 기준이 된다는 것입니다.

이런 것과 같은 것입니다. '저 친구 여자 잘못 만나서 망쳐버렸다.' '저 친구는 저 여자 만나기 전까지는 건달이었다.' 그래서 말 그대로 변성(變性)의 과정을 어떻게 만나느냐가 사는 내용을 상당히 많이 규정하게 된다는 것입니다.

 그다음 '命과 運의 복잡성'에서 앞에서 복잡성은 제가 거듭거듭 설명해 드렸고 두 번째 타이틀에 가서 사례를 차근차근 앞으로 해볼 겁니다.
 '命 내의 고유 인자' 즉 '甲이 있으면….', '乙이 있으면….', '丙이 있으면….', '丁이 있으면….' 그것을 가지고 개인적으로 여러분이 습작형태의 변화성을 만들어 보면 됩니다. 그러니까 '닭이 있으므로 무엇을 유도하고 어떤 運에 바뀌겠구나!' 그런 것들을 인자로서 바로 할 수 있는 겁니다.
 '地支 성분, 六親 성분, 神殺 성분 그다음에 地藏干의 성분 및 분포'에서 앞에서 地藏干에서 '뭐가 튀어 올라왔을 때의 변화' 이런 것을 말씀 들으셨습니다.

[그림 7-7]

時	日	月	年	乾
甲	癸	乙	戊	
寅	未	丑	申	

壬	辛	庚	己	戊	丁	丙	大
申	未	午	巳	辰	卯	寅	運
69	59	49	39	29	19	9	

 이 양반은 乙未년에 어떤 일이 생겼겠습니까? 물론 당연히 食神이고 偏官이고 그다음에 12神殺로 天殺이고 亡身 작용이 있고

그다음에 未中에 있는 乙未년 乙의 출현, 月干의 乙의 활동 이런 것들이 조직성에 관련된 것을 도로 훼손하는 작용이 일어나는데 이 乙未년의 乙은 궁극적으로 재물을 열기 위한 열쇠나 소통처 역할을 하니까 뭘 생각하고 있겠습니까?

뭔가 돈이 될 것을 자꾸 새로운 아이디어나 그런 것들을 강구하고 있다는 뜻이고 이 天殺의 긍정적인 작용은 뭐겠습니까?

亡身殺이라는 것이 애인이 순식간에 선물을 주는 것도 亡身殺에 걸린다고 했습니다. 그러니까 亡身 작용과 天殺작용이 긍정적으로 이루어지는데 이 양반에게 벤처사업을 할 수 있는 돈을 누가 빌려주겠다고 하는 겁니다.

"남의 돈 내가 받아서 잘못되면 어쩌지?"

이런 심리적 불안이 있는 겁니다. 그런데 運의 흐름이 긍정적으로 흘러가므로 걱정할 것 없이 해도 좋다는 결론이었는데 결국 다양한 간섭자와 月의 丑을 건드림으로써 오는 간섭작용 그다음에 傷官이 入庫되면서 오는 작용이 발생하는데 벤처사업을 하려면 자기 혼자서는 못하니까 그 밑에 사람들을 찾는데 그 멤버들은 지금 없는 상태입니다. 그래서 원래 키우려고 했던 학생들을 모으려고 하니까 傷官이 入庫 상태니까 다 형편이 안 된다는 겁니다.

그럼에도 불구하고 '고냐? 스톱이냐?' 내년에 丙申년 丁酉년에 空亡도 들어오는데 이 空亡이 유년으로 보면 안 좋은 運이지만 大運이 좋은 흐름이거나 큰 흐름이 좋은 흐름일 때에는 모든 것을 새롭게 짜주는 작용을 합니다. 그래서 아마 이분도 본인이 직접 온 것은 처음이었고 그러니까 부인을 통해서 물어봤더니

'하지 마라 하더라.' 그런데 그림은 자꾸 나오고 있는 것입니다. 이분이 태어나서 처음으로 찾아 왔습니다. 그래서 '이것이 내년 내후년에 과정이 굉장히 번거로울 것이다.'하는 것을 전제해두고 가도 좋다고 상담해 주었습니다.

그런 것들이 命 내에 있는 원인, 運에서 온 원인 이런 것들을 전체적으로 다 참조해서 결국은 해주는 것입니다.

乙未, 丙申, 丁酉년의 乙, 丙, 丁 이 주기가 이벤트가 많이 몰리는 이유는 未중에 있는 乙, 寅중에 丙, 未중에 丁 이렇게 움직입니다. 그래서 지금 본인과 근접해있는 실리나 보상을 틀 지워지는 것 속에서 하나씩 방향성을 자꾸 만들고 있으니까 命의 내부에 있으므로 안 할 수도 없는 흐름이 됩니다.

결국은 자기가 마음속에 있던 것, 속으로 품고 있던 것이 삐져나오면 그것은 반드시 현상적으로 작용해 버린다는 겁니다. 그러니까 이런 것과 같은 것입니다.

'오래오래 참았던 울분을 터트린다.' 그것은 내부에 있었던 것이기 때문입니다. 그런데 외부에서는 그것을 자극했거나 조건을 만들어 주었다는 것입니다. 그럴 때 이벤트가 많이 발생합니다.

거꾸로 그런 이벤트가 약한 해가 있습니다. 약한 해에는 그런 인자가 와도 '할까, 말까? 할까, 말까?' 이렇게 합니다. 단 財官이 올 때는 속으로 財官에 대해 꿈을 안 꾸던 사람도 마음이 홀깍 홀깍 넘어가더라는 겁니다.

그래서 제가 앞부분에 생화학적인 변화라고 설명한 것입니다. 결국은 財官이라는 것이 큰 陰陽관계이기 때문에 거기에 마음이 결국 자꾸 끌려가더라는 것입니다. 하여튼 그런 복잡성을 제가 지금 분류하는 거니까 이해를 하시겠죠?

'질적 측면, 양적 측면'

제가 지난 시간에 타이틀로 분류했던 것을 보면 質的으로 바뀌는 것 그러니까 씨앗이 싹으로 꽃으로 오는 質的인 변화가 있을 것이고, 그다음에 싹 하나가 여러 가지가 되고 그 여러 가지에 꽃이 여러 개 피고 그다음 많은 열매를 맺고 이것은 量的 변화입니다. 그것을 두 가지 측면에서 같이 추적을 해줘야 된다는 것입니다.

그래서 그런 것을 전체적으로 비교해야 된다는 뜻이고 그다음에 '命과 運의 비중'에서 비중을 어디에 좀 더 둘 것이냐는 것이 오늘의 주제가 됩니다. 그래서 대략 큰 분류의 기준 정도를 타이틀을 가지고 정리를 한 것입니다.

그래서 이론 중심의 정리는 따분할 수 있는데 다음 시간부터는 실제 케이스 내용 그다음에 또 실제 적용의 모양새 이런 것을 보기 때문에 좀 듣기가 수월하실 겁니다. 질문 있습니까?

[그림 7-7-2]

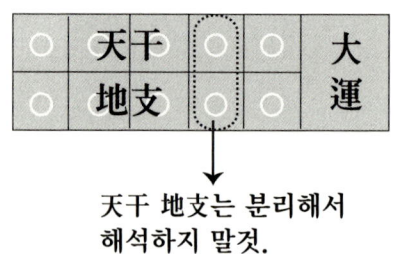

天干 地支는 분리해서 해석하지 말것.

학생 질문 – 정진반중에서 大運을 설명할 때 예를 들어서 甲

子, 乙丑, 丙寅, 丁卯 이런 식으로 大運이 흘러가면 逆運일 때는 癸 ⇒ 甲 이런 식의 표현이 나오는데 그것이 뭘 비유해서 하신 것인지 아니면 실제로 그렇게 푸는 것인지 사람들이 그 강의를 본 사람들은 전부 그렇게 거꾸로 타고 들어가는 것으로 해석합니다.

선생님 답변 – 고전 텍스트에서 나온 건지는 명확하지 않은데 大運을 반씩 잘라 봅니다. 전반 5년, 후반 5년으로 잘라 보기도 하고 또 어떤 책을 보면 天干을 7로 보고 地支를 3정도로 본다고 해놨는데 사실은 그렇게 보면 안 됩니다. 大運을 天干 地支 전체를 통으로 다 봐야 됩니다. 그러니까 天干 地支 이것이 하나의 시간의 단위입니다.

예를 들어서 乙丑월을 기준으로 한다면 남녀에 따라 順運과 逆運으로 가게 됩니다. 그러면 乙丑월이라면 逆 大運은 甲子부터 시작될 것이고 順 大運은 丙寅으로 들어갑니다. 굳이 나눈다면 이 甲子 大運의 子부터 먼저 해석을 해주고 甲으로 해석해주고 해야 되는데 사실은 나누는 것이 아니라는 겁니다. 나누면 안 됩니다.

학생 질문 – 전부 그 강의를 본 사람들은 그렇게 한다고 착각을 하고 그렇게 해석하고 있습니다.

선생님 답변 – 그러니까 수많은 텍스트에서 大運을 자꾸 전반 5년은 土에 속하고 후반 5년은 火에 속하고 이런 식으로 분류를 해주다 보니까 그렇게 되었는데 절대적으로 그러면 안 됩니다. 원래 분리가 안 되는 것입니다.

天干과 地支라는 것 자체가 기운으로 작용할 때 분리가 될 수가 없는 것입니다. 그런데 원래는 나누면 안 되는 것인데 꼭 그런 습성으로 나눈다면 '順運이면 순서대로 가지 않느냐?' 꼭 한다면 丙, 寅, 丁, 卯… 식으로 나누는 것입니다. 거꾸로 가는 大運은 어떻게 됩니까? 거꾸로 가면 甲子 大運 1년 차, 2년 차, 3년 차로써 기운의 농후를 보는 것은 좋다는 겁니다.

子월도 시작점의 추위와 끝점의 추위가 다릅니다. 丑월도 시작점의 추위와 끝점의 추위가 다릅니다. 똑같은 寅월도 丑에서 막 건너온 寅과 寅에서 卯로 건너가는 寅의 기운 차이는 반드시 존재한다는 겁니다.

그렇게 연차에 의한 기운의 농후, 강약은 생각하더라도 원래 자르면 안 됩니다. 하여튼 그것은 무슨 말끝에 설명하다 보니 그런 곡해가 생겼다 할 수 있습니다.

학생 질문 - 그것을 보고 전부 '박청화 선생님이 그렇게 해석을 하라고 한다.' 이런 식으로 보는 겁니다.

선생님 답변 - 절대 그러면 안 됩니다. 그런데 하도 잘라서 보니까 제가 그것이 말이 안 된다는 것을 전제하기 위해서 '그러면 이렇게 거꾸로 보면 맞겠네!' 이렇게 설명된 겁니다.

학생 질문 − 그렇게 이해를 했는데 대부분이 지금 그렇게 보고 있는 겁니다.

선생님 답변 − 오해를 하고 있는 것입니다.

학생 질문 − 그런데 청화학술원에서 나오는 'PC만세력'에 보면 大運은 저렇게 같이 가지만 왼쪽에는 天干과 地支를 5년씩 딱딱 끊어 놓았습니다.

선생님 답변 − 그것은 프로그램 설계할 때 디자인을 그렇게 만들어 놓은 것입니다.

학생 질문 − 디자인을 해도 우리가 봤을 때는 여기서 끊어서 보는 것 같은 생각이 듭니다.

선생님 답변 − 다음에는 제가 지우는 프로그램을 개발해 보도록 하겠습니다. 사실은 절대로 자르면 안 됩니다.

학생 질문 − 地支에서 寅이 선생님이 쉽게 표현할 때 天干에 甲이 入墓한다고 그렇게 생각하는데 寅이 未에 入墓하지는 않는 것 아닙니까?

선생님 답변 − 寅도 未에 入墓합니다. 그러니까 유형의 어떤 물질로 보고 그다음에 天干을 하나의 氣의 운행으로 대략 그

힘의 차이를 분류한다면 이것을 실제로 물질인 寅木으로 칩시다. 그러면 솟아오르려는 놈이 동작을 딱 멈추고 붙들려 있으면 이것은 寅이 未에 入庫한 것입니다.

학생 질문 - 그러니까 寅을 저 시기에 분기점에 잘 쓸 수 없다는 뜻은 이해하겠는데 入墓작용도 일어나는가 하는 것입니다.

선생님 답변 - 당연히 일어납니다. 이 글자 자체가 원래 氣의 운행을 전부 다 표현한 것이라는 겁니다.

학생 질문 - 그러면 申년에는 저 寅을 冲하니까 食傷의 해로움이 入墓하고 冲하고 어느 작용이 큽니까?

선생님 답변 - 그 혼잡 작용을 다 설명하는 겁니다. 부딪치고 도로 돌아오고 그러니까 탁탁 때리니까 도로 균형을 잡습니다. 그러니까 戌시가 되면 이 巳가 태양이라 친다면 戌시가 되면 巳가 어둠으로 들어가게 됩니다.

학생 질문 - 天干과 地支가 드러난 정도에 따라서 강약 차이가 있습니까?

선생님 답변 - 강약 차이는 있습니다. 강약 차이는 있더라도 그 작용을 유도하는 작용 자체는 틀림없이 있어야 된다는 겁니다.

학생 질문 - 강약은 天干이 더 큽니까?

선생님 답변 - 그러니까 예를 들어서 두 개 다 빳빳하게 드러난 놈일 경우가 있습니다.

[그림 7-8]

時	日	月	年	乾
甲	壬	丁	己
辰	寅	丑	酉

예를 들어서 空亡은 논외로 하고 甲辰시라고 합시다. 寅, 시간 甲 이 두 개가 다 드러나 있는 경우에 그래도 나와서 모양을 갖추려고 한다는 겁니다.

그러니까 예를 들어서 탈옥은 못 해도 혓바닥은 밖으로 내어 놓고 '나 여기 있다.' 이러는 겁니다. 그런 정도로 원래 원국에 '五行的인 세력이 있느냐, 없느냐? 有根하냐, 無根하냐?' 하는 겁니다.

상기의 명조를 壬申日柱로 보고 甲辰시의 甲이 홀로 외로이 있는 경우에는 이 경우에는 심합니다. 상기의 명조에는 이 甲木의 入庫 작용은 심하게 이루어진다는 겁니다.

학생 질문 - 그러면 命에 있으면서 그 地支에 세력이 있으면

入墓작용이 약한 것입니까?

선생님 답변 - 그렇습니다. 入墓가 되더라도 혓바닥은 꺼내 놓고 나 여기 있다는 겁니다. 이해되십니까?

하여튼 복잡한 것을 이렇게 정리하느라 좀 힘들어지고 있다 생각하시고 다음 시간에 제가 내용을 또 잘 한번 채워 드리겠습니다.

命과 運의 파트가 워낙 개념적이고 총론적인 내용입니다. '命과 運' 파트에서 다루어 본 것은 여러 가지 도구적으로 쓰일 수 있는 이론이라든지 기준이라든지 이런 것을 전체적으로 한번 정리해 보았다 생각하시면 되고 지금부터는 실제 적용할 때 여러 가지 요소들을 중간마다 조금씩 샘플을 넣어서 다루어 보도록 하겠습니다. 오늘 드디어 진도 2까지 왔습니다.

1. 命과 運・295

② 運의 요소

2-1. 運의 陰陽

2-1-1. 陰陽의 기준
　　　　작은 단위 / 중간 단위 / 큰 단위
2-1-2. 干支의 陰陽
　　　　天干의 陰陽
　　　　地支의 陰陽
　　　　地藏干의 陰陽 처리
2-1-3. 六親 적용의 陰陽
　　　　亥子, 巳午의 변화
　　　　財官
　　　　運의 편정(偏正) 해석
2-1-4. 三合의 陰陽
　　　　運의 三合 작용(인간)
　　　　運의 三合과 남녀
　　　　적용의 범위
2-1-5. 陰陽의 편차
　　　　干支의 기운 편차와 변화량
　　　　적용 범위와 사례

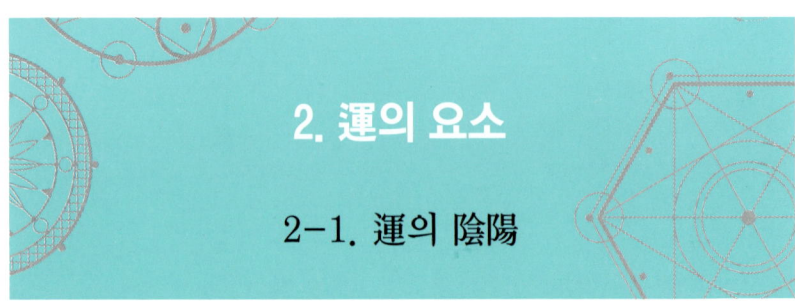

2. 運의 요소

2-1. 運의 陰陽

運의 요소 즉 소위 運의 역할과 기능, 작용하는 것들을 어떤 측면에서 분류하고 적용 시킬 것이냐 하는 문제입니다.

제일 큰 타이틀에 보면 '運의 요소에서 運의 陰陽', '運의 五行' 그다음에 '干支 자체의 의미에 관한 해석', '神殺의 적용', '남녀의 해석' 그다음에 '삶의 고정 요소', '주기론적인 이해', '부모의 기운', '리더의 기운' 또 '국가적 운기' 타이틀을 최초에 나누어 드린 것 기억나십니까? 그 타이틀 안에서 하여튼 運의 작용이 일어날 수 있는 여러 가지를 하나하나 지금 뜯어보는 중이라고 생각하시면 될 것 같습니다.

이 공부를 하면서 크게 아울러 보거나 제일 중요한 틀을 나눌 때 '결국은 陰陽밖에 없다.' 이렇게까지도 표현할 수 있을 만큼 陰陽이 세분된 모양이긴 하지만 실제로는 전부다 五行도 陰陽的인 기준으로 다 나눌 수 있지 않습니까?

그래서 陰陽으로 나누는 논리가 익숙해지거나 잘 활용할 수 있으면 陰陽만 가지고도 사실 많은 부분이 해결된다고 보시면 됩니다.

그러면 陰陽을 어떤 단위로 갈 것이냐? 陰陽의 기준이 여러 가지인데 命 내에 있는 陰陽은 여러분이 어느 정도 調候的인 면이든 타고난 地支의 인자 면이든 또 天干의 구성면이든 기본적으로 나누어 적용해서 활용하고 있다고 전제하고 그다음에 運에서 오는 陰陽을 여러 가지 단위로 해 보자는 겁니다.

[그림 8-1]

2. 運의 요소

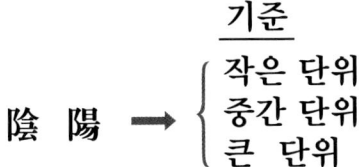

大運 : 조후음양 → 好不好

陰陽을 나누는 기준은 여러 가지인데 '작은 단위의 陰陽' 또 '중간단위', '큰 단위' 이렇게 나누었을 때 작은 단위에 들어갈 수 있는 것이...

[그림 8-1-2]

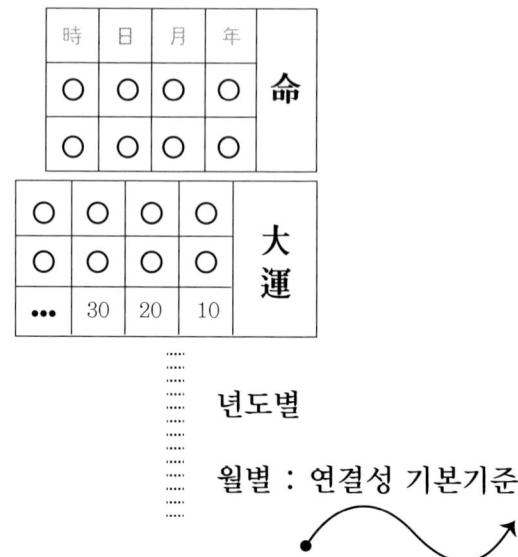

 사주 명식을 적으면 干支 구성을 적어놓고 소위 큰 단위의 運이라고 해서 大運이라는 용어를 씁니다. 大運이 흘러갈 때 10년짜리의 運 내에 1년짜리 運이 10년 들어갑니다.
 작은 단위로 해서 나누는 기준은 어느 것으로 설정하느냐에 따라서 정하기 나름인데 대체로 작은 단위를 10년 중에서도 월별변화 그 정도를 제일 작은 단위로 할 수 있겠죠?
 물론 더 디테일하게 들어가면 더 작은 단위는 일별로 바뀌는 단위가 되는데 日의 일주기가 보통 60일이라는 것을 감안한다면 30일짜리 달 두 개가 돌면 됩니다. 이렇게 해서 대체로 月정도로 처리를 해도 月 안에 반 바뀌는 돌게 됩니다.
 甲子에 출발하든 甲午에 출발하든 출발 날짜가 어느 날에 출발하든 간에 두 달 안에는 30일, 30일 이렇게 60일로 단위 지어지는 것이니까 대체로 작은 단위의 흐름을 월별로 적용해 주고 그다음에 중간단위를 년도 별로 그다음에 큰 단위를 大運 정도로 나누는 것이 제일 무난할 것입니다.

그러니까 運을 봐줄 때 이 사람의 여러 가지 현실적인 상황, 처지 이런 것을 '大運 단위로써 해석해 들어갈 것이냐? 아니면 지금 한 해 한 해의 년도 별로 중간단위 정도로 해석할 것이냐? 아니면 월별로 해석할 것이냐?' 이것은 감정을 해주는 사람의 선호하는 취향 문제입니다.

그래서 조금 디테일한 설명이 필요한 경우에는 손님이 적을 때는 월별 흐름을 보면서 달 단위로 풀이를 해주면 달의 변화가 그 사람에게 구현되는 것이 몇 달 안에 드러나게 되고, 드러나면 궁금해서 또 옵니다.

그다음에 더 크게 그랜드하게 봐주려면 大運만 가지고 그냥 한 두어 마디 해주고 "끝. 가라! 너는 볼 것 없다. 앞으로 한 20년 잘 간다." 이러면 손님 다 떨어집니다.

듣는 사람은 일단 기분 좋아서 가기는 갔는데 "한 20년 좋다는데 볼일이 뭐 있노?"

그것을 어느 단위로 적용할 거냐 하는 것을 기본적으로 여러분의 취향 따라서 선택을 하시면 됩니다. 실제 이런 식의 감정을 해주는 분도 보면 계십니다. 그러니까 고전 명리를 하는 분들을 보면 이렇게 歲運을 놔두고 보는 것이 별로 없습니다. 고전 책들이 전부 다 大運입니다.

'무슨 大運에 用神이 合去하여 권세를 잃고 낙향하였다.', '마침내 무슨 大運을 넘기지 못하고 졸하였다.'

어느 大運 무슨 해라는 말이 안 나옵니다. 그런데 그런 감명법을 좋아하는 사람은 좋아합니다.

물론 그분도 命 자체의 속성을 한 70% 정도는 두고 命이 가지는 특성들을 나열한 다음에 어느 大運에 대체로 큰 大運을 나누는 방식이 호불호정도입니다. '좋다, 나쁘다.' 이런 정도로 그랜드하게 나누어버리는 식의 단위로 해석하는 분들은 한 가족 다 해서 얼마에 봐주겠다는 식으로 해주는데 그렇다고 그것이 학문적으로 의미가 없거나 효용이 없거나 하는 것은 아니지 않습니까?

그런데 적어도 요즘 사람들이 감명을 원하는 수준은 최소한 년도 내지는 달 별 정도까지 가기는 가야 되는데 달은 워낙 변화성이 크게 일어나는 달이 아니면 연결성만 가지고 가는 거니까 사람들이 의미나 편차를 많이 느끼기 어려운 측면이 있지만 그래도 사실 달별로 중요한 의미가 있는 달은 터치를 해 줄 필요가 있는 것입니다.

그래서 저 같은 경우에 주로 年의 연결성을 훨씬 더 기본기준으로 놓고 年끼리 어떻게 연결되느냐를 보면서 그 중간에 변화성이 많이 드러날 수 있는 달들을 체크를 해주는 방식으로 합니다.

총체적으로 적용의 범위 부분을 한번 정리를 해보기는 해볼 건데 大運이 적용될 수 있는 범주라고 하는 것이 주로 크게 봐서는 調候, 陰陽입니다. 고전에서 제일 많이 나누는 것이 調候, 陰陽을 가지고 호불호 즉 좋다 나쁘다를 나누는 정도의 기준인데, 조금 뒤에 다루게 될 겁니다.

六親속성과 調候나 陰陽的인 큰 틀 즉 동작이 가해지는 것은 봄에도 밭을 일굴 수 있고 가을에도 밭을 일굴 수 있습니다. 그런데 '봄에는 따뜻한 햇볕 아래에서 한다. 가을에는 차가운 가을바람 아래에서 한다.' 그런데 '한다.'라고 하는 'Do what'이 '무엇을 한다.'라고 하는 그 사람이 동작적으로 가장 많이 영향을 받고 그것을 몸으로 옮기는 기운은 주로 年에서 제일 많이 드러난다는 것입니다.

그러니까 '삽질을 한다.' 이것은 年에서 드러나는데 '봄에 하느냐? 여름에 하느냐? 가을에 하느냐?'하는 大運의 큰 단위에서 결국 규정하게 되는 것이고 六親 속성은 그런 동작을 하는 데 극단적으로 반대의 모양에 가 있을 때가 있습니다.

[그림 8-1-3]

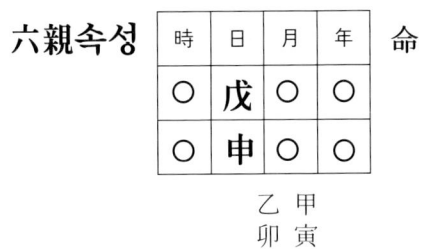

甲寅, 乙卯 大運을 만났을 때

예를 들어서 그 사람의 명조 내에서 食神이라고 하는 인자를 늘 활용하고 쓰고자 하는 인자를 가진 사람이 大運에서 甲寅, 乙卯 大運을 만나 반대 에너지가 많이 몰려있어서 자기가 가진 고유의 에너지나 행위를 잘 쓰지 못하게 될 때 제조업 하는 사람들은 가장 작은 단위로 하거나 남의 것을 빌려서 하거나 남의 공장에 얹혀서 하거나 아니면 해외에 나가서 하는 식이라는 겁니다.
 이런 식으로 어떤 행동도 되지만 행동의 틀 또는 조건 이런 것들에 관해서 크게 제한성과 틀을 지우는 식의 작용이 일어나는 것이 大運의 적용문제입니다. 그래서 큰 단위에서 일단 나누어 볼 수 있는 것 그다음에 중간단위 그다음에 또 작은 단위입니다.

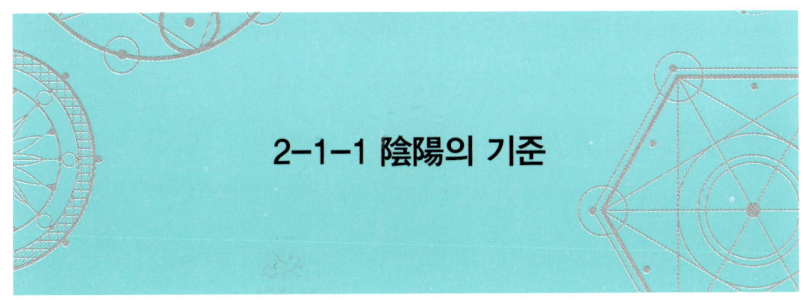

2-1-1 陰陽의 기준

● 작은 단위 / 중간 단위 / 큰 단위

[그림 8-2]

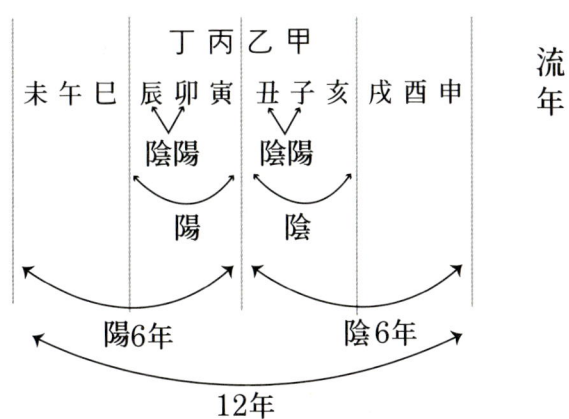

 팔자를 해설해 나가는 단위로 사용되는 것 중의 하나가 干支 표현이 되니까 도구로 사용하는 干支 기준이 있을 것입니다. 작은 단위로서 적용하는 것이 하루와 하루 사이를 陰陽 관계로 파악하는 방법이 있을 것이고 그다음에 亥子丑이 있고 寅卯辰이 있으면 寅卯辰과 亥子丑의 단위에서 陰陽 관계가 됩니다.

또 더 큰 단위로 地支 전체를 나누어서 申酉戌, 亥子丑 전체를 또 묶어서 陰으로 그다음에 寅卯辰, 巳午未까지 포함해서 큰 단위로 또 陽으로 단위를 나눌 수 있을 것입니다. 이렇게 큰 단위로, 중간단위로, 작은 단위로 적용해서 기준을 작은 기준의 陰陽, 중간 기준의 陰陽, 큰 단위의 陰陽으로 나눌 수 있다는 것입니다.

그래서 이것이 사실 표현적인 측면에서 일종의 연금술이 만들어지는 것입니다. 그러니까 오늘은 甲子일 이라고 합시다.

고객이 '아야!' 하고 왔다는 겁니다. 그러면 '내일은 괜찮을 것이다.' 어떤 단위로 봐준 것입니까?

그러니까 子와 丑 이 둘 사이에 陰陽 관계를 봤으니 오늘 많이 아팠으면 내일은 덜 아플 것이다. 이렇게 짧은 단위로써 陰陽 관계를 해석해버리는 것입니다.

[그림 8-2-2]

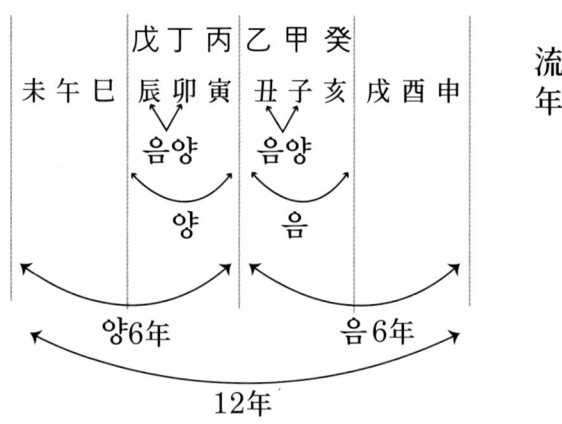

그다음에 좀 더 陽 6년 陰 6년의 이 단계에 넘어와서 예를 들어서 陽干이 그 사람에게 문제를 짝짓지 못하는 문제를 주는 것이라면 丁卯 이 단위에 들어오면 陰이 됩니다. 子陽, 丑陰, 寅陽, 卯陰 이렇게 나갑니다. 丁卯 이 단계가 작은 단위로는 陰이지만 亥子丑을 陰, 寅卯辰을 陽의 단위로 봐서 큰 단위로는 陽의 운동에 들어왔습니다.

이럴 때 卯가 陰陽이 뒤섞여있다는 것은 어떻게 보면 말의 연금술처럼 막 뒤섞이는 것입니다. 제가 한 번씩 아무렇게나 말해도 맞는 원리 이런 것을 말씀해드리는 것이 陽 6년의 측면에서 보면 여전히 힘이 듭니다.

예를 들어서 陽干이 陽干을 만나서 조화를 갖추지 못한다고 봤을 때 丁卯처럼 뒤섞이는 구간이 나옵니다. 그럴 때는 큰 단위의 陽을 보면 '전체적으로 좀 고생스럽겠구나!'라고 설명을 해주고 그래도 작은 단위의 陰陽에서 陰이 되므로 '그중에서 올해는 좀 나을 것이다.' 또는 '이번 달은 좀 나을 것이다.' 이런 식으로 '그중에서 이번 달은' 또는 '이번 달 중에 오늘은' 이런 식으로 설명할 수 있다는 말입니다.

"그러면 좋다는 말입니까? 안 좋다는 말입니까?"

이렇게 되면 설명을 어떻게 해서든지 잘 갈무리를 해줘야 하는 것입니다.

"여름에 비가 좀 내려서 좀 시원하게 넘어가는 작용이 생길 것이다."

이런 정도니까 그래서 그것을 말로써 잘 갈무리를 해줘야 되는 것입니다. 그러니까 자기가 통증을 느끼는 것은 큰 단위의 陽

운동 이런 것들입니다. 조화성이 떨어지거나 불만이 있는 것을 묻기 때문에 丁卯처럼 작은 陰陽의 단위 이 부분을 설명해서 이야기를 잘 갈무리하기가 굉장히 어려운 경우가 많습니다.

그래서 큰 단위, 작은 단위 그다음에 앞의 이 단위에서 월별로도 적용할 수 있는 것이고 年에 의해서도 적용할 수 있으니까 申酉戌, 亥子丑과 그리고 寅卯辰, 巳午未가 하나의 큰 년 즉 12년 주기입니다.

그래서 12년 중에 陰陽 관계를 큰 단위로 중간단위로 작은 단위로 나누어서 적용을 해줘야 되고 대화에서도 항상 이런 부분을 전제해두고 갈 필요가 있는데 대부분 다 작은 가시라도 찌르면 아픕니다. 다른 것 다 잘되고 있는데 바늘에 찔렸다면 찔린 것 때문에 자기가 통증을 느끼기 때문에 거기에 대해서 큰 단위에서 온 것인지 작은 단위에서 온 것인지 그것을 가려서 할 필요가 있는 것입니다.

"요즘 사람들 말을 안 듣는다."

"언제부터요?"

"한 몇 달 됐다."

큰 단위의 運은 주문이 많이 들어와서 뭘 더 많이 만들고 사람도 더 뽑고 하는 과정에서 사람들이 말을 안 듣는다는 말은 어느 단위에서 묻는 것입니까? 결국, 월별 정도의 단위에서 또 최대 年 정도의 단위에서 물은 것입니다.

그러면 10년의 큰 단위에서는 좋은 흐름인데 중간단위로 자르더라도 예를 들어서 6년 단위의 흐름에서는 좋으니까 주문이 많이 들어오고 주문이 많이 들어오니까 시설과 사람을 더 쓰게 되는데 거기서 오는 통증이라는 것입니다. 그래서 그런 것들을 그 사람이 묻는 내용이나 레벨을 동시에 나누어야 되는 것입니다.

하여튼 제조업을 하는 분이 계시는데 그분은 군복 비슷한 것을 만드는 분인데, 일이 들어오면 사람이 없고 사람 뽑아 놓으면 일이 없고 그러면서도 또 문은 안 닫는 겁니다. 그분은 오지 말라고 해도 해마다 옵니다.

"봐봐라. 그래도 일이 들어오지 않느냐?"

왜냐면 이것을 말하면 이것이 맞는 것 같고 하면

"그래 일은 또 들어오는데 사람은 또 마음대로 안 되고…."

그렇게 해서 십몇 년을 왔습니다.

그 남자분이 丁丑日柱인가 그렇습니다. 제조와 관련된 것을 하는데 그런 엇박자들이 일반적인 기준으로도 보통 한 10년 중의 3년, 4년씩은 엇박자가 나 있습니다.

그러면 '이 사람이 어느 단위에서 지금 묻고 있는가?' 큰 단위로 보고 앞으로 제조업을 어떻게 해야 되겠습니까?' 이런 정도의 단위라면 큰 단위를 봐야 합니다. 그리고 땅을 사거나 부동산 투자를 해야 되겠다 이럴 때는 물론 큰 단위의 맥락은 봐야 되겠지만 작은 단위에서 '돈의 유동성에 문제가 생길 수 있느냐? 없느냐?' '比肩이나 劫財 요소에 의해서 뭘 사는 행위는 할 수 있어도 거기에 금전적 소모나 희생이 생기는 것은 없느냐?' 이런 것을 따져야 되겠죠?

그다음에 또 달별로 묻는 것들이 막 뒤섞여서 질문이 들어오기 때문에 그것을 나누는 시각을 가지고 있어야 된다는 것입니다.

그러니까 사실은 묻는 사람은 간단한데 대답하는 사람이 번거로운 이유는 그것을 분류해서 설명해야 되는 것 때문입니다.

예를 들어서 올해 좋고 다음 해 좋고 그다음 해 좋다고 합시다.

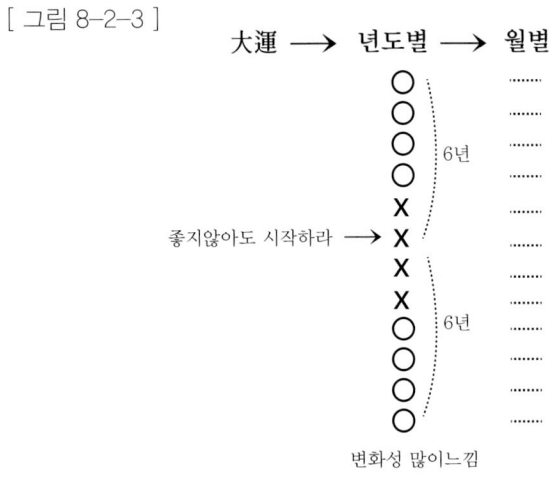

[그림 8-2-3]

그래서 그림 같은 시기에 제조업 같은 것을 하기 위해서 시작을 하려고 한다고 합시다.

"오케이! 좋다. 좋다."

하면서 그래서 대충 자리 잡는데 한 3년 조금 더 걸렸다는 겁니다.

5년째 들어가면서부터는 '안 좋아! 안 좋아! 사업 그만 하는 것이 좋다.' 공장 만드는데 2년 반 걸리고 자리 잡는 것은 3년 반 걸려서 주문도 들어오고 제대로 공장 돌리려고 하는데 '안 좋아!' 하는 것입니다.

'춘하추동 신사주학'에서 설명한 이 내용을 그것 기억나십니까?

그래서 그런 것들이 중간단위에 너무 비중을 두어서만 연결 해석을 하면 큰 단위에 있는 것들은 매몰이 되어 버리는 것입니다. 그래서 사업을 크게 일으키려고 한다. 아니면 본인이 '큰 명예를 꿈꾸기 위해서 스타트를 한다.' 그럴 때는 大運 기준의 흐름을 어느 정도 맥락적으로 먼저 봐두고 그다음에 디테일한 시기를 봐 나가야 합니다.

[그림 8-2-3]

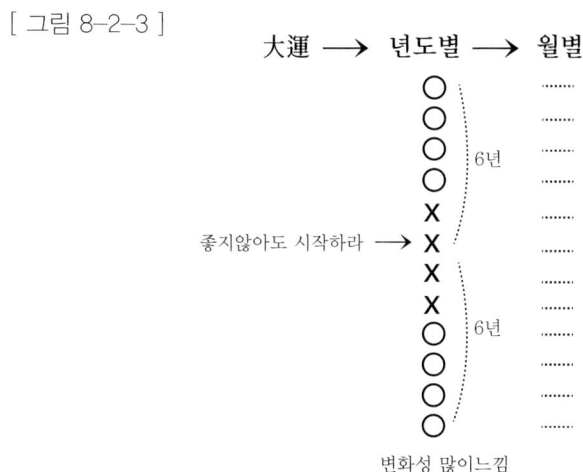

예를 들어서 그다음 해 곱표, 그다음 다음 해 곱표 가다가도 3~4년 뒤부터 동그라미, 그다음 해 또 좋은 運의 흐름이 들어올 때 적어도 중간단위 6년짜리 이런 것을 적용해서 안 좋을 때라도 시작하라 이렇게 코치를 하는 겁니다.

"아니 다른 데 가니 하지 말라고 하던데"

"하면 된다."

그런 '중간단위 수준의 일의 질문인지? 일의 속성인지?' 이런 것을 나눠놓고 가야 되는 겁니다. 그래서 작은 단위를 써야 될 때와 중간단위를 써야 될 때와 큰 단위를 써야 될 때 그런 것들을 運의 단위에서도 나눌 필요가 있고 그다음에 적용하는 하나의 요소요소에서도 작은 단위의 運을 대비시켜서 답을 줘야 될 것과 중간단위의 흐름을 봐서 대비시켜야 될 것을 구분해 주어야 됩니다.

그런데 대부분 느끼는 것은 유년의 변화에 가장 사람들이 민감하다는 것입니다. 그래서 보통 큰 大運 단위는 "아이고! 내 이미 이 정도 컨디션에서 이 정도 사업하는 것은 나도 알고 있거든요." 이것을 전제하고 있는 경우가 많습니다.

대부분 현실적으로 변화성을 많이 느끼는 것은 年 단위의 변화에서 '부도를 맞았다.' '상속을 받았다.' 이런 것들이 훨씬 더 많이 작용하니까 그 부분에 대해서 포커스를 많이 맞추어서 해줄 필요가 있습니다.

그래서 하루하루에 陰陽 관계를 가지고 호불호만 봐준다 하면 이틀 도사(道士)라고 있습니다. '하루만 지나면 반드시 맞출 수 있다. 오늘 안 좋다.' 이러면 '내일 좋다. 내일은 괜찮다.'

이 부분에서는 사실은 잘 안 다루고 있는 것인데 일종의 기법적인 것인데 日辰을 가지고 하는 것입니다.

[그림 8-3]

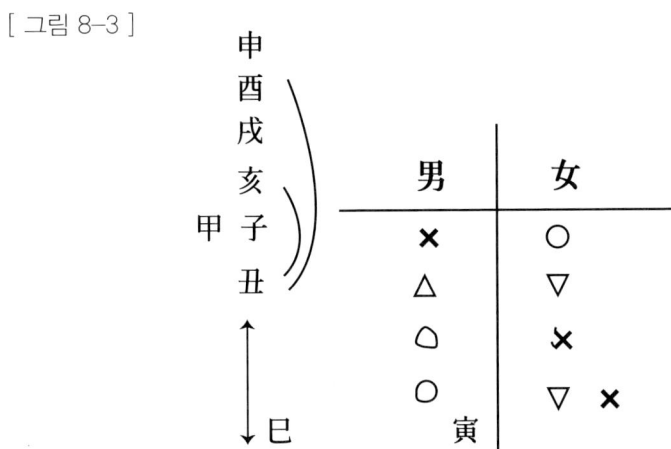

　예를 들어서 甲子일이다 그러면 기본적으로 陰陽 관계에서 陽에 속합니다. 그것도 아마 그 부분에서 다루었을 것인데 甲子일 날 남자와 여자가 왔다면 누가 더 호응이 잘됩니까? 甲子일 이라는 日辰만을 기준으로 해서 작은 단위의 陰陽으로 보면 陽의 運에 여자가 호응이 더 잘 됩니다.
　그런데 변화요소를 자세히 따져서 챙긴다면 이것은 어느 것의 연결 선상에 있습니까? 亥子丑이라는 연결 선상에 있으니까 子일 날 남자가 물으러 왔을 때 그 길흉은 대체로 불리한 쪽이 더 많지만 결국은 亥子丑의 중간단위의 흐름 맥락에서 볼 때는 적어도 보안성이라든지 자기의 활동환경이라든지 이런 부분에서 亥子丑은 어느 정도 陰의 기운이 채워진 상태라는 겁니다. 이것이 중간단위 정도 되겠죠.
　亥子丑을 3일, 3개월, 3년 이런 정도의 인자로 볼 수 있습니다.

그래서 중간단위로 보면 △으로 볼 수 있는 것이고 더 큰 단위로 보면 申, 酉, 戌, 亥, 子, 丑입니다. 申酉戌 亥子丑에 더 큰 단위로 대비되는 것은 어차피 寅卯辰 巳午未이지만 寅卯辰에서 보면 세모보다는 조금 더 동그라미가 됩니다.

三合에 의해서 본다면 申子辰이라는 것이 陰의 기운을 상당히 많이 보상하고 있는 것입니다. 완전 동그라미는 아니라도 어느 정도 보상하고 있는 작용이 있는 것입니다.

그다음에 여자일 경우에는 오늘 답을 가져가는 것은 유용하지만 실제로 지금 주변에 흘러오는 흐름은 어떻습니까? 중간단위로 보면 별로입니다. 그다음에 큰 단위로 보면 세모가 아니라 거의 곱표에 가까운 모양이 됩니다. 하여튼 큰 맥락이 있다는 겁니다. 그다음에 子만 보더라도 최소한 희생 내지는 곱표라고 하는 맥락 속에서 있다는 겁니다.

이런 것들을 오늘 당장에 궁금해서 묻는 내용에 대해서는 영표 곱표가 나누어진다 하더라도 가까운 시기의 흐름이나 또 전체적인 본인의 활동환경 이런 것들은 뒤섞여 있다는 겁니다. 그러니까 저런 기준을 모르고 대화를 해도 결국은 그 말이 그 말이고 그 말이 그 말이라는 것입니다.

"결국, 된다는 말이지요?"

이것 한마디로 갈무리를 해서 가버리는 건데 아무렇게나 말해도 대강 맞아떨어질 수밖에 없는 원리가 이런 陰陽 관계에 또는 중간 단위의 陰陽 관계, 큰 단위의 陰陽 관계에서 섞여 있다는 것입니다. 거꾸로 지금 맞추어 나가는 모양이 됩니다.

그림 8-3 여기에다 더 정세하게 나눈다면 예를 들어서 寅午

戌생이 있을 것이고 巳酉丑생이 있으면 남자 寅午戌이 훨씬 더 여기에 대해서 네거티브하게 되고 巳酉丑은 띠 자체에서 陰陽 관계를 또 씀으로써 이것을 좀 더 긍정적으로 해석하게 만드는 것이 발생하는 것입니다.

그런 것이 時 따라서 약간씩은 변화가 생기긴 하는데 時가 근접했을 때는 영판 닮은 사람이 옵니다. 그러니까 오전 첫 번째 甲子날 巳시 중에 앞에 손님 뒤의 손님이 둘 다 여자 손님이었다면 내용을 들어보면 비슷합니다.

단지 그 양반이 묻는 내용만 다를 뿐이고 거기에 대해 호응을 하고 받아들이고 이런 것은 딱 닮았습니다. 그래서 오늘 '남자다 여자다.', '띠'를 놓고 동일 시간대에 같이 왔다면 닮은꼴의 호응이 그대로 일어난다는 겁니다. 상담의 내용 속으로 또는 상담의 기준으로 계속 작용한다고 보면 됩니다. 그래서 제가 화가 날 때는 그런 말을 합니다.

예를 들어서 큰 大運이나 歲運의 6년 이런 것이 좋은 흐름을 유지하고 있을 때, 그 중간에 아주 힘들거나 고달픈 것이 하나 들어와서 그것 때문에 거기에 집중해서 답을 내어 달라 하면,

"올해만 건너가면 된다."

"올해를 어떻게 기다리느냐?"

그러다가 대화의 실랑이가 오고 가다가

"야 뭐야"

이렇게 시작되는 겁니다.

"너는 지금 못 가진 게 뭐고? 네가 서방이 없나? 아들이 없나? 딸이 없나? 돈이 없나? 차가 없나? 집이 없나? 뭐가 없는

데?"

"그거는 다 있는 것이고…."

그런데도 사람들은 그 시기에 일어난 그 부족함이나 통증에 집중한다는 겁니다.

"하여튼 올해만 넘어가면 그래도 괜찮다."

이것을 말로 실랑이를 하다가 결국 격한 표현이 되는 겁니다.

"네가 못 가진 게 뭐고? 네가 좋은 일 하는 것이 뭐 있노? 말로만 좋은 일 하지?"

그런 단위에 의한 적용 범위, 왜곡, 적용방식 이런 것들을 잘 정리를 해 두시기를 바랍니다.

2-1-2. 干支의 陰陽

天干의 陰陽

[그림 8-4]

+					−				
甲	乙	丙	丁	戊	己	庚	辛	壬	癸
+	−	+	−	+	−	+	−	+	−

干支도 큰 단위 작은 단위를 天干만 한번 정리를 해본다면 甲부터 戊까지, 己부터 癸까지 나누었을 때 陰陽은 다 아시는 것이고, 그다음에 큰 단위로 묶어서 陽운동 陰운동으로 나눕니다.

그러니까 이것이 하루하루에 적용하는 것은 굉장히 미세하고 작은 것이지만, 적어도 달이나 年 또 大運 이런 쪽으로 들어가면 상당히 크게 작용합니다. 大運에서 甲日柱가 甲 大運과 乙 大運을 지나갈 때 작용이 다릅니다. 丙 大運과 또 丁 大運이 다릅니다.

地支의 陰陽

그다음에 地支의 陰陽도 마찬가지입니다. 地支의 陰陽은 전에 포괄적으로 설명했었습니다.

[그림 8-5]

寅	卯	辰	巳	午	未	申	酉	戌	亥	子	丑
+	−	+	−	+	−	+	−	+	−	+	−
−			+			−			+		
+						−					

陰陽 이렇게 매깁니다. 그다음에 큰 단위로 이 둘 寅卯辰과 巳午未를 비교했을 때 사이에 陰陽에서 巳午未가 陽이 더 많고 寅卯辰은 巳午未에 비해 陰이 됩니다.

申酉戌과 亥子丑을 비교했을 때 申酉戌이 陽이 많고 亥子丑이 陰이 많은 모양이 됩니다.

그러니까 이것은 歲運 한해 한해의 유년을 쓸 때 기본적으로 묶어서 많이 씁니다. 그다음 더 크게는 寅卯辰 巳午未 전체가 陽운동이 되고 申酉戌 亥子丑이 陰운동이 됩니다. 그래서 陰陽을 분류할 때 '어느 것을 적용할 거냐?' 하는 것을 케이스마다 가려줄 필요가 있습니다.

예를 들어서 부동산에 관한 변동을 年 단위로 분석해 줄 때는 어느 정도를 분류해 주면 되느냐 하면 보통 寅卯辰 巳午未 이 정도 6년 이내를 적용해 주면 됩니다.

오늘 다루는 내용은 아니지만 '2-4. 神殺의 적용'에서 보면 부동산의 움직임 이런 것에 관여하는 六親이든 神殺이든 이런 것을 가지고 따지기는 하지만, 年 단위로 볼 때 보통 卯에서 부동산에 관한 변동을 추구한다면 일단 가능성은 어디에 있습니까? 辰에 열리기는 열립니다. '卯때 안 팔리면 辰에 팔린다.' 무조건 陰陽 관계를 설정해 주는 것입니다.

물론 그것은 자기 命에 있는 인자를 봐야 합니다. 대체로 움직이게 하는 것은 陰陽의 편향성이 생겨야 합니다. 그러니까 팔자 내에 닭 酉자가 있으면 언제 움직입니까? 이것이 대체로 문서가 되었든 또는 財星이 되어서 활동 무대가 되었든, 자기가 어울려서 활용하는 인자라면 오히려 卯와 酉가 짝을 안 지워야 됩니다. 이것이 오히려 卯가 긍정적이고 辰이 부정적입니다.

그래서 卯에 파는 것이 하여튼 기운이 있다는 뜻이고 팔 수 있을 때 파는 것이 좋습니다. 卯에 팔린다는 말은 이 뒤에 辰에 안 팔린다는 것을 전제하고 있는 거니까 그런 단위로 한해에 의한 분류로 나눌 수 있습니다.

그다음에 이 삼 년의 큰 단위로 寅卯辰에 안 팔리면 이때 가서 巳午未에 가서 팔리는 식으로 분류할 수 있습니다. 그래서 寅卯辰과 巳午未를 크게 묶어서 陰陽 단위로 본다면 그렇게 됩니다.

여기에 神殺까지 같이 적용해서 그것이 몰리면 거의 성사가 됩니다. 神殺에서 보통 天殺 또 月支나 時支나 이런 것에 冲을 발생시키거나 隔角을 발생시키면서 그런 神殺들이 오면 거의 성사가 됩니다.

그것은 神殺 부분에서 다룰 내용이지만 어찌 되었든 변동성이

라든지 그다음에 좋다 나쁘다 이런 것들을 큰 단위 작은 단위로
나누어 보는 방법도 있습니다.

[그림 8-6]

寅	卯	辰	巳	午	未	申	酉	戌	亥	子	丑
+	−	+	−	+	−	+	−	+	−	+	−
−			+			−			+		
+						−					
大						運					

그다음에 위의 그림을 유년으로 본다면 언제입니까? 이것이
12년짜리지만 더 큰 단위는 이 전체를 크게 아우르고 있는 대운
입니다. 그래서 대운 자체로 크게 아울러서 봐줘야 될 것인지?
이런 것들을 일의 속성을 따라서 해석을 해 줄 필요가 있는 것입
니다.

地藏干의 陰陽처리

[그림 8-7]

時	日	月	年
○	壬	○	○
○	戌	○	○

甲戌 (巳) 年

辛	庚	己	戊	丁	丙	歲
未	午	巳	辰	卯	寅	運

이것은 命 안에 있는 것도 되고 運에서 드러날 수도 있는 것인데 예를 들어서 甲戌년은 丙寅월부터 시작됩니다. 丙寅 丁卯… 이렇게 나갈 때 어떤 것이 드러날 때입니까?

戌년에서 드러난 것은 辛, 丁, 戊가 붙는 달이 그 해에 변화성 인자가 많이 몰린다고 했을 때 '丁火를 여기서 正財로만 취해줘야 되느냐? 아니면 실제로는 戌중에 巳가 갇혀있는 것처럼 취급해서 처리해 줄 것이냐?' 섬세하게 볼 때 이런 처리 문제가 발생합니다.

[그림 8-8]

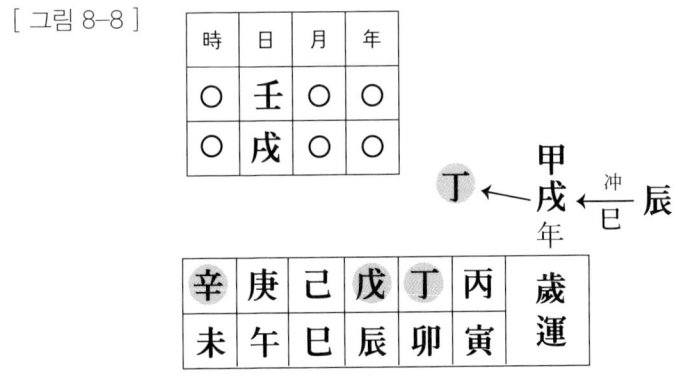

이런 경우에는 辰이 와서 戌을 충동하여 움직이면 辰 다음에 巳가 옵니다. 이때는 辰이 戌을 沖해서 巳가 작동하는 것처럼 드러나는데 실제로 辰戌 沖이 무슨 작용이 됩니까? 壬日柱에서 봐서 六親으로 따지면 巳는 偏財가 됩니다.

그다음에 이 丁이 드러나서 地藏干에 있는 놈이 그냥 투출되어서 그 기상 그대로 위로 노출이 되는 모양일 때는 丁을 正財처럼 그대로 처리해준다는 것입니다. 그러니까 기억나십니까? 沖

을 모르겠으면 冲하고 난 다음 글자를 보라고 했습니다.

　그다음 글자를 결국 궁극적으로 만들게 될 때 어떤 편차가 생깁니까? '偏財속성이냐, 正財 속성이냐?' 이런 것들이 발생하는데 이것은 섬세한 해석이 필요할 때 저런 부분에서 해석 편차가 생긴다는 것입니다.

　전에 어느 부분에서 설명해 드리니까

"왜 辰이 戌을 冲하면 巳가 나옵니까?"

"그것은 설명이 좀 많이 필요합니다. 자료를 찾아서 공부해보시기 바랍니다."

　하고 말았는데 이럴 때 陰陽적용의 문제 때문에 地藏干에 있는 것을 陰陽的으로 처리해 나갈 때, 상황 이런 것을 금전의 융통을 구한다면, 어차피 辰월도 금전의 융통을 위한 과정이 되고 그다음에 丁이 떴을 때도 금전의 융통이라고 하는 측면에서는 작용하지만, 이것이 '正財 속성이냐, 偏財속성이냐?' 이런 것을 나누어야 될 때 여러분이 그 부분도 陰陽 관계의 처리 부분을 좀 생각하실 필요가 있다는 것입니다.

　수업 중에 강조했던 것이나 중요한 논리에 대해서는 적절한 샘플들을 찾아보고 정리해 보고 있습니다. 뒤에 한번 그 샘플들을 보면서 그런 사례들에 관해서 설명이 있을 거니까 '저런 측면도 생각해야 되는 구나!' 그 정도만 일단 한번 정리를 해 두십시오.

　학생 질문 - 대세에 지장이 있습니까?

선생님 답변 – 지장은 없습니다. 이것은 굉장히 스킬풀(skillful)한 것인데 그런데도 그런 상담을 해야 되는 경우가 발생합니다.

예를 들어서 혼기에 있는 丙戌日柱 남자가 선을 보려고 합니다. 丙寅 이것도 偏財에 일지 三合입니다. 그다음에 丁卯월은 卯戌 合을 하면서 丁火가 솟구쳐 있습니다. 甲戌년이라는 것을 일단 전제해두고 달마다 선을 봤는데
"어느 달에 있는 사람이 제일 괜찮겠습니까?"
"내가 어떻게 아는데요? 내가 그것 다 알면 여기 앉아 있겠나?"
하고 싶지만 문점자 입장에서는 그런 질문을 할 수 있는 것입니다. 올해 꼭 결혼하라고 하니까 달마다 자꾸 선을 누가 보게 해주는데 자기는 판단을 못 하겠다는 겁니다. 그러니까 '어느 달에 있는 사람이 제일 조화도가 높겠느냐?' 했을 때 이런 陰陽 구분이 상당히 의미가 있는 것입니다.

그러니까 본인이 근본적으로 취할 수 있는 모양새가 戌중에 丁火라고 하는 正財의 모양새를 취하는 것입니다. 丙寅월 偏財 속성이 더 많을 것이고 辰월에 오면 偏財 속성으로 넘어갑니다. 丁卯월은 正財 속성이 투출된 것입니다. 그래서 '음력 2월, 양력 3월에 보는 사람이 가장 조화도가 높을 것이다.'라고 이야기를 해 주는 겁니다.

물론 神殺도 포함을 합니다. 卯 天乙貴人이 합으로써 작동해주니까 그런 섬세한 구분이 필요할 때 적어도 이 용어를 여러분

이 알고 있으면 地藏干에서 드러난 것을 처리해 나갈 때 陰陽 관계를 冲에 의해서 드러난 것과 그다음에 '그냥 그대로 天干에 드러난 것의 편차를 두어야 되겠구나!' 하는 것을 알 수가 있는 것입니다. 이런 디테일에서 분류를 잘해줘서 결혼했다고 고마워하지도 않습니다.

"역시 선생님이 더 잘 봅니다."

이런 말도 안 합니다. 그런데 결국은 이 사람과 짝을 지어주게 되더라는 겁니다. 그럼으로써 다른 분들도 '올해 運이 있다고 했는데 정말로 음력 2월에 만난 사람과 연결해서 결혼이 되었다.' 그렇게 뒤에 이야기를 듣는 경우가 있습니다.

간혹 섬세하게 잘 분류해준 것들을 듣고 그런 것들을 차별적으로 기억해주는 사람들이 간혹 있습니다. 그러니까 열 명에 한 명꼴이나 될까 모르겠습니다.

그런데 그 사람들은 완전히 꽂혀서 이렇게 말합니다.

"저는 선생님 말씀을 최고 믿습니다."

그런데 다른 것도 그런 수준으로 풀이해 주기를 원하니까 그것이 별로 반가운 말이 아닙니다. 이것은 현장에서 어쩔 수 없이 일어나는 일이니까 여러분들이 적어도 논리는 가지고 있어야 되지 않느냐는 겁니다.

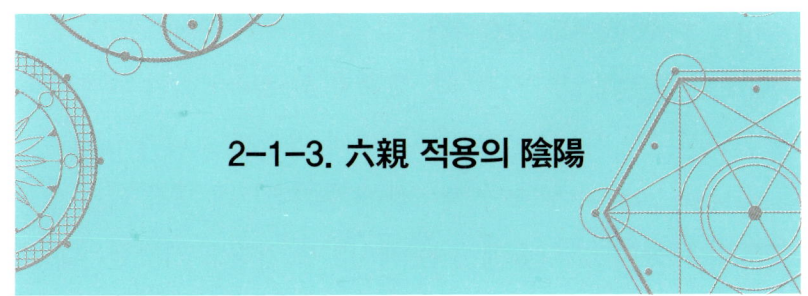

2-1-3. 六親 적용의 陰陽

亥子, 巳午의 변화

[그림 8-9]

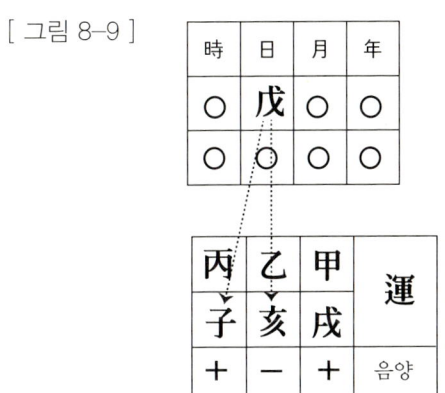

戊日柱가 甲戌, 乙亥, 丙子 運을 건너갈 때 순서에 의해서 甲戌 +, 乙亥 -, 丙子 + 이렇게 되면 陽, 陰, 陽이 됩니다. 이것도 명조 안에서는 돼지 亥자가 있으면 偏財로 처리를 합니다.

경험치로써 보는 것이지만 亥가 運에서 올 때는 두 가지 속성이 왔다 갔다 합니다. 처음에는 보통 正財로써 생각하고 일을 벌였다가 그것이 偏財로 속성이 바뀐다든지 이런 것들이 발생하게 됩니다. '亥 偏財처럼 보였으나 실제로 가보니까 正財 정도의 보상이다.' 이런 경우도 있습니다.

　순서의 줄은 뭡니까? 陽, 陰, 陽으로 왔으니까 亥가 원래 正財 속성을 지녀야 하는 것입니다. 그런데 가만히 보니까 偏財더라는 겁니다. 그러니까 '그냥 재미삼아 투자했는데 생각 외로 성과가 많이 나왔다. 그다음에 子는 재미있을 거라고 시작했는데 생각보다는 성과가 작게 나왔다.' 이런 속성들이 자기가 가지고 있는 고유의 陰陽과 작용의 陰陽 편차 때문에 잘 생겨나기 때문에 여러분이 상담할 때 잘 관찰하셔야 됩니다. 이런 것과 같습니다. 戊가 子를 보고

　"선생님 이번에 잘하면 대박 납니다."

　"글쎄올시다."

　'글쎄올시다.'의 근거가 뭡니까? 결국은 모양새는 陽의 偏財 속성을 취하고 있어도 내용과 작용은 陰 작용으로 가버리니까

　"생각보다는 그리 크지 않을 텐데…."

　"선생님 뭘 압니까? 선생님 우리 사업 압니까?"

　'내가 너무 몰라서 그런 것 아닌가?'

　그러니까 가급적이면 아예 터치를 안 하려고 합니다. 왜냐하면 '작아 보이는데 뒤에 커질 것이다.', '커 보이는데 작아질 것이다.' 이런 아주 섬세한 설명이 필요한 경우가 아니면 가급적이면

　"아이고! 이때, 이때 돈 좀 들어오겠네! 끝. 돈 융통된다. 끝."

　이래나 저래나 대충은 맞으니까 해설이나 접근 수준이나 설명을 둔탁하게 해버리는 겁니다. 그래서 그렇게 섬세한 설명이 여러분이 필요할 때가 올 것입니다.

[그림 8-10]

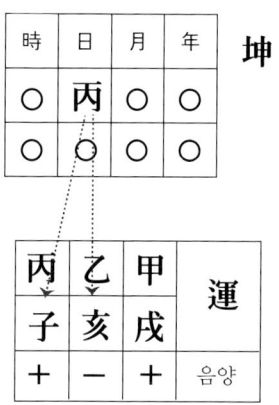

 만약에 丙日柱 여자라면 亥水가 순서로는 陰에 의해서 正官 작용의 모양새를 취하고 있고 그 자체의 神殺로서는 天乙貴人이 되어 있습니다. 그러니까 괜찮다고 합니다. 그런데 결국 궁극은 偏官작용입니다.
 "조금만 더 기다려 보세요."
 "아니 괜찮은 사람이 왔다니까요."
 이런 경우가 배우자 선택의 문제라든지 이런 것으로 갔을 때 이 亥子, 巳午의 속성변화 그러니까 처음에 보인 것과 실제 적용되는 陰陽의 변성 그런 것들이 상당 부분은 運의 해석에서 필요하다는 것입니다.
 그래서 결국은 子가 더 좋은 짝입니다. 물론 亥도 장단점은 있습니다. 偏官으로써 陰陽의 편중성은 떨어져도 天乙貴人이니까 한 번씩 마누라에게 고함을 지르면서 偏官 짓을 해도 돈 봉투 딱 호주머니에 넣고 대문 발로 빵빵 찹니다.
 "문 열어"

"이 양반이 왜 이래 시끄럽노?"

하면서 문 딱 열어주면 식탁에다 돈다발을 딱 던져주면서

"잘 먹고 잘살아라"

하여튼 그런 맛이라도 天乙貴人이 있으면 생깁니다. 생각 못한 이익이나 보상을 주니까 그것은 잘못된 것은 아니지만 젊은 날에 배우자를 결정한다 생각할 때는 子運의 시기까지 양다리를 걸쳐서라도 가보라고 해야 합니다. 저런 亥子, 巳午 이것은 그런 착시가 잘 일어나니까 그런 부분에 대해서 大運도 그렇고 亥子 歲運도 저런 모양과 작용의 陰陽 변성이 있다고 해놓고 여러분이 해설해 줄 필요가 있습니다.

財官

'춘하추동 신사주학'에서 심하게 표현한 것이 이 세상 살면서 무엇밖에 없다고 했습니까? 財官밖에 없다고 했습니다.

물론 財官이 用神이라는 개념과는 물론 다르지만, 자연의 보편적인 운동이나 원리에서 볼 때 財官이 결국은 인생에서 운동성이나 활용성을 만드는 제일 큰 기운이라는 겁니다.

[그림 8-11]

時	日	月	年
戊	癸	戊	丙
午	未	戌	午

坤

壬	癸	甲	乙	丙	丁	
辰	巳	午	未	申	酉	運

여자라 칩시다. 사회활동의 측면을 본다면 大運이 어디로 흘러들어 갑니까? 丁酉, 丙申, 乙未, 甲午, 癸巳, 壬辰 이런 식으로 運이 흘러들어 가면 未, 午, 巳, 辰 大運이 調候論的으로 보면 調候의 편중성이 심해서 '고생스럽게 산다.' 이런 식의 해석을 붙이는 것이 일반적인 해석법인데, 그럼에도 불구하고 未, 午, 巳, 辰 大運이 財나 官이 됩니다. 財官이니까 머슴살이를 해도 일없어서 고민해 본 적은 없다.

살아가면서 官殺혼잡의 해로움은 생깁니다. 食傷이 없는 것의 해로움도 생길 것이고 印星투출이 없음으로 오는 해로움도 생길 거지만, 이 大運을 지나간다는 것 자체가 기본적으로 짝을 만나 있기 때문에 극단적 편중성의 해로움을 당하지는 않는다는 것입니다.

이것이 크게 보면 財官과 자기가 결국은 陰陽 관계가 형성되어 있습니다. 陰陽 관계가 형성되어 있으니까 이런 패턴으로써 결국은 계속 활동무대를 이어나갈 수 있는 것과 그다음에 오히려 다관지명(多官之命)으로써 일복이 따라다닐 수 있다는 것입니다.

[그림 8-12]

時	日	月	年	乾
戊	癸	戊	丙	
午	未	戌	午	

癸	壬	辛	庚	己	運
卯	寅	丑	子	亥	

이분을 남자라고 칩시다. 남자로 치면 運의 흐름이 己亥, 庚子, 辛丑, 壬寅, 癸卯 이렇게 흘러갑니다. 이것이 財官과는 먼 골목입니다. 財官과는 먼 골목으로 다가가고 있습니다.

이런 경우 어떻게 하고 있느냐면 기본적으로 조직사회에 참여하는 것 자체는 됩니다. 運에서 財官의 환경을 잘 안 만들어 주니까 들어갔다가 나갔다가 들어갔다가 나갔다가 그러니까 반쯤 건달입니다.

또 어떤 때는 공무원 시험 칠 거라고 공무원 공부해서 '공무원 시험 준비 건달'이 됩니다. 그것은 운명적으로 보면 건달입니다. 공무원 시험준비 할 거라고 이 시기에 또 세월 보내고 또 대리점 할거라고 왔다 갔다 하면서 건달이 됩니다.

財官을 떠나있는 運에서 성공하는 것은 주로 전문직입니다. 하는 일이 똑같은 것입니다. 오늘 하는 일이나 내일 하는 일이나 똑같은 것은 교육입니다. 사람들 가르치는 것입니다. 오늘 하는 일이나 내일 하는 일이나 똑같은 것 아니면 기술 분야입니다.

자기는 전문기술로 "나는 할 줄 아는 것이 재봉질밖에 못 합니다." 이런 사람들은 직업적인 연결을 매끄럽게 해서 성공을 할 수도 있더라는 겁니다.

그런데 여러 가지로 뒤섞인 보편적인 모양새를 가진 사람이 이렇게 큰 大運의 환경에서 財官이라고 하는 陰陽 관계를 이루고 있는 사람과 그것을 벗어나 있는 사람과는 사는 내용의 편차가 상당히 많이 발생하더라는 것입니다. 그래서 財가 되어도 좋고 官이 되어도 좋은데 어느 한쪽이라도 지속해서 밀어주는 運을 만나야 좋습니다.

매를 맞아도 재벌 삼촌한테 맞아야 맷값을 받습니다. 그러니까 사고로 죽어도 좋은 곳에 가서 엄청난 사고로 죽어야 보험금이라도 가족들한테 줄 수 있습니다. 財官이라고 하는 큰 大陰陽 관계의 運의 형성 여부 이런 것을 봐야 합니다. 그리고 그 사람의 직업이나 활동분야의 속성이 어느 정도 運에 의해서 제한되는 것입니다.

그러니까 '食傷이나 財星이나 또 印星중심이다.' 이럴 때는 전문성이 있는 분야가 됩니다.

전문성이라는 것이 뭡니까? 각종 神殺이라든지 格 또는 旺者로써 채택할 수 있는 것인데, 상기의 명조 같은 경우에 官星과 財星이 무리 지어 있으니까 재무회계입니다. 그다음에 戌과 未의 刑도 계산해서 끼워 맞추는 것 그다음에 의료적인 행위, 건축행위 그다음에 형벌에 관련된 전문성 인자를 그대로 살려서, 大運 속에서 그냥 주욱 이어나가면 큰 굴곡 없이 지나갈 수는 있더라는 겁니다.

그래서 그런 것들을 運을 체크할 때 '財官이라고 하는 큰 陰陽 관계가 잘 형성되어 있느냐, 아니냐?'하는 것을 관찰하시면 된다는 것입니다.

타고난 팔자에 있을 수 있는 직업의 우선순위도 기본적으로 몇 가지가 나오겠지만, 運에서 크게 갈라버리는 겁니다.

그래서 未, 午, 巳, 辰 大運에 이 사람이 사업을 못 하는 것이 아닙니다. 기본적으로 運에서 陰陽 관계를 형성하고 있으니까 대리점 사업을 해서 잘하고 있습니다. '내가 몸이 힘들어서 그렇지 내가 장사 안 돼서 문 닫은 적이 없다.' 이런 것이 되는 것이고 그다음에 열심히 돈 벌어 놨는데 결국은 주변에 오빠가 가져 가고 그다음에 자식이 가져가고 다 가져가서 그렇지, 나한테 기회가 없어서 또 경제적인 보상이 없어서 힘들은 적은 없다는 것입니다.

남자의 大運은 자체의 불안정성 때문에 성취하는 것 자체도 굴곡이 발생하기 쉬운데, 단지 그런 전문성을 살렸을 경우에 돈을 번다는 겁니다. 그래도 運이 불안하면 희생 국면이 여자 명조 大運보다는 더 잘 생긴다는 것입니다. 열심히 전문분야에서 일해서 돈은 아들이 뺑뺑 지르고 그런 것들이 運의 큰 陰陽 관계에서 많이 형성된다는 겁니다.

그래서 확률적으로 제일 바람직한 직업 분야 1에서부터 5까지 있다고 한다면, 이 중에서도 결국은 運의 제한성을 먼저 봐서 '이것은 안 되겠다. 이것 아니면 이것' 이런 식으로 정하게 되는데 맞히기 논리로 간다면 그렇게 할 수 있는 것입니다.

運의 편정(偏正) 해석

偏이냐, 正이냐?

여자 명조와 大運이 財官으로써 치우침이 있는 것입니다. 전체를 구성하고 있는 인자가 팔자에서 火나 土의 인자가 두드러지는데 또 大運에서 만났으니까 중간단위나 큰 단위로써 편중성이 있는 것입니다. 이런 경우 일을 해서 돈을 많이 벌고 뭘 했다 하더라도 자기가 쓰고 누리는 것이 잘 안 되거나 아니면 실컷 벌어놓고 그래서 먹고살 만해지니까 몹쓸 병이 오더라는 것입니다.

 이런 '運의 偏正'이라는 것이 같이 運을 해석해 나갈 때 봐줘야 되는 것입니다.

 그다음 작은 단위는 뭡니까? 乙未, 甲午 大運의 陰陽 단위도 甲午냐 乙未냐에 따라서 癸未日柱는 어떻게 됩니까?

 乙未에 陰陽의 편중성이 더 생기는 거니까 몸이 더 고단하거나 바쁘거나 또 무엇을 이루어도 절반만 보상받는 이런 식의 흐름이 발생한다고 볼 수 있는 것입니다.

 그것은 이것을 지금 이론이나 수단으로서 정리해 놓으니까 엄청나게 기준이 많은 것 같은데 많이 보다 보면 그냥 척 보면 "아이고!" 이러면서 이 사주 적고 運 적다 보면 '아이고' 소리 바로 날아갑니다. '아이고' 소리 날아가면서

 "그래 열심히 살면 되겠네."
 "선생님 그게 무슨 말입니까?"
 "열심히 살면 된다는 말이다."
 "아니 그것은 학교 교장 선생님이 하는 말 아닙니까?"
 "너는 평생 일복이 있겠다."

 이렇게 좋은 점만 점점 언급하다가 뒤에 안 좋은 것을 받아들일 심리적인 자세가 보일 때

 "건강 조심해라."

 이런 것이 날아가기 시작하는 겁니다. 여러분은 이미 다 터득해있고 알고 있는 것인데 정리를 해본다고 생각하시면 되겠습니다. 지난 시간 진도나 오늘까지 진도중에 질문 있으시면 질문 한두 개 받고 마치도록 하겠습니다.

학생 질문 – 天干의 陰陽과 地支의 陰陽은 그냥 보좌 정도만 한다고 생각하면 됩니까?

선생님 답변 – 運에서 오는 것 말입니까? 天干의 陰陽과 地支의 陰陽은 약간 다르긴 합니다. 地支의 陰陽이 현실면의 거의 8에서 9할입니다. 地支의 기운 또는 작용인데 정신적인 제일 정확한 말이 추구성 또는 경향성 이 정도가 제일 적당할 것 같은데, 그런 것들을 주로 天干의 작용으로 생각하는데 이것도 그 사람의 행위라든지 방향성 이런 것에 상당히 영향을 많이 줍니다.

[그림 8-13]

현실면 ┌ 정신적 : 天干 ⟨ 추구성 / 경향성 → 행위, 방향성, 무한 (명예추구)
       └ 물질적 : 地支 ⟨ 기운 / 작용 → 현실, 유한

그런데 생각은 어느 방향을 추구하고 있어도 자기가 놓여있는 현실은 거의 대부분이 地支가 작용합니다. 그러니까 정신적인 것과 현실적 부분을 대비를 시킨다면 '정신과 물질' 이렇게 대비를 시켜도 됩니다.

그러니까 여러 가지 물질의 관계에서 오는 현상적인 것 이런 것을 거의 다 地支的인 측면이라고 보면 되는데 정신과 물질이라는 것이 참 묘한 것이 물질이라는 것은 어떤 형태와 부피와 질량을 가짐으로써 결국은 運의 변화, 기운의 변화에 그대로 구체성을 보여 준다는 것입니다.

그런데 정신은 형태와 부피와 질량이 없습니다. 그러니까 이것이 맞이 가려면 한정 없이 맞이 갑니다. 그러니까 물질은 유한하고 현상적인 법칙에 그대로 적용되고 정신은 무한 즉 한정이 없으니 자기가 추구하는 정신적 방향성 때문에 오도 가도 못하고 거기에 매달려있는 상황이라든지 삶도 상당 부분 발생한다는 겁니다.

그래서 그것을 비유를 몇 대 몇이라고 딱 나누기 어렵기는 한데 추구성이나 경향성에 상당히 많은 간섭을 한다고 보면 되고 대체로 이 天干的인 것을 긍정적으로 잘 쓰는 경우는 명예추구의 직업 이런 분야일 때는 대체로 天干을 긍정적으로 잘 쓴다고 보시면 됩니다.

그러니까 명예추구의 유리한 것들 또는 자기가 가진 그릇에 가장 잘 소통되는 것들 그런 인자일 때 잘 쓰이고 대부분은 地支에 있는 것이 차지한다고 보시면 됩니다. 地支가 天干을 보좌한다는 그런 측면도 맞기는 합니다.

학생 질문 — **地支가 陽일 때 天干이 陰이면 약간 상쇄를 한다든지 이런 식으로 볼 수는 없습니까?**

선생님 답변 — 그것은 보통 순수하게 五行의 강약 편차로 본다면 그렇게 되는데 실제 일어나는 것을 보면 정신적인 추구성과 자기가 현실에 놓여있는 현실에서 괴리가 잘 생겨서 오히려 좀 소모적으로 지내는 경우가 많습니다.

그래서 天干에 있는 작용력을 별로 따르지 않고 地支에 있는 여러 가지 요소들을 분(分)을 따라서 가면, 현실적인 일들은 대체로 극히 나쁜 시기가 아니고는 그대로 이어져 나갑니다.

그런데 이 天干은 추구성이나 경향성으로서 형태와 부피가 없으니까, 이것이 일종의 신앙을 광적으로 가지고 가는 사람들처럼 한번 꽂히면 현실적인 면을 인지하지 못하고 거기에 완전히 꽂혀 가버리는 겁니다.

그래서 그런 속성적인 분류를 해주는 것이 맞고 꼭 보조한다는 개념으로만 다 설명하기에는 접근구도가 전체를 다 설명하기에는 조금 부족함이 있는 것입니다.

그래서 아무튼 여러 가지 기준들이라든지 해석의 측면들을 정리해 보는 것이니까 여러분들이 키워드만 가지고 계셔도 뒤에 실관을 할 때 이 사람은 이런 측면의 어떤 어떠한 것이구나 하는 것들이 서서히 정리될 겁니다. 수고하셨습니다.

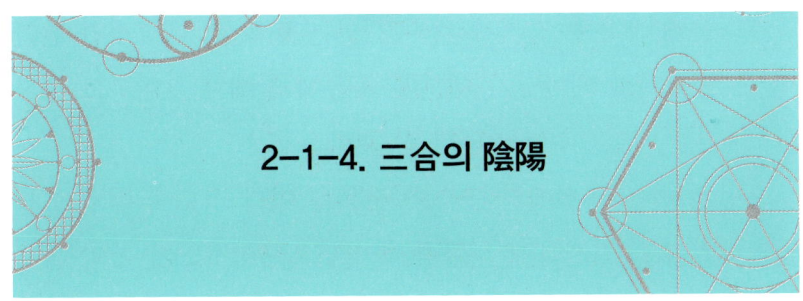

2-1-4. 三合의 陰陽

◉ 運의 三合 작용(인간)

　반갑습니다. 지난 시간에 2-1-4. 運의 요소에서 陰陽을 나누는 여러 가지 기준들에 대해서 정리를 해 봤습니다.

　運을 해석할 때 기본적으로 三合의 五行요소나 작용 정도는 기본적으로 의미라든지 이런 것은 파악하고 있다고 보고, 三合의 작용이라든지 작용범위에 대해서 생각해봐야 됩니다.

　그러니까 다시 처음으로 출발했을 때 생명이 있는 것이 파도를 타고 간다고 했을 때 마주치는 파도나 날씨 이런 것들을 다 運의 작용에다 일단 집어넣고 생각해 봅시다.

[그림 9-1]

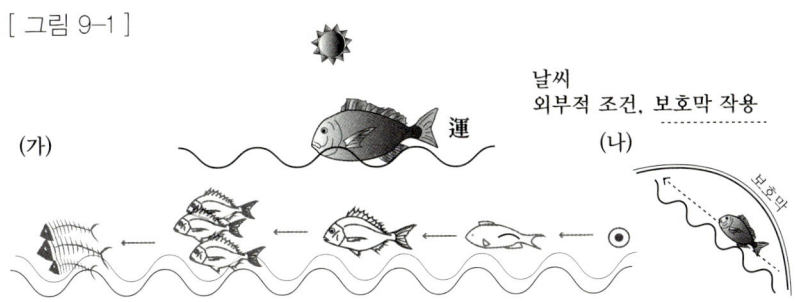

그다음에 고유로 자기가 가지고 있는 변화성, 내부적인 변화성 즉 물고기로 태어났기 때문에 처음에 알에서 부화하고 성장하고 하는 앞부분 수업 기억나십니까?

그렇게 하는 과정에서 三合의 작용을 어디 정도에 이렇게 둘 것이냐? 제일 적절하게 비유를 한다면 날씨 정도에 거의 흡사하게 작용한다고 보시면 됩니다. 날씨도 되고 하여튼 '외부적인 조건 이런 것들이 어떤 모습으로 작용하느냐?'를 따져보면 됩니다.

[그림 9-1-2]

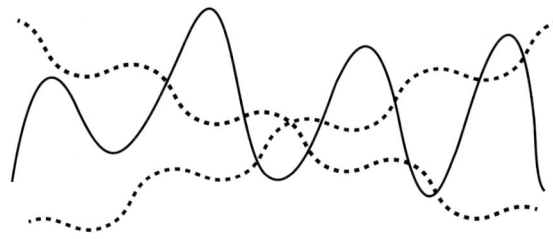

이것이 왜 의미가 있느냐면 그림처럼 흐름이 완만하게 가든지 아니면 심하게 오르내림을 가든지 간에 파도의 물결은 하늘에서 눈이 내리거나 밖에서 햇빛이 쨍쨍 떠 있는 날씨와 편차가 상당히 많이 생긴다는 겁니다.

예를 들어서 개인적으로 좋은 흐름으로 간다고 봅시다. 올라가고 있는 중이라고 하더라도 '날씨가 좋은 상태냐, 아니냐?' 하는 것이 일종의 보호막작용 같은 것을 합니다. '외부적 조건 또는 보호막 작용'

그날그날 하루의 運이나 어떤 변화의 기미를 물을 때,

"오늘 날씨가 어떠냐?"

이렇게 물어보듯이 말 그대로 날이 주는 씨라고 하는 이런 것들이 합쳐진 말이겠지만 '날씨가 좋다, 나쁘다.', '환경이나 여건이 좋다 나쁘다.' '보호막이 있다. 없다.' 이런 것을 판가름하는 수단으로써 三合이라고 하는 것이 굉장히 영향이 큰 것이라는 겁니다.

그래서 똑같이 돈을 열심히 벌고 있고 상승이 이루어지는 모양에 있었다 하더라도 날씨가 나쁘면 굉장히 고생스럽게 하게 되고 이것의 누적이 건강요소하고도 그대로 맞물립니다.

이것이 보편적으로 사람이라고 하는 생명체로 살면서 겪는 三合의 변화성이 외부적 조건, 보호막 작용, 건강 정도의 것이라면 남녀의 적용 범위가 상당히 많이 편차가 생기게 되어 있는 것입니다.

◎ 運의 三合과 남녀

다음 편에 바로 '남녀의 차이'라고 해놨습니다. '운의 三合과 남녀'라 해놨는데 남녀의 적용 범위가 상당히 많이 편차가 생기게 되어 있는 것입니다. 그러니까 이런 運에 남자가 써먹을 때 긍정적으로 써먹고 또 여자가 써먹을 때 부정적으로 써먹고 하는 이런 작용들이 결국 왔다 갔다 하는데 크게 묶으면 20년 단위로 묶입니다.

[그림 9-2]

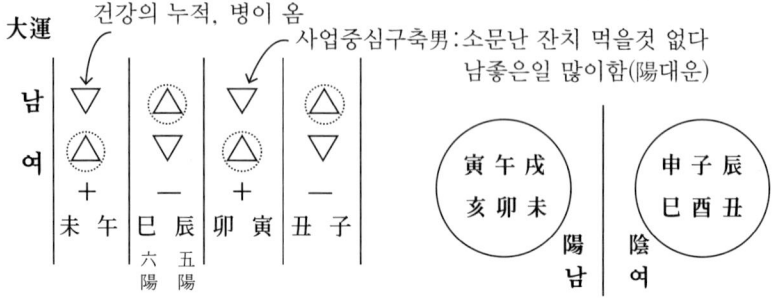

그러니까 干支 배열을 해 나가면 子, 丑, 寅, 卯, 辰, 巳, 午, 未 이렇게 흘러들어 간다고 하면 申子辰, 巳酉丑이 무리 지어서 陰의 작용을 일으키고 그다음에 寅午戌, 亥卯未에 기본적으로 陽의 작용을 일으킨다고 봤을 때 보편적으로 사람이기 때문에 여러 가지 三合의 陰陽 작용 결과의 영향을 받는다고 본다면 三合에서 좀 더 적용의 강약 차이를 봐줄 때 결국 남자 여자를 봐줘야 됩니다.

크게 大運을 끊으면 20년 단위로 끊깁니다. 남자가 陽의 運을 만나면 대체로 힘들게 쓰고, 여자는 긍정적으로 쓰고 그림의 모양에서 △과 ▽ 계속 뒤집히는 모양의 그림이 됩니다.

그다음에 남자는 대체로 陰 大運을 긍정적으로 써먹게 되고 여자는 이 陽 大運을 긍정적으로 써먹게 되는데 이런 陰陽 작용의 범위를 어느 정도까지 주느냐? 하는 것입니다.

결국은 앞에서 말씀드린 것처럼 환경, 날씨, 외부적조건 그다음에 그런 것의 누적이 주는 건강 등에 그 범주를 대략 정리를 하면 되는 것입니다.

그러니까 여자가 寅, 卯 大運을 만나서 팔자에 있는 그릇과 運의 작용 때문에 寅, 卯 大運에, 예를 들어서 현실적인 여건이 어렵게 직장에 들어갔다가 나왔다 한다든지 돈벌이를 했다가 말았다 한다든지 사회활동이 안정되지 못했다 하더라도 그 시기에 배우자의 활동이 아니라면 陽의 혜택을 보고 있는 것입니다.

그러니까 주로 남녀를 갈랐을 때 여명을 기준으로 하면 남자 덕 또 남편 덕 또 조금 포괄적으로 인덕 이런 것에 의해서 그것이 커버가 되느냐? 하는 것입니다.

그래서 이럴 때는 자기가 하고 있는 현실적인 성취도면에서는 굉장히 불안하고 왔다 갔다 들쑥날쑥해도 크게 보면 인덕인데 오빠, 아버지, 동네 오빠까지 포함해서 대체로 남자들이 여러 가지로 우호적인 역할을 해주거나 긍정적인 활동을 해줌으로써 그 혜택이 陰으로 陽으로 계속 오게 되는 것입니다.

그다음에 남편 덕은 말 그대로 배우자 덕을 보는 것이 되는 것이고 인덕은 남자 덕, 남편 덕, 인덕을 포괄적으로 아우르는 것이고 사실은 여자의 덕도 포함됩니다.

그러니까 여자라고 하는 것이 뭡니까? 결국은 절반의 기운이 어차피 대립구도니까 三合의 陽 운동에 노출되면 기본적으로는 여자도 부정적 작용을 많이 일으키는데 그사이에 陽의 기운이 끼어있음으로써 여자와 여자끼리도 갈등이라든지 소모가 아주 많이 줄어드는 작용을 한다는 겁니다.

예를 들어서 결혼을 하지 않은 사람이라도 陽 大運의 기운 속에 들어와 있을 때 남자 덕을 보든지 오빠 덕을 보든지 주변에 하다못해 남자 친구라도 있어서 수시로 힘든 것이라든지 어려운 것을 풀어주는 작용을 수시로 하고 있다는 뜻이고, 물론 결혼해 있을 때 이런 주기가 와주면 陽氣의 여러 가지 혜택을 긍정적으로 많이 보게 되니까 보통 배우자의 활동력을 통해서 보상을 많이 얻게 되는 그런 작용이 옵니다.

그 반대의 경우는 남자 덕, 남편 덕, 인덕의 부족함이 수시로 작용합니다. 그래서 만약에 혼인을 한 사람이 子, 丑 運에 갇혀 있다면 사실 무식하게 팔자를 보면 이렇습니다.

"서방 없지?"

"있는데요."

"내용상 서방이 없잖아?!"

"그게 무슨 말입니까?"

"서로 사이좋게 재미나게 지내나?"

"아니 각방 쓴 지 오래됩니다."

그런 식으로 반드시 일그러진 陽氣의 부족이 陰 운동 속에 있다는 겁니다. 그러니까 여자가 子, 丑이나 辰, 巳 運을 지나갈 때 본인이 아무리 남편이 있다고 우길지라도 그 남편 덕의 혜택은 매우 제한적입니다. 있다 해도 없는 것과 진배없는 식의 과정이 반드시 따릅니다.

거기에는 주로 두 사람 사이에 관계의 왜곡이 발생하는 것이고 또 그것은 조금 더 나아가서 애정의 왜곡이 발생하고 좀 더 나아가서는 애정까지도 잘 지탱했다면, 반드시 본인 또는 짝이 건강에 밸런스가 맞지 않아서 子, 丑 運 다 채워갈 때쯤 子, 丑의 중반부부터 기운의 누적에 따른 작용들이 서서히 드러납니다.

물론 그것은 歲運의 작용 이런 것들과 같이 매칭을 해서 보아야 하겠지만, 귀신처럼 작용하는 것은 子 運 들어오자마자 애정 관계가 확 틀어지기 시작하는 그런 사람들도 상당히 많이 볼 수 있습니다.

거꾸로 丑 大運의 후반부에 가서 그런 부정적인 작용이 많이 나오는 반면 이것이 寅 大運의 초반부나 중반부에 陽 大運으로 전환된 모양으로써 흐름이 조성되기 때문에 예를 들어서 丑 大運에 의해서 부부간에 갈등으로 헤어졌다면 寅 大運에 들어와서 초반부나 중반부쯤에 이르면, 결혼을 공식화한 사람이 아니라도 그 사람의 혜택을 보게 되고 또 내용상 애정 관계를 잘 만들어서 유지하는 것이 만들어집니다.

그래서 그런 측면에서 三合의 작용이라는 것에서 특히 결과적으로 끌어내는 陰陽 작용이 성공 실패를 보는 측면은 아니고, 성공 실패를 나누는 측면보다는 경향, 속성 이런 것들을 주변 환경이라는 측면에서 경향이나 속성을 많이 보여준다는 것입니다.

똑같은 申子辰 巳酉丑을 전부 묶어서 陰으로 처리하지만 이 중에서도 어떤 인자가 더 陰의 기운이 농후하다거나 陰의 기운이 있기는 있는데 가볍게 작용한다는 것들을 뒤에 '干支의 해석'이라는 부분에서 다루게 될 것입니다. 그것은 그때 보시면 될 것 같습니다.

三合은 워낙 적용할 것이 많고 또 실제 사람들이 고통을 느끼고 호소하는 영역 중에서 陰陽의 기운에 의해서 받는 고통 때문에 상담을 하는 사람도 많습니다.

지난 시간에 샘플로 설명했던 명조도 六親的인 흐름, 사회활동이나 재물활동에 대한 흐름 등이 좋은 흐름으로 가서 경제적으로 상당히 많은 성과를 내었는데도 불구하고 "벌써 12~13년 전부터 각방 쓴 지 오래됩니다." 그것을 묻는 상황도 생깁니다. 그래서 그것이 三合에 의한 여러 가지 결과물이라는 것입니다.

그러니까 大運에서 辰, 巳라고 하는 글자가 일반적으로 그냥 財星이나 食傷을 통해 재물활동이 활발하다고 친다면 그것을 재물활동으로써는 활발하게 쓰기는 쓰는데 大運 자체가 陰 大運에 걸려있으니까 열심히 일해서 돈은 버는데 남편 덕, 남자 덕, 인덕은 그늘이 져 있는 그런 모양이 되고 그다음에 유정(有情) 즉 사이가 좋은 상태로 유지하고 있으면 본인 또는 배우자가 건강상 반드시 문제가 발생하는 식으로 해석되는 것입니다.

적용의 범위

[그림 9-4]

時	日	月	年	乾
癸	戊	辛	甲	
亥	寅	未	午	

戊	丁	丙	乙	甲	癸	壬	大運	乙未年	甲午年
寅	丑	子	亥	戌	酉	申			
66	56	46	36	26	16	6			

7년차

大運이 丁丑 大運 7년 차쯤 됩니다. 작년에 乙未년 甲午년 중에 배우자에게 갑작스럽게 암 계통의 병이 발생해 인연이 끊어지고 말았습니다. 그것은 歲運에서 걸려있는 것입니다.

기본적으로 이 팔자도 時에 있는 財星은 세력이 있는 모양이 되어서 사업적으로 상당한 성공을 만들었는데 결국 팔자의 干支를 차지하고 있는 것 자체가 전부다 三合으로 보면 陽의 인자입니다.

그래서 배우자 인연이 굉장히 불안할 수 있다고 전제해두고 甲戌 大運이나 乙亥 大運 끝에서 넘어갈 때 시기를 체크했는데 그것이 아마 98년에서 2003년 사이쯤 됩니다.

그래서 그 시기에 건강이라든지 이런 것들이 괜찮았는지 체크하니까 그냥 고만고만하게 지냈다고 하는데, 본인이 사업적으로 조금 힘들었다가 다시 나아짐으로써 넘어가고 다시 戊寅 大運이 되면 또 문제가 될 것이라고 봐두고, 癸巳, 甲午, 乙未년 자체가 다 財星의 활동력이 좋지 못한 흐름인데 甲午년 羊刃이 들어옵니다. 羊刃이 들어옴으로써 처 궁이 굉장히 불안해지는 運으로 들어갔습니다.

그래서 체크는 丑 大運 끝 부분이나 戊寅 大運 戊 초반쯤에 문제가 발생한다고 봤는데 丁丑 大運 7년 차쯤에 甲午년을 만나니까 결국은 부부인연에 여러 가지 굴곡이나 애로가 생겨나더라는 겁니다.

그것은 歲運과 大運을 믹스해 나가면서 강약 차이를 봐줘야 하는데 원래 어떤 인간도 子, 丑이나 午, 未 運에 압력이 많이 발생해 있는 공간을 뛰어다님으로써 子, 丑 運에 활동을 많이 해서 돈을 벌어도 겨울에 싸돌아다녀서 돈을 벌었다는 말은 하다 못해 동상이라도 걸린다는 식의 기운이 조성되는 것입니다.

그래서 그것은 남자라서 子, 丑을 나름대로 잘 쓰고 癸未, 甲申년 이후에 재물번영을 그동안 잘 이루어 왔고, 2013년~14년에도 財星이 떠 있으니 모양새를 자꾸 갖추고 싶어 하는 흐름이 있어서 제가 '볼륨만 좀 조절하면 좋겠다.' 했는데, 잠깐 일을 벌이는 사이에 그래도 경제적으로는 상당히 많은 성과를 내고 그 이후에 공격적으로 하지 않고 2014~15년을 지나왔는데, 결국 2014년에 유년의 羊刃작용 때문에 고달픔이 오게 되더라는 것입니다.

원래 원국 자체에 財星이 어떠한 조건에 의해서 그 성질이 바뀌어 버릴 수 있습니다. 그러니까 寅亥 合이 되면 財星이 오히려 官으로 따라가 버리는 조건을 가지고 있는 데다가 또 전체적으로 地支 구성 자체가 전부 寅午戌, 亥卯未 인자로 모여 있음으로써 처 덕 이런 것을 오랫동안 편안하게 보기는 힘든 것으로 볼 수 있습니다.

실제로 이때 乙亥 大運에는 劫殺 地支입니다. 그래서 섬, 해외 이런 쪽으로 인연이 있는데, 원래 조선 쪽에 관련된 무역, 조선 관련 용역 이런 것들을 하면서 자주 왔다 갔다 떨어져서 살아왔던 내용을 가지고 땜을 하더라는 겁니다. 그래서 명조 안에 문제성이 나름대로 드러나 있는 패턴이긴 합니다.

[그림 9-5]

성공과 실패의 결과치를 보는 것은 아니다

	申子辰 巳酉丑	寅午戌 亥卯未
女命	↓	↑
男命	↑	↓

 성공과 실패의 결과치를 보는 것은 아니지만, 여자의 명조에서 申子辰, 巳酉丑 陰 大運을 만나면 여러 가지 부정적인 주변 조건 때문에 희생 국면이 발생하고 그다음에 寅午戌, 亥卯未로 들어가면 혜택국면이 잘 발생하는 것입니다.

 남자는 거꾸로 申子辰, 巳酉丑에 혜택국면, 寅午戌, 亥卯未에 희생 소모국면 이런 것이 발생하는 것입니다. 그래서 이런 것의 정도나 강도는 앞에서 실패 성공의 결과치가 아니라 하더라도 그 사람이 세상을 바라보는 정서라든지 이런 것에도 굉장히 영향을 많이 줍니다.

 그러니까 주로 정서면에서 왔다 갔다 하는 것을 보면 주로 낙천(樂天), 염세(厭世)가 있습니다. 그래서 남자가 寅午戌, 亥卯未 運에 사회적으로 성공하고 돈 벌고 했더라도 기본적으로 바탕적 정서가 '세상 피곤하다.' 이런 식이라는 겁니다. 이것이 이 大運에서 드러났을 때 陽 大運과 陰 大運의 편차라는 것입니다.

 편중성이 굉장히 심한 사람들은 주로 질병 형태까지 많이 넘어가 있습니다. 원래 원국 안에 정신적인 조절력이 떨어지는 것이 몇 가지가 있습니다.

그다음에 陽 운동과 陰 운동의 중간에 있는 것이 己입니다. 陰陽의 운동을 중화해주는 己土 인자가 약한 사람들은 三合에서 陰 大運에 갇혀버리면 그냥 우울(憂鬱)로 가는 것입니다. '조절 안 됨' 이래서 '우울(憂鬱)'로 갑니다.

그러니까 현실적인 성취나 발전과 별도로 '재미나게 즐겁게 받아들인다.', '피곤하게 받아들인다.' 또 인덕이라는 말속에 포괄적으로 들어가 있는 것이지만 '주변의 인간 때문에 피곤하다.' 이런 것들이 전부다 三合에 의한 작용이 주가 된다는 것입니다.

결혼 안 하겠다고 버티는 여자분들 있습니다. 예를 들어서 혼인의 결혼 적령기가 지나가고 있는데 子 大運, 丑 大運에 갇혀버리면 이럴 경우에 결혼 안 한다는 겁니다. 보통 남자라고 만나더라도 남자가 陽 운동을 잘 못 일으켜 줍니다. 그러니까 재미가 없는 것입니다. 그리고 결혼 자체에 대해서 본인이 낙천적으로 받아들이는 힘 자체가 없는 겁니다.

예를 들어서 한 30대 중반 후반에서 40대 초반 들어가면서 陽 大運으로 바뀌면 그때 마음이 바뀌기 시작합니다. 보통 陽 大運 초입이나 중반부 오기 전에 결혼을 하는 쪽으로 마음을 바꾸게 되고 또 묘하게도 그때 사람이 출현합니다. 사람이 출현하면서 결국은 결혼으로 연결해서 '자기는 평생 결혼을 안 할 줄 알았다.' 이런 식으로 하면서 결혼해서 사는 모양이 됩니다.

남자들은 어차피 원래 陽的이니까 子, 丑이나 寅, 卯나 辰, 巳나 언제라도 짝만 있으면 어찌 되었든 찾아다니는 그런 기운이 있습니다.

결국, 寅이나 卯의 시기에 짝을 찾으면 궁합도 맞고 일반적인 조건과 여러 가지 조건도 맞는데도 불구하고 피곤하다는 겁니다. 피곤함을 주는 것이 배우자가 행위적인 면으로써 주느냐 하면 꼭 그런 것도 아닙니다. 자신이 못 견디겠다는 겁니다.

그러니까 陰 大運도 피곤한데 陽대 陽이라는 것이 겪는 스트레스나 노이즈가 더 크다는 것입니다. 陰 大運은 기본적으로 엉기어 붙는 작용이 많습니다. 그러니까 설상가상 눈 내리는데 서리 내립니다. 그런데도 억지로라도 엉기어 붙어 있습니다.

남자가 陽 大運을 만나서 겪는 그런 것은 속이 터진다는 것입니다. 여름에 공기가 안 통하고 더운 방 안에 있으면 무조건 튀어 나가려고 합니다. 그러니까 陽과 陽은 서로 발산력을 강하게 가지고 있고 또 조화가 어차피 잘 맞추어지지 않고 밀쳐내는 힘이 더 강하니까, 주로 이런 운에는 하여튼 행위적인 면에서 자기가 떨어지려고 하는 그런 기운이 많은 거니까 어떻게 해도 우울이고 속 터지는 것입니다.

그렇게 陽 운동 陰 운동의 작용이 계속 왕래하면서 남자가 잘 썼다가 여자가 잘 썼다가 이런 식으로 왔다 갔다 하는 것입니다.

학생 질문 - 저 陰 大運에 여자가 결혼을 못 하는 경우가 있다고 했잖습니까?

선생님 답변 - 못하는 경우가 있는 것이 아니라 많습니다. 또 해도 만족감이 떨어집니다.

학생 질문 – 그것이 혹시 食傷이라도 사주에 食傷이 없습니다. 그것이 食傷이라도 그렇습니까?

선생님 답변 – 陰의 기운이? 그러니까 뒤에 종합적으로 다루겠지만, 食傷이 원국에 약한 것이거나 없는 사람이 食傷 大運을 만났다고 합시다.

[그림 9-5-2]

時	日	月	年
○	庚	○	○
○	戌	○	○

예를 들어서 水氣가 없는 상태에서 食傷을 봐서 결혼했다면 그 六親이라는 것은 동작이나 행위를 따라가는 것입니다. 그래서 자식을 얻으려는 기운 때문에 결혼은 이룹니다. 결혼은 이루는데 그것이 작용한 범위를 보고 해설을 해줘야 합니다.

食傷 大運에 결혼이 이루어졌다면 자식을 얻기 위해서 했으므로 또 자식이 원국에 많지 않으니 여럿을 둘 수는 없지만 10년에 하나 아니면 둘 이런 식으로 얻게 되고 자식을 얻는 수준의 결혼으로써 그 의미에 갇힌다는 것입니다.

[그림 9-5-3]

時	日	月	年
丁	庚	○	○
亥	戌	午	○

그래서 원국에 官星이 地支의 세력이 있는 형태이든 아니면 그냥 天干에만 노출된 상태든 거기에 따라서 남편의 직업적인 분(分)이 나옵니다. 그래서 상기의 명조와 같이 午의 형태라면 보통 변화성이 있는 장사나 사업 또 경제적으로 좀 더 많은 보상을 줄 수 있는 활동 그다음에 丁亥시라면 丁이 배우자가 되는데 보통 변화가 많지 않은 공직이라든지 안정적인 직장 또 자기 사업이라 하더라도 변화가 거의 없는 전문직 또 하는 일 똑같은 분야 그런 정도로써 남편의 활동력은 유지는 해주더라도 본인이 갑갑해서 안 되는 겁니다.

그래서 애를 쳐다보고 참고 견디기는 하는데 배우자가 역할을 많이 해줘서 거기서 만족감을 얻는 것은 극히 드물다는 것입니다.

[그림 9-5-4]

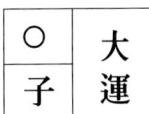

그러니까 예를 들어서 상기와 같은 명조에서 이런 子 大運에 들어가면 食傷과 官星이 반대에 놓입니다. 반대에 놓임으로써 별로 큰 탈 없이 지내는 경우는 대부분 다 남편이 지역을 떠돌아다니면서 하는 건설 파트든 아니면 해외를 많이 왕래하는 무역 파트든 그런 직업특성을 가져 줌으로써 큰 탈까지는 면할 수 있지만, 가까이서 일반적인 모양으로 잘 지내려고 하면 반드시 굴곡이 발생하게 되고 애정의 왜곡도 반드시 발생합니다. 이런 경우 또 남자가 자기를 자꾸 챙기고 이런 경우도 굉장히 피곤하게 느낍니다. 그때는 우울증이 더 옵니다.

그래서 三合에 의한 여러 가지 논리의 확장이나 해석이 워낙 다양하기 때문에 여러분이 運을 끊어나갈 때 이 20년 단위의 陰陽을 꼭 보셔야 됩니다. 아무리 여인이 辰, 巳 大運에 고상하게 남편에게 불만이 없다고 해도 대부분 거짓말이라고 보면 됩니다. 남자들이야 원래 의사 표현을 정확하게 하지만 여자들이 이런 운에 걸려도 표현을 하지 않습니다.

그러니까 이것이 묘한 것입니다. 辰, 巳라는 운동은 어디서부터입니까? 寅, 卯, 辰, 巳, 午, 未로 가고 陽의 기본 방향성이 5陽, 6陽입니다. 六陽之處인데도 불구하고 궁극은 이것을 陽으로 해석하지 않는 이유는 三合의 결과물이 결국 陰 작용으로 끌고 가버리니까, 결국은 겉으로는 모양을 잘 유지했으되 내부적으로는 陰의 결과 또는 陰 운동의 흐름 그것을 그대로 감당하게 된다는 것입니다. 그래서 이런 運에 잘 속는 것입니다. 그럴싸해 보이는데 내용은 아닙니다. 궁극은 干支 자체의 모양이 가지는 의미도 있지만 결국 三合의 결과물이 陰 운동으로 가는 것입니다.

남자와 이 大運만을 비교한다면 陽 운동으로 굉장히 번거롭고 피곤하고 바쁩니다. 하루에도 辰시, 巳시가 되면 아침 7시~9시, 9시~11시 전부 다 바쁘게 일터로 또는 비즈니스를 위해서 바삐 움직인다고 하는 동작이 있으니까, 원래 남자 자체가 陽 운동이 강한데 다시 드러난 陽 운동의 속성이 있지만 결국은 申子辰이나 巳酉丑으로 갈무리함으로써 결국 부가이익이라는 것이 오는 것입니다.

아침에 헐레벌떡 바쁘게 가서 일을 봤더니 무엇을 해준다고 하더라는 식의 부가이익이 놓여있는 인자가 되기 때문에 그래서 심하게 편차가 날 수 있는 亥, 子, 巳, 午 이런 것들을 제가 따로 별도의 제목으로 정해놓은 것입니다.

건강도 마찬가지입니다. 보통 건강은 타임래그(time lag) 작용입니다. 찬바람 맞을 때 바로 안 좋아지는 것이 아니라 찬바람 맞고 그 뒷부분에 가서 주로 문제가 발생하는 것입니다.

그래서 남자가 午, 未 大運을 지나갔다는 말은 무슨 말입니까? 午, 未 大運을 지나갔다는 것은 일반적으로 농사에 비유하면 음력으로 오뉴월 염천(炎天)을 지난 것입니다. 그 음력 오뉴월 염천(炎天)을 지났으니 과로나 허로(虛勞)에 노출된 과정이 당연히 있습니다. 그러면 제일 게으른 놈도 열대야에 낮이 길고 밤이 짧으니 수면 부족이라도 쌓여있다는 겁니다. 그리고 이것의 누적이 어디에 가서 드러납니까?

보통 그릇 따라 편차는 생기지만 午에서 未 大運 넘어갈 때 午 大運의 전체적인 흐름의 누적이 있습니다. 그다음에 그릇이 좀 밸런스가 잡혀있는 경우도 未 大運 중반부 또는 끝 부분에 가면서부터 서서히 그런 기운의 누적이 드러난다는 것입니다.

심지어는 현실에 드러나는 것을 보면 申, 酉 大運 한 2~3년차까지도 영향을 줍니다. 그래서 그런 것을 감안할 때 이런 시기에 건강의 누적을 반드시 짚어줘야 됩니다.

그 시기에 몸에 병이 왔다고 했을 때 정확하게 기준을 잡는다면 申 大運 들어가면 괜찮을 것이라고 해석하기 쉬운데 申 大運 하고도 한 1~2년 정도 그대로 영향을 받는다고 보면 됩니다.

그러니까 흡사 그 立春 날 얼어 죽은 거지와 같은 것입니다. 立春 날 얼어 죽은 거지의 의미가 뭡니까? 좋은 運이 왔다고 생각했는데 그전에 누적되어 있던 그 추위가 쌓이고 쌓여서 이제 봄이 왔다고 생각했는데 몸이 그것을 감당을 못하는 겁니다. 그런 식으로 건강 부분에서는 이런 三合의 陰陽 작용을 전제로 해서 이런 시기 부분에 체크를 해줄 필요가 있습니다.

적용 범위 정도까지는 대략 정리가 됩니까?

옛날에도 거듭 설명해 드렸지만 申子辰, 巳酉丑의 運에 남자가 사업적, 사회적으로 뭔가 문제가 많이 발생해서 교도소를 갔다고 했을 때, 교도소를 가도 사식이 잘 들어온다든지 편하게 지낼 수 있는 여러 가지 조건과 인간관계가 마주쳐집니다.

앞에서 설명했지만, 인덕이라는 말속에 남녀 다 같이 포함된다고 했습니다. 엄마든 여동생이든 누나든 이런 여자의 혜택이 구체적으로 드러나는 경우가 많지만, 남자도 대신 뭔가를 관리를 해주고 살림을 살아주는 그런 작용이 온다는 겁니다. 그래서 그런 작용이 기본적으로 발생한다는 것을 보시라는 것입니다.

그러니까 저런 작용에 극단성을 묻는 경우와 그다음에 애정관계, 건강 이 세 가지 정도가 해석할 때, 똑같은 歲運의 六親 작용으로써 안 좋은 것이 생기더라도 걸려있는 大運의 陰陽 작용, 三合의 陰陽 작용이 있느냐를 봐서 '완전히 바닥을 치지는 않는다.' 판단하시라는 것입니다.

사업 중심으로만 가는 사람들은 남자 같은 경우에 陽 大運에 소문난 잔치에 먹을 것이 좀 적은 모양으로 껍데기는 자꾸 커지고 알맹이는 실속이 적어지는 외화내빈(外華內貧)의 인자가 잘 발생한다고 보시면 됩니다.

 그다음에 이런 陰 大運에 아무리 힘들고 고달픈 것이 있어도 그것을 극단적으로 가지 않도록 도와주는 인덕, 인간관계 이런 것을 만날 수 있다 보는 것입니다. 좀 심하게 표현하면 남자가 陽 大運 지나갈 때 남 좋은 일 많이 한다고 보는 겁니다. 실컷 일해서 남 좋은 일 많이 하고 쓰는 사람 따로 있고 이런 식이 쉽다는 것입니다.

 뒤집어서 여자는 陰 大運에 똑같은 국면이 발생하는데 그래도 여자들은 근본적으로 부여잡는 힘이 있고 陰의 에너지가 많으니까 그 희생의 정도가 좀 작다 보는 것입니다. 그래도 역시 陰 大運이 꼭 쥐고 있고 이 쥐는 작용이 오래가니까 또 이것도 건강으로 문제가 넘어갑니다.

 그러니까 길흉 개념보다는 여러 가지 주변 존재나 사람에 의한 '프리미엄이 있다. 없다. 소모적이다. 아니면 내실이 있다.' 그런 것을 가늠하는 기준으로써 여러분이 꼭 잘 정리하고 실제 감명을 할 때 꼭 쓰시기를 바랍니다.

2-1-5. 陰陽의 편차

◉ 干支의 기운 편차와 변화량

干支의 기운 편차에서 이것 기억나십니까?

[그림 9-6]

음양의 속성

	子	丑	寅	卯	辰	巳	午	未	申	酉	戌	亥
천체운행의기	+	+	+	+	+	+	−	−	−	−	−	−
음 양 차 서	+	−	+	−	+	−	+	−	+	−	+	−
계 절	−	−	+	+	+	+	−	−	−	−	−	−
三 合	−	−	+	+	−	−	+	+	−	−	+	+
五 行	−	△	+	+	△	+	+	△	−	−	−	△

양적인 편차
속성 변화 상당히 많이 발생함.

(음양차서 寅에서 + 바르게 정열)

干支 자체가 가지는 의미도 있고 五行의 의미도 있는데 이것은 순수하게 陰陽의 속성측면에서 비교해서 陰陽 운동을 기준으로 하면 子, 丑, 寅, 卯, 辰, 巳를 하나의 陰陽으로 크게 끊을 수

있습니다. 그러니까 천체의 운행입니다. 천체 운행의 氣는 陽으로 가는 것 기억나십니까?

그다음에 五行 측면에서 木火를 陽으로 보고 金水를 陰으로 보고 土를 그냥 陰陽 배속을 보류한다면, 子는 陰에 속하고 丑은 어디에 속하지 않는다고 보고 상기 도표의 형식으로 이해하시면 됩니다.

어떤 식으로 배열해도 범 寅자 이것은 뒤집어도 陽, 이래도 陽, 저래도 陽, 계속 陽 운동 중심으로만 이것이 꼭 몰립니다.

팔자 안에 寅이 있다는 것도 의미를 부여하겠지만, 運에서 寅 運이 온다면 그 주변 나부랭이들과는 판이하게 다른 陽의 편중성을 만들겠다는 것을 아시겠죠?

특히 丑은 陰의 기운이 여러모로 많이 노출되어있는 그런 느낌입니다. 그러니까 丑과 寅이 운에서 바뀌어 나갈 때 이 편차는 陰의 기운이 많았다가 陽의 기운이 확 노출되기 시작하는 작용이 일어납니다. 이것을 하나의 大運으로 생각한다면 丑 大運에서 寅 大運으로, 寅 大運에서 丑 大運으로 넘어갈 때 그 편차가 심하게 발생한다는 것입니다.

干支 자체의 기운에 있어서 양적(量的)인 차이가 있다는 겁니다. 그래서 이런 것을 여러분들이 기준을 스스로 만들 수 있으니까 많이 분류해서 많이 만들어 보라는 겁니다. 만들어보면 속성상 기운이 어디서 많이 몰리느냐면 丑, 寅, 酉, 戌 이런 것들입니다.

그다음에 또 干支의 의미로써 다루는 것을 뒤에 다루겠지만 寅, 巳, 申, 戌이 있습니다.

그렇게 신통력이 있는 인자들을 가지고 있음으로써 변화성이 많이 발생하는 것을 기준으로해서 그 시기에 많이 움직인다. 그러니까 주로 干支의 기운 편차라는 것은 運의 해석에서 주로 양적(量的)인 편차를 주는 것입니다.

돈이 들어오는데 많이 들어온다. 욕을 듣는데 한껏 들어먹는다. 기운이 몰려있으니까 그런 것입니다. 그래서 그런 양적(量的)인 편차를 기본적으로 얘기해주고 그다음에 속성변화도 상당히 많이 발생하게 됩니다.

陰陽이 많이 바뀌었으니까 속성변화도 상당히 많이 발생합니다. 그래서 주로 干支의 기운 편차라고 하는 것은 양적(量的)편차 그다음에 속성의 차이를 많이 만들어 내는 것입니다.

그 바로 밑에 '干支의 기운과 변화량'이라고 해서 이미 양(量)에 간섭한다는 것을 전제해 놨습니다.

거기에다가 三合에 의한 그런 요소들까지 같이 매칭을 한다는 것을 예를 들어 봅시다.

적용 범위와 사례

[그림 9-7]

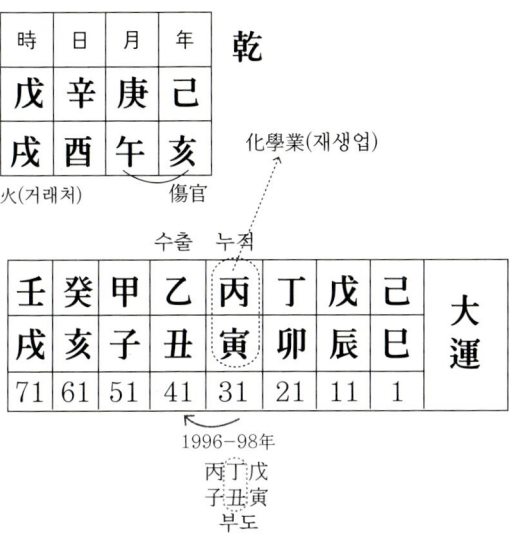

이 명조는 제가 한 번씩 소개했는데 이런 케이스가 干支의 변화를 상당히 양적(量的)으로 많은 편차를 보여주게 되는데 大運이 여기서 辰巳, 寅卯, 丑子, 亥戌 식으로 교과서처럼 陰 大運, 陽 大運이 딱딱 끊깁니다.

이분이 丙寅 大運에 화학업을 했습니다. 원래는 규모가 있는 대기업에 이 丁卯 大運에 취직을 했습니다. 丁卯 大運쯤에 대기업에 취직해서 나름대로 활동을 하다가 丙寅 運이 들어오면서 자기 사업 쪽으로 넘어오게 되었습니다. 물론 卯 偏財의 유도성이 당연히 있었습니다. 여기에 보면 偏財나 궤도 수정의 유도성이 있었습니다. 그런데 일반적인 유통업이 아니고 官이 무엇의 간섭을 받습니까? 亥와 午가 合을 하고 있습니다.

그러니까 官이 合의 인자에 의해서 속성이 바뀌는 것이 있으면 주로 화학업을 합니다. 화학업에 인연을 하게 됩니다. 실제로 화학제조입니다. 傷官이라는 것이 뭡니까? 돼지라서 어떤 것입니까? 리사이클 그러니까 재생업을 하는 겁니다. 바닥재 있지 않습니까? 화학 바닥재입니다.

사람들이 옛날에 쓰던 바닥재를 다 수집해서 재생합니다. 그러니까 돼지라서 재생이었고 그다음에 傷官이라서 썩은 것, 망한 것, 버린 것이 되고 고부가가치(高附加價値)입니다. 부가성이 높은 것입니다.

그러니까 食神은 부가성이 일정한 것이고 그다음에 傷官은 부가성이 높은 것인데 그것이 그 속성과 맞물려서 버린 것, 망한 물건 이런 것입니다. 그런 것을 다시 사용하는 무기가 午이니까 열처리를 하는 것입니다. 열처리해서 이것을 다시 리폼을 하고 다시 쓸 수 있게 해주는 것인데 이것이 주력적인 사업이 되었는데 사업적인 업태는 丙寅 大運에 거의 갖추어졌습니다.

그런데 丙寅 大運에서 어떤 것을 만듭니까? 기본적으로 正財, 天乙貴人 등등 긍정적인 인자도 있습니다. 또 큰 곳과 손잡고 하고 그런 것들은 당연히 六親에 의해서 만들어졌는데 매일 고생만 하고 밖으로 남고 안으로 밑지고 그런 식의 세월이 가다가 丑 大運 들어가면서 1996년에서 98년 사이일 겁니다.

이때가 寅 大運에서 丑 大運으로 바뀔 때입니다. 이때가 丙子년에서 戊寅년으로 바뀔 때인데 丙子, 丁丑, 戊寅년에 시기에 부도를 한번 맞게 됩니다. 寅 大運의 시기에 쌓이고 쌓인 것들입니다

다. 그러니까 명조를 두고라도 계속 寅 大運에 陽이 중첩하여 남자가 짝짓지 못하니까 六親으로서 正官, 正財, 天乙貴人 그다음에 寅午戌이 무리 지어서 큰 곳에 납품하기는 하는데 실속이 없어서 계속 억지로 돌아만 갔다는 겁니다. 그래서 결국은 陽의 기운이 거듭거듭 쌓이면서 寅 大運에 힘들게 버텨왔다는 것입니다.

부인이 곳곳에 팔자를 보러 돌아다녀 보고 했는데 寅 大運에 도사님들에게 물으면 대부분 다 이렇게 대답을 하더라는 것입니다.

"팔자에 身旺에다가 偏官格에다 正財, 正官, 天乙貴人 大運이 와서 이때 돈 노다지 벌 것이다."

大運의 생긴 모양을 보면 그렇게 해석 안 하겠습니까? 丙寅 大運 6년~7년 차쯤 왔을 때 바로 寅 大運의 함정이 있기 때문에 그렇게만 보면 안 된다고 했습니다.

그러니까 그 부인이 물으러 오는데 겉으로 보기에는 멀쩡하게 유지하고 있는 것 같더라도 내용은 아마 속 터지는 기운이 쌓이고 있으니 寅 大運에 제대로 뭔가 실속을 이룰 수 없습니다.

그래서 뭐라고 적어줬느냐면 그냥 '소문난 잔치에 먹을 것이 없든지 결국 알맹이 없이 갈무리할 수도 있다.'

그러니까 이 부인이 곳곳에 물어보니까 다 잘 될 거라고 하고 남편이 절대 앓는 소리 안 하고 열심히 출근하고 있는 겁니다. 열심히 하고 또 집에 생활 수준의 금전은 주니까 이때 돈 많이 벌어서 나를 호강시켜주는 것인가 보다 생각한 겁니다.

"그렇게 좋게만 볼 수 없습니다."

하면서 부정적으로 이야기하니까 그냥 하는 소리는 아닌 것 같았다는 것입니다. 그래서 그 뒤에 한두 차례 1년 단위로 오다가 IMF를 만나게 된 겁니다. 다들 아시다시피 96년, 97년도 그때 IMF가 옵니다. 그 시기가 와서 자꾸 남편이 힘들다 하니까 그러면 당신이 가보라고 하게 된 겁니다. 그래서 본인이 직접 찾아오신 겁니다.

그래 잘됐다. 이 子년, 丑년에 뭐가 걸립니까? 空亡이 걸립니다. 子년 丑년에 空亡 걸리고 이때 丙寅 大運에 쌓였던 모든 것의 여파가 조금은 더 넘어가는데 乙丑 大運 초기에 손 털고 다시 달리는 게 맞다는 것입니다. 丁丑년 丑이 뭐가 됩니까? 亥水 隔角입니다.

"일시적으로 생산시설에 문제가 있든지 수하에 문제가 생겨나게 되고 결국은 활동을 멈추게 되는 과정이 발생합니다. 그러니 기존의 것을 오래 유지하려고 하지 말고 丙寅 大運에 누적된 부채가 많거나 문제성이 쌓여 왔다면 그냥 털어버리세요."

"그러면 털면 어쩌라고요? 내가 거지 되라는 말이요?"

"거지는 절대 안 됩니다."

"丙寅 大運 검증을 하지 않았습니까? 좋다고 했는데 결국은 빈 껍데기밖에 없잖아요."

"그것은 맞습니다. 그것을 끝내는 뭐가 있을 거라고 해서 계속 공장을 유지해 왔습니다."

"안됩니다."

그래서 이때 97년도 丁丑년에 결국 부도를 내었습니다. 그러니까 隔角인자라는 것이 억지로 빌려오는 것입니다. 억지로 다른 사람 명의를 통해서 다시 살려서 乙丑대운 초입쯤에 수출해서 매출만큼 돈이 다 남았습니다.

한해에 매출이 50억이라면 달러 800원 1달러 시절에 계약해 놓은 것이 1,700원, 1,800원이 되었으니까 달러로 결제를 받으니까 완전히 노가 난 것입니다. 원래 800원 계약한 것도 남는 것이고 한해에 50억이 전부 다 남는 겁니다. 그래서 두 해에 이익이 거의 100억 가까이 들어와 버립니다.

아주 드라마틱한 편차가 寅 大運과 丑 大運에 벌어집니다. 寅 大運에는 매일 은행에 가서 빌기 바빴는데 그나마 財星이니까 돈은 빌려는 줍니다. 기보, 신보 돈이 한 25억, 주변 사람한테 빌린 돈이 24~25억이니까 총 한 50억 빚이 있는 겁니다. 丙寅 大運 총 결산판이 마이너스 50억입니다.

저분 같은 경우에는 그렇게 丑 大運과 심한 편차를 만들면서 일약 모든 것을 반전할 기회가 만들어진 것입니다. 그러니까 두 해 동안 근 100억이 들어 왔으니까 사채이자 넉넉히 쳐도 30억이면 일단 사채는 끝나버리고 그다음에 그 당시에는 공공기관, 기보, 신보 이런 돈들은 국가 상황이 워낙 안 좋은 상황이었기 때문에 빚을 디스카운트 해 줬습니다. 받을 것이 10억이면 3억에 퉁치는 식이 되었으니까 결국에는 이래저래 빚 다 갚고 모든 것을 반전하게 되었습니다.

지금 子 大運 후반부에 들어가기 시작합니다. 그런데 실제로 재미있는 것은 丑 大運에 다 이루어졌고 또 이 甲子 大運도 그냥 나쁘지 않게 흘러가고 또 가지고 있던 공장 일부는 평당 60~70만 원 주고 산 것이 상가가 되어 버리니까 평당 500만 원이 되었습니다.

　재산을 카운트하는 것은 별 의미가 없게 되었는데 아무튼 이런 편차를 거치면서 甲子 大運 말까지 재미있었습니다. 김은 언제 빠집니까? 癸亥, 壬戌 들어가면 글자는 또 대길입니다. 食神, 正財 長生으로 글자는 좋아 보이는데 癸亥 大運 이 모양은 그럴싸한데 영양가는 떨어진다는 겁니다. 癸亥 大運 들어가면 그렇게 됩니다.

　학생 질문 – 중간에 丑 大運에서 甲, 乙이 안 붙는다 하더라도 저런 결과가 나옵니까?

　선생님 답변 – 그렇습니다. 甲, 乙이 偏財이기 때문에 그런 것은 아닙니다. 이것이 寅과 丑의 에너지 편차 때문에 그렇다는 겁니다.

　학생 질문 – 다른 글자가 오더라도 똑같습니까?

　선생님 답변 – 그렇습니다. 여기에 丁丑, 丙子로 가든 己丑, 戊子로 가든 丑과 寅 사이에는 에너지 편차가 상당히 크다는 것입니다. 마이너스 이런 것들이 몰려 있다가 갑자기 플러스로 확 바뀌잖아요?

　학생 질문 – 天乙貴人이나 空亡도 필요 없습니까?

선생님 답변 - 그러니까 天乙貴人이니까 그래도 50억이나 빌려준 것입니다. 은행에서 빌려주고 사채도 빌려준 겁니다.

학생 질문 - 저 명조에서 戊戌시라서 안 망하는 것 아닙니까? 선생님 다른 강의를 보면 戌 華蓋가 있으면 망할 뻔하다가 午를 지켜주는 작용이 있어 안 망한다고 하셨던 것 같습니다.

선생님 답변 - 여기서는 동력을 봐야 합니다. 그러면 이 戊이 감추고 있는 놈이 뭐겠습니까? 戌이 에워싸고 지켜주는 火입니다. 그래서 火라는 것은 거래처를 의미합니다. 직장생활을 한다면 직장이 될 것이고 사업을 할 때 주 거래하는 거래처가 됩니다.

보통 대기업들은 어떤 식으로 하느냐면 생산을 해서 납품하는 회사가 한군데를 안 둡니다. 부도를 내고 나자빠지는 이런 사건들이 잘 생기기 때문에 일부러 보통 두세 군데 걸쳐서 물량을 나누어 발주합니다.
예를 들어 100개를 가져와서 내가 100개의 완제품을 만들어야 될 경우에 30, 30, 40 이렇게 나누어 줍니다. 그래서 이곳에서 펑크가 나면 다른 곳에서 빨리 생산해서 100을 맞추도록 이렇게 합니다.
그런데 이 양반은 기본적으로 傷官의 고부가성이라는 인자와 午 天乙貴人 이것이 다른 사람들이 못하는 어떤 특허라든지 기술이 있는 것입니다. 그랬다 하더라도 만약 이 戌土가 없으면 運이 나쁜 運으로 들어가면 거래처가 끊어집니다.

그런데 戌작용이 있어서 거래처를 그대로 끝까지 끌고 갔다는 겁니다. 그래서 끌고 가는 작용이 맞기는 한데 그것이 돈이나 사업이 아니라 거래처라는 것입니다. 물론 그것도 다 사업의 부분이니까 그렇게 되는데 일단 이런 것이 있는 사람이 결국은 연결성을 잘 이어나간다고 보시면 됩니다.

학생 질문 – 저것이 적금을 넣으라고 하는 것입니까?

선생님 답변 – 그렇습니다. 戌戌 이런 기운이 있으니까 평상시에도 거래처에 잘합니다. 평상시에 거래하는 조직과 잘해놓게 하는 작용이 기본적으로 華蓋로써 고유 속성으로써 있는 것입니다.

학생 질문 – 戌戌 자체가 힘이 센 것 아닙니까?

선생님 답변 – 힘이 센 것은 이것은 말년에 이분의 재산형태가 결국 문서로 오는데 공장 땅이 예를 들어서 지금 4천 평인데 거기서 천 평이 상가가 되었다면 그러면 지금 얼마겠습니까? 생각해 보십시오.

학생 질문 – 그러니까 寅運에서 丑으로 넘어가는 것보다는 저 사람의 명 자체에서 플러스시켜주지 않았나 싶은데요?

선생님 답변 – 명 자체가 기본적으로 그릇이 좋습니다. 기본 그릇 자체가 좋은 것은 당연히 전제하고 그다음에 이 팔자 안에 財星이 없는 팔자인데 그렇게 큰 재물을 결국은 장악을 하게 되는 힘이 亥중에 있는 甲木도 물론 규모가 좀 있는 재산을 말하지만, 時에 있는 이 戌이 魁罡까지 안고 있습니다. 그러니까 규모나 단위가 큰 문서 그것을 상징해줍니다.

결국은 공장을 해서 나름대로 돈을 벌었지만 결국 지금 남아있는 것은 곳곳에 부동산형태의 재산들이 되는 것입니다. 그것을 적당한 시기를 봐서 현금화를 시키겠지만 그래도 베이스는 부동산이 될 것입니다. 그러니까 하여튼 그 주변이 최근은 아니고 한 3~4년 전에 이미 용도 지목이 바뀜으로써 공장이 상가가 되면 얼마나 부가이익이 크겠습니까?

그래서 그릇에 관한 논의는 좀 더 두기로 하고 丑 大運과 寅 大運의 편차를 아시겠습니까? 그다음에 이분이 기운의 편차로 멀미를 느낄 때는 이때 亥 大運, 戌 大運입니다.

子에서 亥 大運 넘어올 때 편차를 느끼기는 하지만 제한적이고 戌 이놈이 수시로 寅午戌로 확 번지는 작용을 합니다. 그래서 이 戌 大運과 亥 大運에서는 또 戌이 陽의 속성을 순식간에 퍼트릴 수 있는 인자를 가진 것입니다. 그래서 '개 뭐 같은 놈'이라고 합니다. '에잇 뭐 같은 놈' 이러면서 하지 않습니까?

학생 질문 – 그때까지 살겠습니까?

선생님 답변 – 요즘은 약이 좋지 않습니까? 이분 아직도 58세밖에 안 됩니다. 58세가 甲子 大運이고 壬戌 大運은 78세밖에 안 됩니다. 78세에 戌 大運 들어오면서부터 배신사가 생깁니다.

진돗개 너만 믿었건만 했는데 진돗개의 배신이 시작되는 겁니다. 그래서 '뭐 같은 놈'이 나오는 것입니다. 누가 그런 일을 하겠습니까? 말년에 많이 마주칠 사람이 누구입니까? 자식입니다. 자식이 저 시기에

"아버지 진짜 좋은 비즈니스가 있습니다. 아버지 나이를 드셔서 잘 모르셔서 그러는데요."

그러면 알면서도 당하는 것입니다. 하여튼 의미와 적용 아시겠죠? 그래서 다음에 전체적으로 사례를 하면서 이때까지 정리했던 기준들을 차근차근 정리해 볼 겁니다. 조금 쉬었다가 또 하겠습니다.

박청화의 실전 사주명리학

運의 해석 春

초판인쇄	2021. 12. 07
초판발행	2021. 12. 07
강 의	박청화
편 저	홍익TV
펴 낸 곳	청화학술원
주 소	부산광역시 부산진구 양성로 93-1(양정동, 초암빌딩 3층)
전 화	051-866-6217 / 팩스 051-866-6218
출판등록	제329-2013-000014호

값 35,000원
ISBN 979-11-86483-24-4
ISBN 979-11-86483-23-7(전4권)

ⓒ 박청화, 2021
www.hongiktv.com

* 무단 복제 및 무단 전재를 금합니다.
* 잘못 만들어진 책은 구입처 및 본사에서 교환하여 드립니다.